_____ 님께

리더의 온도 37.5

사람을 키우고 행복한 조직을 만드는
고품격 리더십

초판 1쇄 2017년 8월 23일
초판 11쇄 2019년 9월 27일

지은이·김상임
펴낸이·김종해
펴낸곳·문학세계사
기   획·루트리북코치

주소·서울시 마포구 신수로 59-1(04087)
대표전화·02-702-1800   팩시밀리·02-702-0084
이메일· mail@msp21.co.kr
홈페이지·www.msp21.co.kr
페이스북·www.facebook.com/munsebooks
출판등록·제21-108호.(1979. 5. 16)

값 15,000원
ISBN 978-89-7075-860-2 03320

이 도서의 국립중앙도서관 출판예정도서목록(CIP)은 서지정보유통지원시스템
홈페이지(http://seoji.nl.go.kr)와 국가자료공동목록시스템(http://www.nl.go.kr/kolisnet)에서
이용하실 수 있습니다.(CIP제어번호: CIP2017016787)

사람을 키우고 행복한 조직을 만드는 고품격 리더십

리더의 온도

37.5

김상임 지음

문학세계사

리더십에 품격을 더하다

여대생의 대기업 입사가 거의 불가능했던 1987년 나는 공채 시험을 통해 삼성그룹에 입사했다. 제일제당 기획실에 배치되어 고군분투하며 내가 걸었던 길은 대부분 '최초' 기록이 되었다. '결혼은 곧 퇴사'로 이어지던 시절에 계약직으로 전환되면서까지 퇴사를 고사했고, 출산의 첫 테이프를 끊으면서 나는 불굴의 의지로 버텨 냈다.

일본 지역 전문가로 기획 업무를 하면서 교육팀 선배를 졸라 '일본어 새벽반 강좌'를 열어 대선배님들을 제자로 삼아 사내 강사 활동까지 한 못 말리는 신입 사원이었다.

남녀차별이 당연시되었던 시절, 승진에서도 남자 동기들에게 뒤처지지 않았다. 일 욕심을 낸 탓일까. 보통은 입사 초기에 배치받은 부서에서 계속 직급이 올라가게 되는데, 나는 운 좋게도 다양한 경험을 쌓을 수 있었다. CJ제일제당에서 19년간 그룹 차원에서 사업을 살펴볼 수 있는 기획·전략 업무를 시작으로 경영 관리, 그룹 사업 포트폴리오 재정립, 비전과 미션 수립, 브랜드 및 사업 구조조정, 경쟁력 강화 과제, 신규 사업 기획, 진로·삼호어묵과 같은 기업 인수M&A 등 수많은 프로젝트를 수행했다.

2006년 CJ푸드빌 경영지원실장CFO을 시작으로 빕스VIPS 사업부장, 신규사업본부장, 고객만족실장, CJ프레시웨이 단체급식본부장 등 현업을 경험한 것도 나에게는 아주 소중한 자산이다. 기업 전문 코치로 활발하게 활동할 수 있는 것 또한 이런 실무 경험이 있어 더 수월하게 자리매김할 수 있었다고 생각한다. 다양한 경험과 교육을 통해 키워 준 CJ그룹에 무한한 감사를 느낀다. CJ그룹이 없었다면 지금의 '김상임'이라는 브랜드는 없을 것이다.

2011년, 25년간 함께한 회사를 떠나야 했을 때, 두려운 마음으로 사회에 첫발을 내디뎠다. 명함에서 회사 이름이 사라지는 순간, 그동안 쌓아 온 브랜드가 조각나는 경험도 했다. 2012년 전문 코치로 인생 이모작을 설계하고 국민대 경영 대학원에 들어가서 '리더십과 코칭 MBA'를 마쳤다. 그리고 뜨거운 열정으로 지금까지 2,200시간에 걸쳐 코칭을 했다.

그동안 코칭과 강의를 통해 만난 국내 기업은 삼성그룹(삼성전자, 삼성디스플레이, 크레듀), 현대차그룹(현대자동차, 기아자동차), SK그룹(SK에너지, SK하이닉스, SK텔레콤 등), LG그룹(LG화학, LG디스플레이), 두산그룹((주)두산, 두산중공업, 두산건설, 두산인프라코어 등), 아모레퍼시픽그룹, 세아제강그룹, 대상그룹, 에코맘코리아, 에코넷그룹(유니베라, 네이처텍), 코오롱그룹, 롯데상사, 아시아나항공, 대한항

공, CJ E&M, 동부 하이텍, 대한제강, 광동제약, 한샘, 하림, 교원, 삼일 회계법인 등이 있다. 외국계 기업으로는 네덜란드 반도체 장비 회사인 ASML Korea, 스위스 의료용품 업체인 Geistlich Korea, 미국 광고 회사인 Leo Burnett, 미국 헤드헌터 기업인 Heidrick & Struggles, 글로벌 제약회사 AstraZeneca, 글로벌 EY한영회계법인을 꼽을 수 있다.

공공기관으로는 경기도인재개발원, 한국생산성본부, 해양환경관리공단, 여성가족부 양성평등교육원, 경기도청, 한국철도공사, 한국인권진흥원, 수도권매립지관리공사, 한국수력원자력 등이 있다.

다양한 고객사와 인연을 같이하면서 지금까지 2,200시간의 코칭을 했고 3,000시간이 넘는 강의를 진행했다. 코칭을 하면서 자연스레 25년간의 직장 생활을 돌아보게 되었는데, 후회되는 순간들이 많았다. 그때 좀 더 겸손했더라면, 좀 더 깊이 있는 리더십을 발휘했더라면 하는 생각을 한다.

그래서 더 열정적으로 고객들을 만나고, 회사 생활에서 경험한 것과 사회에 나와서 느낀 것을 나누려고 애쓴다. 내가 회사라는 조직 속에 있을 때 안 보이던 것들이 밖에 나오니 자연스럽게 보였다. 그것을 같이 나누고 공감하고 싶은 마음에 이 책을 쓰게 되었다.

대한민국의 1백만 팀장들과 훌륭한 리더로 거듭나길 바라는 모든 분들께 도움이 되었으면 한다. 지식으로만 채워지는 리더십이 아니라, 마음을 다해 실천하는 과정 속에서 성공 경험을 맛보고 체화되고 변화되는 리더십의 중요성을 함께 나누고 싶다. 행동하고 실천한 '구체적인 사례'가 무엇보다 중요하다. 작은 행동 변화로 성공 경험을 만들어가는 리더들의 실제 사례도 이 책에 담았다.

『리더의 온도 37.5』는 성과를 만들어 내는 데 리더가 해야 하는 다양한 활동을 체온보다 더 뜨거운 열정으로 했으면 하는 마음과 '삶은 개구리 증후군'에서 강조하듯 37.5도가 되는 순간까지 변화를 체감하지 못하고 있다가 서서히 죽어가는 것이 아닌, 변화하는 환경을 재빠르게 알고 선제적으로 대응해 나가서 성공하는 리더가 되었으면 하는 마음을 담았다. 사람을 키우는 감성 온도, 마음을 사로잡는 소통 온도, 성과를 창출하는 열정 온도, 셀프 리더십을 강화하는 변화 온도의 의미를 담았다.

책 내용도 2013년부터 지금까지 50강을 연강하고 있는 삼성SERI Pro '팀장의 품격' 인터넷 강의 내용, 한국코치협회에서 인증을 받은 '인터널 코치 양성 과정'의 핵심 내용, 코칭 현장에서 가장 많이 나오는 주제를 중심으로 구성했다. 책을 읽어 내려가다 보면 리더십의 변화 필요성과 구체적인 방법 등을 알게 되어 읽기만 해도 코칭을 받고 있는 듯한 느낌을 받을 것이다.

또한 이 책은 기업의 생산성을 높이는 관점에서 기획되었다. 높은 성과를 만들어 내는 조직은 리더들이 남다른 리더십을 발휘하고 있다. 그들은 콘셉트와 철학과 프로세스가 있다. 또한 효과성과 효율성을 만들어 내려고 부단한 노력을 한다. 이 책에 소개하는 '(ROIC)[2] 회의 프로세스', 'RIC 피드백 프로세스', '소통의 기술 5-ING', '성과 창출의 5-리더십' 등 많은 팁들은 조직 생산성을 올리는 데 아주 유용하게 활용될 것이다. 리더뿐만 아니라, 일반인들에게도 더 의미 있고 행복한 삶을 살아가는 힘을 얻게 되는 단초를 제공할 것이다. 모쪼록 대한민국 리더들이 자신의 리더십에 품격을 더하는 데 도움이 되길 바라는 마음이다.

우리는 모두가 엄청난 자원을 품고 살아간다. 그러나 그것을 이끌어 내는 데는 여러 어려운 점이 있다. 이 책을 통해서 내 안에 잠자고 있는 리더십 자원을 이끌어 내어 행동으로 옮기는 기술과 용기를 만나면 좋겠다. 아울러 급변하는 미래 경영 환경에 맞는 카멜레온과 같은 리더십을 개발하고 강화하는 데 도움이 되길 바란다.

이 자리를 빌려, 25년간 많은 경험과 교육을 통해 지금의 내가 있게 도와준 CJ그룹에 다시 한 번 감사한 마음을 전한다. 그리고 퇴임 이후, 기업 전문 코치로서 성장할 수 있도록 지지해 주고 도움을 주신 박창규 코치, 고현숙 코치께도 깊은 감사의 마음을 전한다.

25년간 나와 호흡을 같이 했던 수많은 CJ의 팀원들과 비즈니스 코칭과 리더십 강연에서 고객으로 인연을 나눈 리더분들에게도 감사의 마음을 전하고 싶다.

　마지막으로 이 책이 나오기까지 마음을 다해 힘써 주신 문학세계사와 루트리북코치에 감사드린다.

2017년 여름

김상임

2 리더는 명령하지 않는다, 소통한다

소통에 관한 다섯가지 관점

열/정/온/도/

3 높은 성과를 올리는 리더십

어떻게 발휘할 것인가?

4 리더의 셀프 리더십

스스로를 이끌며 일과 삶의 균형을 찾다

1
진정한 리더는 사람을 키운다

어떻게 '사람'을 키울 것인가

감/성/온/도/

1. '사람'을 키우는 지름길, 피드백 *Feedback*

피터 드러커는 "역사상 알려진 지식 근로자를 위한 유일하고 확실한 학습 방법은 피드백이다."라고 말했다. 획일적으로 단체 교육을 시키기보다 동료나 리더가 콕 짚어 주는 피드백이 성장에 큰 도움을 준다는 뜻이다. 페이스북의 최고 운영 책임자인 셰릴 샌드버그는 2008년에 페이스북에 입사하면서 CEO인 마크 주커버그에게 요청한 것이 있다. 다름 아닌 피드백이었다.

"일하면서 나에게 불만이나 조언할 것이 있으면 곧바로 말해 주세요."

셰릴 샌드버그의 요청에 마크 주커버그는 흔쾌히 응했다. 그리고 마크 주커버그도 셰릴 샌드버그에게 CEO인 자신에게 부족한 점을 발견하면 피드백 해줄 것을 부탁했다. 두 사람은 정기적으로 만나 상대에게 느낀 불만이나 바람을 털어놓았고, 그것이 서로에게 큰 도움이 되었다. 회사의 최고 책임자들이 터놓고 대화를 하는 것은 결코 쉽지 않은 일이다. 게다가 고쳐야 할 사항을 지적하는 건 힘든 일이다. 이 두 사람은 그 불편한 활동을 시스템화해서 운영했다. 피드백은 사랑과 관심이 없으면 절대 할 수 없는 일이다. 페이스북이 잘될 수밖에 없는 이유는 남들이 하기 힘든 일을 경영자들이 실천하고 있기 때문 아닐까. 셰릴 샌드버그는 피드백의 중요성을 이렇게 강조하곤 했다.

"대부분의 피드백은 리더가 팀원에게 하는 것으로 알고 있어요. 그보나 더 중요한 것은 팀원들이 리더에게 하는 피드백입니다. 팀원들은 리더에게 잘 보이고 싶어 하죠. 팀원이 리더의 잘못된 행동을 지적하기란 쉽지 않은 일입니다. 그렇기 때문에 팀원이 나서서 리더에게 조언하는 일은 거의 없습니다. 리더가 스스로 용기를 내서 팀원들에게 피드백을 받아 보십시오. 자기 성장에 도움 되는 핵심을 파악하게 될 것입니다."

리더들의 최대 고민은 피드백

국내외 유수 기업의 리더들이 가장 힘들어 하는 것이 팀원에 대한 피드백이다. 상무, 부장, 팀장 등 실무를 책임지고 있는 리더들은 피드백을 제대로 하고 싶어 한다. 효과적으로 피드백하는 일은 모든 리더들의 고민이자 숙제이다. 특히 불편한 이야기hard talk, 하기 힘든 말을 오해 없이 감정 상하지 않게 전하기란 쉽지 않다. 팀원이 성장 발전할 수 있도록 하는 것은 리더가 꼭 갖춰야 할 역할이며 책임이다.

"1980년대 우리가 열심히 달릴 때는 리더가 불가능한 일을 주문해도 바로 수용하고 해냈다. 팀장이 험한 말로 옥박질러도 회사를 위한 열정이라고 생각하며 받아들였다. 혹독하게 훈육해 준 팀장 덕분에 내가 성장한다는 생각에 오히려 쓴소리를 고맙게 생각했다. 팀장에게 불만이 있더라도 술자리에서 털어냈다. 회사에 대한 충성심, 리더에 대한 존경심, 팀원에 대한 사랑이 넘치던 시절이었다. 그런데 지금 우리는 팀원들을 떠받들고 눈치 보면서 살아야 한다. 서글프고 아쉽다."

자신의 노하우를 전해 주고 싶어도 "팀원들이 자꾸 피해 의욕이 나지 않는다. 피드백을 하자니 얼굴 붉히게 되고, 안 하자니 직무유기이고, 어떻게 해야 하나? 애써 피드백을 하고 나면 내 마음은 불편하고 팀원들은 위축되니 자꾸 피하게 된다."며 하소연한다.

예전에는 리더들이 평가권을 쥐고 있었다. 그래서 훈계하는 일이 어렵지 않았다. 하지만 2000년 초반부터 양상이 달라졌다. 그 즈음에 등장한 '360도 리더십 다면 진단'이 영향을 미친 것이다. 그 전까지는 리더가 팀원을 평가하면 그만이었는데 이제는 '상사, 팀원, 동료'들로부터 리더십을 평가받게 되었다. 그러니 팀원들에게 쓴소리를 마음대로 할 수 없게 된 것이다. 팀원을 성장시키기 위해 조언을 해도 오히려 불만이나 보복으로 돌아오는 경우가 생겼다.

매년 인사팀에서 리더십 다면 진단 결과를 성적표처럼 통보해 준다. 다면 진단 결과에서 평점이 낮은 리더십 항목은 빠른 시간 내에 개선해야 한다는 경고 메시지도 함께 전해 준다. 자연히 리더의 어깨가 움츠러들면서 좋은 게 좋은 거라는 체념 속에서 침묵하게 된다. 하루에도 몇 번씩 참을 인忍을 마음에 새기며 도를 닦는 리더가 늘어나고 있다. 이런 현상이 과연 바람직할까?

어떻게 하면 지적 사항을 기분 나쁘지 않게, 오해 없이 전할 수 있을까. 리더가 피드백을 포기하거나 두루뭉술하게 지적하면 또 다른 불만이 터져 나온다. "내가 한 일에 대해서 리더가 아무런 반응을 보이지 않아 답답하다. 잘하고 있는지, 보강할 것은 없는지 지적해 주면 좋겠는데 부족한 게 있어도 그냥 넘어간다. 대충 기분 상하지 않게 얘기해 주는 게 고작이다. 객관적이면서 정확한 피드백을 받고 싶다."

이런 얘기가 들리면 피드백을 어느 기준에 맞춰야 할지 고민될 수밖에 없다. 방법은 없다. 리더는 팀원들에게 정확한 피드백을 해주어야한다. 그래야 조직과 팀원이 발전할 수 있기 때문이다. 리더들에게 피드백은 피할 수 없는 중요한 역할이다.

피드백을 받을 용기

나는 1987년에 삼성그룹 공채로 입사하여 CJ그룹 상무로 퇴임했다. 내가 상무라는 자리까지 올라간 것은 나에게 진심을 담아서 크고 작은 개선점들을 피드백을 해준 팀원들과 동료, 상사가 있었기에 가능했다. 나는 과장이 되면서 리더십과 조직 관리에 대한 중요성을 깨달았다. 그때부터 주변 사람들에게 나의 단점이 무엇인지, 더 나은 리더십을 발휘하기 위해 무엇을 더 노력해야 하는지를 묻곤 했다. 역할이 주어질 때마다 카멜레온처럼 변신을 해야 하는데, 나 홀로 변신은 의미가 없다. 팀원들이 상사의 잘못된 행동을 지적해 주지 않을 거라는 생각은 오산이다. 처음이 어렵지 서로가 마음을 트고 피드백을 주고받다 보면 어느새 자연스럽게 정착된다. 차장 시절, 팀원들은 나에게 가감 없는 피드백 선물을 주곤 했다. 횟수를 더해 가자 팀원들은 정말 얼굴이 확확 달아오를 정도의 노골적인 피드백을 한 보따리씩 던져 주었다.

"프로젝트를 너무 많이 가져옵니다. 업무 진행 속도가 너무 빠릅니다. 너무 원칙주의여서 숨 쉴 틈이 없습니다." 등등 거침없이 쏟아 놓았다. 나는 그들이 하는 말을 새겨듣고 가능하면 고치려고 노력했다. 팀원들이 말하는 건 하찮은 내용이라도 그냥 넘기지 않았다. 작은 것이라도 개선하고 다시 피드백을 받았다.

"야밤에 삐삐 보내는 걸 자제해 달라고 해서 열심히 노력했는데 요즘 어때요?" 이렇게 물으면 대부분 자신이 피드백해 준 내용을 기억하지 못하고 있다가, "와, 그때 물어보셔서 그냥 생각나는 걸 말한 건데, 그걸 개선한 거예요? 대단하십니다."라고 답하곤 했다.

차장 시절, 모 과장이 조심스레 조언을 해주었다. "앞으로 임원에 오르고 싶으면 MBA를 하세요." 내가 전혀 생각도 못했던 것이었다. 회사에서 진행하는 KAIST CJ MBA 과정을 수료하고 경영 이론을 튼튼히 할 수 있었던 것도, 팀의 피드백 덕분이었다.

웃지 못할 에피소드도 많았다. CJ푸드빌 경영지원실장으로 재직할 당시 저녁을 사 달라는 여성 후배 다섯 명과 청담동의 한 식당으로 향했다. 저녁을 먹고 나자 후배들이 머뭇거리며 "실장님, 저희들이 드릴 말씀이 있습니다."라고 했다. 무슨 말인지 해보라고 했더니 "우리 회사는 외식 전문기업이고, 실장님은 저희들이 존경하는 여성 리더이신데……."라고 말한 뒤 쉽사리 말을 잇지 못했다.

"그래서, 뭐, 빨리 말해 봐요."

내가 재촉하자 그제야 후배들이 말을 이어갔다.

"지금 모습은 마치 B사감 같습니다. 단발머리도 답답한데 검은 안경이 웬 말입니까. 늘 판에 박힌 투피스 정장도 답답해 보입니다. 스타일 변신을 하시면 좋을 것 같습니다."

후배들은 눈치를 보면서도 진심으로 나를 위하는 표정이었다.

"어, 그래? 나는 꽤 신경 쓰고 있는데. 비싼 데서 머리하고 옷도 유명 브랜드고. 그런데 돈값을 못한단 말이지. 접수하겠어."

쿨한 척 웃으며 큰 소리쳤지만 내심 충격이었다.

다음 날 바로 뷰티숍으로 직행했다. 머리에 웨이브를 넣고, 난생처음 콘택트렌즈를 맞추고, 최대한 밝은 색깔의 재킷을 입었다. 그야말로 혁신적인 변신을 하고 출근하자 후배들이 환호해 주었다.

"와, 그 말씀드리고 조마조마했는데, 우리 의견을 다 수용하시다니. 정말 감사합니다."

나를 위하는 마음으로 조언을 해줄 때 바로바로 수용하자 팀원들이 스스럼없이 더 많은 의견을 내놓았다. 동료나 팀원들로 인해 나는 발전에 발전을 거듭할 수 있었다.

피드백은 사람을 키우는 강력한 도구이다. 성장하는 리더가 되고 싶다면 스스로 찾아나서는 '360도 피드백 시스템'을 가동할 것을 권한다. 나를 중심으로 상사, 동료, 이성 동료, 팀원 등을 정해서 직접 피드백을 받아 보라. 디테일하면서도 놓치기 쉬운 나의 결점을 알게 된다. 피드백을 팀원들에게 받아 볼 수 있는 배짱과 용기를 키워 보자.

마음을 담지 않은 피드백은 '지적'에 불과하다

피드백은 상대방에게 객관적인 정보를 제공하여 태도와 행동의 변화를 이끌어 내는 기술을 뜻한다. 피드백을 할 때는 반드시 ①상대가 인정할 수 있는 객관적 사실을 근간으로 해야 하고, ②가능하면 빠른 시점에 하는 것이 좋고, ③여러 문제를 한꺼번에 지적하기보다 하나의 행동에 초점을 맞추는 것이 효과적이다. 단순히 팀장의 의견만 전달할 것이 아니라 팀원이 이룬 성과도 정확히 짚으면서 피드백을 해야 한다. 그렇게 하면 팀원들은 자극을 받게 되고 정확한 분석에 힘입어 변화의 필요를 느끼게 된다.

피드백에서 가장 중요한 건 마음을 담는 것이다. 일방으로 전달하는 것은 피드백이 아닌 '지적'에 불과하다. 팀원의 감정은 살피지 않고 지적만 하면 듣는 쪽은 억울한 감정을 갖게 된다. 당연히 신뢰가 깨지고, 지적을 받은 팀원은 수동적인 자세로 일하게 된다. 일방적인 지적은 긍정적인 변화를 이끌어 낼 수 없다. 마음을 담으면 팀원은 감동을 하게 되고 좋은 성과를 낼 수 있다.

CJ푸드빌 경영지원실장 시절 코칭 리더십을 접하면서 리더십의 흐트러진 조각을 하나씩 맞추는 노력을 했다. 회사에서 5년 동안 코칭 리더십을 활용해서 조직 관리를 해왔던 경험과 비즈니스 전문 코치 활동을 하면서 경험한 다양한 사례를 모아서 기업 현실에 맞는 코칭 프로그램인 '기업 맞춤형 인터널 코치 육성 프로그램'을 개발했다. 이 프로그램의 핵심인 '5단계 피드백 프로세스'를 강의와 코칭 현장에 수백 번 적용해 보았다.

5단계 피드백 프로세스(RIC모델)

1. Rapport—마음 연결
"주말은 어떻게 지냈나?"

2. Request—양해 구하기
"한 가지 얘기해도 되겠나?"

3. Indication—
마음 담아 이야기 하기
"자네가 계속 지각하는 걸 보니
아쉽네. 출근은 직장인의 기본이야."

4. Confirm—확인하기
"내가 이야기 한 것에 대해
어떻게 생각하나?"

5. Commitment—
변화 과제 약속하기
"앞으로 어떻게 변화할 건지?"

그렇다면, 어떻게 피드백을 해야 제대로 먹히고 행동의 변화를 이끌어 낼 수 있을까? RIC 모델을 소개한다.

피드백에 대해 코칭을 하면 대부분은 "남의 옷을 입고 사는 것 같다. 뭔 잔소리를 하는데 양해를 구하냐?"며 어색해한다. 하지만 일단 팀원들에게 적용한 뒤 긍정적인 반응을 경험한 분들이 많았다.

"이 프로세스대로 하니까 팀원들이 속마음을 털어놓네요."

"피드백하면서 리더의 일방적 판단으로 팀원에 대한 오해가 생길 수 있다는 것을 알았어요."

"부정적인 내용으로 피드백을 해도 팀원들이 차분하게 잘 들어주니 좋네요. 전에 같으면 얼굴이 붉혔을 텐데."

피드백은 정확하게 하고 피드백 받는 사람의 의견을 꼭 들어야 한다. 시작부터 끝나는 시점까지 각 단계마다 마음을 열고 쌍방향 소통을 해야 하는 것도 필수다.

1단계 : Rapport-마음의 빗장을 열게 하라

피드백에서 가장 중요한 것은 '팀원의 입장과 감정에 대한 배려'다. 대화를 시작하기 전에 상호 연결 짓기 즉, 마음을 여는 작업을 먼저 해야 한다. 소소한 이야기를 하면서 마음속 긴장감을 풀어야 제대로 된 피드백을 할 수 있다. 마음이 열리지 않은 상태에서 바로 본론으로 들어가면 효과가 감소된다. 먼저 마음을 터놓고 이야기할 수 있는 분위기를 만들어야 한다.

"애들은 잘 크고 있나?"

"자네의 솔선수범이 우리 부서에 많은 성과로 연결되고 있다네."

"요즘 자네 관심사는 뭔가?"

리더가 불렀을 때, 또 무슨 잔소리를 하려나 걱정하고 왔는데 이런 질문을 받으면 팀원은 마음의 빗장을 연다. 그때 경청하면서 호응까지 해주면 점점 마음속 깊은 이야기까지 풀어놓는다. 피드백을 제대로 하고 싶다면 소소한 이야기부터 풀어놓게 하라.

2단계 : Request-사전 양해를 구하라

모든 일에는 전초 작업이 필요하다. 단도직입적으로 피드백을 하면 누구든 당황하게 된다. 부정적인 피드백을 할 땐 더더욱 준비가 필요하다. 들을 준비가 되어 있지 않은데 듣기 싫은 소리를 하면 역효과만 난다. 피드백하기 전에 반드시 양해를 구해야 한다.

"피드백을 하는데 무슨 양해를 구합니까?"라고 반문하는 리더들이 많다. 질문은 믿음의 표시라는 걸 명심하라. 피드백 해도 되는지 물으면 아주 특별한 경우를 빼고는 "네."라고 답한다. 그 순간부터 상대는 더 집중해서 경청하게 된다.

리더가 피드백을 명확하게 하지 않으면 여러 불만이 터져 나온다.

"갑자기 불러서 뭔가 말씀을 하시는데 중반부에 가서야 나에게 불만이 있다는 걸 알게 되었어요."

"이야기를 빙빙 돌리니까 답답해요. 왜 이러시나 하는 기분이 들 때도 있어요. 자신감 있게 이야기 해주시면 좋겠어요."

이런 얘기가 나오지 않도록 양해를 구하는 질문을 잘해야 한다.

"자네의 성장을 위해 해주고 싶은 말이 있는데 해도 될까?"

"내가 조언 한 마디 해도 될까?"

"한 가지 코멘트해도 될까?"

"피드백할 게 있는데 시간 괜찮은가?"

상대를 존중하고 배려하면서 대화의 집중도를 높일 수 있는 전초전이다. 잔소리를 반복하고 싶지 않다면, 마음에 콕 새길 수 있도록 확실하게 피드백하라. 그 출발이 양해를 구하는 것임을 잊지 말자.

3단계 : Indication-마음을 담아 이야기하라

피드백을 할 때는 마음 현상의 구성 요소인 3가지를 짚어야 한다. 사실에 입각한 생각, 그 생각으로 올라오는 감정, 리더 입장에서 팀원에게 원하는 것을 명확하게 정리해서 말하는 것이다. 애매모호하고 장황한 표현은 시간을 낭비하고 경청을 방해하며 서로의 에너지를 떨어뜨린다.

매주 두 번씩 지각한 팀원에게 "자네는 왜 맨날 지각하나. 앞으로 정시 출근하게."라고 하면 팀원은 반성하기보다 '일주일에 딱 두 번 지각했는데, 맨날이라니! 정확히 알지도 못하면서 사람을 코너로 모네.'라며 억울함과 반발심을 갖게 된다.

"내가 보니, 자네는 일주일에 꼭 두 번씩 지각을 하더군. 팀장으로서 아쉽고 염려가 되네. 팀에 좋지 않은 영향을 미치는 데다, 회사 규정에도 업무 시작 10분 전에 출근해서 준비를 하도록 되어 있네. 앞으로 출근 시간을 준수해 주기 바라네."

사실에 입각한 생각과 감정, 원하는 것을 깔끔하게 정리해서 이야기하는 연습이 필요하다. 지각하는 팀원에게 이렇게까지 정중하게 할 필요가 있나, 하는 생각이 들 수도 있다. 피드백이 무의미한 잔소리로 전락하면 안 된다. 피드백은 팀원의 성장을 돕기 위한 투자이다. 반복적으로 잔소리하고 싶지 않다면 첫 피드백 때 세대로 해야 한다. 피드백하기 전에 마음부터 차분히 정리해 보자. 피드백 노트를 만들어 관리하면 더 효과적이다.

일자	대상자	사실에 입각한 생각	나의 감정	내가 원하는 것	변화 정도
3월 2일	김여유	보고서 납기 미준수.	아쉽고 당황스럽다.	보고서 기한 준수. 부진할 경우 사전 보고. 책임 있는 자세.	5점/10점

피드백 노트

피드백을 해준 뒤 행동 변화가 보인다면 그 즉시 칭찬을 해주라. 반대로 아무런 변화도 없다면 다시 한 번 피드백을 하여 개선할 수 있도록 해야 한다. 피드백 내용만 말하고 끝내면 안 된다. 피드백한 내용을 팀원은 어떻게 생각하는지 의견을 물어 확인하는 과정이 꼭 필요하다. 그래야 쌍방에게 필요한 피드백이 된다.

4단계 : Confirm-확인 질문을 하라

마음을 다해 피드백을 했더라도 내가 알고 본 것이 전부라는 확신을 내려놓고 피드백한 내용을 팀원은 어떻게 생각하는지를 진심 어린 마음으로 확인하라. 묻고 답하는 과정이 생략되면 오해가 눈덩이처럼 불어나 큰 문제가 될 수 있다.

"내가 지금까지 피드백한 내용을 어떻게 생각하나?"

리더들은 이 질문을 하면서 느끼는 점이 많다고 한다.

"왜 물어야 하는지를 알게 되었다. 실제 내가 피드백한 내용을 100% 수용하는 경우는 드물었다. 하지만 서로 대화하는 과정에서 시각 차이를 좁힐 수 있었다. 대화도 깊어졌다. 팀원들도 자신의 의견을 이야기할 수 있어 좋다고 했다. 평소에 말이 없는 팀원인데 피드백을 하고 나서 확인 질문을 했더니, 봇물 터지듯 이야기하는 걸 보고 놀랐다."

일방적인 지적이나 충고는 팀원에게 상처가 될 수 있다. 팀원의 부족한 점이나 개선할 점을 피드백하고 그들의 입장이나 생각을 풀어놓을 수 있는 시간을 만들어 주자. 그 과정 속에서 알게 모르게 생긴 간극이 줄어들면서 밀도 높은 신뢰 관계를 만들어 갈 수 있다.

5단계 : Commitment-변화를 약속하라

피드백을 하고 의견을 물었을 때 성의없이 "네, 알겠습니다. 죄송합니다."라고 답하면 무엇을 알아들었고, 무엇이 죄송한지 확인해야 한다. 그 순간을 모면하기 위한 답변은 행동 변화로 이어지지 않는다. 어렵게 한 피드백이니만큼 확실하게 마무리 짓는 것이 필요하다.

"자네는 그렇게 생각할 수도 있겠지만, 내가 지금까지 한 이야기는 사실에 입각해서 한 말이네. 다시 한 번 내가 한 이야기를 생각해 보기 바라네."라고 말하며 피드백 내용을 살펴볼 수 있도록 해야 한다. 그래도 아니라고 할 때는 오해가 생긴 건 아닌지 살펴보고 대화를 이어가는 게 좋다.

  팀원이 100% 수용하면서 피드백한 내용을 받아들이면 그때부터 변화의 엔진이 가동된다. 팀원이 변화의 필요성을 언급할 때 리더는 "앞으로 어떤 변화를 할 것인지, 언제까지 할 것인지, 리더인 내가 도와줄 것은 없는지?" 등 질문을 해서 실행 의지를 높여 주자. 리더의 마음이 담긴 피드백은 사람을 성장하게 하고, 팀의 성과를 만들고, 회사 문화도 바꾼다.

속내를 털어놓게 한 피드백

매일 5~10분씩 지각하는 차장에게 잔소리도 하고 윽박지르기도 했지만 좀처럼 개선되지 않았다. 급기야 타부서로 전출시키는 방안까지 생각하기에 이르렀다. 소장님은 코치의 조언을 받아들여 '5단계 피드백 프로세스'로 김차장과 대화를 시도했다. 평소엔 "김차장, 왜 맨날 지각을 하는가. 자네 때문에 아침마다 부서 분위기도 어수선하고, 회의도 제때 못하지 않는가. 도대체 왜 그러나?"라고 면박을 주었는데, 피드백 프로세스대로 피드백을 했다. 일단 애들이 학교는 잘 다니는지 물으면서 마음을 열었다. 그리고 "내가 피드백 한 가지 해도 되겠냐?"고 물은 뒤 이렇게 이어갔다.

"자네는 역량이 출중해서 회사에서도 핵심 인재로 생각하고 있네. 그런데 최근 들어 매일 지각을 하는 모습을 보니 안타깝고 아쉽네. 5분, 10분 지각하는 건 조금만 부지런하면 고칠 수 있는 일이라고 보는데. 앞으로도 계속 지각한다면 같이 일하기 힘들 수도 있네. 다른 일은 잘하면서 지각 때문에 신뢰를 잃는다면 억울하지 않겠나. 조금만 서둘러 출근하면 팀 분위기가 좋아질 것 같은데 말이지."라고 말한 다음 확인하는 질문을 했다.

"내가 지금까지 이야기한 것에 대해 어떻게 생각하나?"

그러자 김차장이 "죄송하다. 내일부터는 일찍 오겠다." 같은 뻔한 핑계가 아니라, 자신의 속내를 털어놓았다. 아내가 지병으로 앓아눕는 바람에 아침마다 아이들 등교 준비를 돕고 학교까지 데려다주느라 늦는다는 것이었다. 소장님이 "왜 그런 사정을 말하지 않았느냐?"고 하자, 김차장은 "물어보지도 않는데 굳이 가정사를 꺼내기가 송구했다. 괜히 변명하고 사정을 봐 달라는 것 같아 말하기 힘들었다."고 답했다. 피드백하고 질문하면서 소장님은 김차장에 대한 오해를 풀었고, 아침 출근 시간 배려까지 해주기로 했다.

그날 이후 큰 변화가 생겼다. 김차장이 일찍 출근해서 어학 공부를 하고 부서원도 챙기기 시작한 것이다. 자연히 부서 분위기가 좋아졌다. 소장님은 석 달간의 코칭이 마무리되는 시점에 이런 말을 했다.

"회사에서 코칭을 받으라고 해서 솔직히 좀 짜증이 났다. 현장이 바쁘게 돌아가고 있는데 웬 코칭이냐는 반발심도 있었다. 그런데 코칭을 접하고 내가 말하는 패턴을 약간 바꾸자 팀원들이 다양한 각도로 변화해 매우 놀랐다. 특히 피드백을 통해 지각하는 습관을 바꾸는 모습이 신기했고 보람도 느꼈다. 리더가 제대로 배우고 적용해야 팀원을 효과적으로 육성할 수 있다는 걸 깨달았다. 이제 내 삶 전체에 코칭을 적용해 볼 생각이다."

피드백으로 새로운 인생을 디자인하다

빕스 사업부장 시절, 실적이 부진한 팀장을 권고사직시킨 적이 있다. 영업팀장으로 일하던 그는 오랜 기간 외식업에서 잔뼈가 굵었고, 근면 성실한 팀장이었다. 아쉽게도 관리하던 영업팀에서 지속적으로 안전사고가 났고, 그로 인해 계속 궁지에 몰렸다. 당연히 평가가 좋지 않았다. 관리 역량이 부족하니 승진은 생각할 수도 없는 상황이었다. 조직 슬림화 과정에서 그 팀장이 감원 대상에 올랐다. 인사팀으로 넘기기 전에 피드백해 주고 싶은 마음이 컸다. 마주 앉아 면담을 시작했다.

"내가 보기에 김팀장은 지금까지 자신의 역할을 잘해 왔다. 하지만 안전사고로 인해 관리 역량이 부족하다는 평가가 나왔다. 앞으로 열심히 해도 승진하기 힘들 것 같다. 고과평가가 계속 발목을 잡게 될 것이다. 당신은 내성적이고 진중한 성격이니 대학원에 가서 공부를 더하면서 다른 기회를 모색해 보는 게 좋을 듯하다. 팀장은 지금까지 한 내 의견을 어떻게 생각하는가?"

한 사람의 인생에 개입하는 일이어서 매우 조심스런 마음이었는데 그 팀장이 의외로 내 마음을 온전히 받아들였다.

"사업부장님, 특별히 마음을 써 주셔서 감사합니다. 그렇지 않아도 대학원에 진학하고 싶었지만 계기도 없고 용기도 나지 않았는데, 이번 기회에 용기를 내서 도전해 보겠습니다."

그 팀장은 대학원에 진학했고, 졸업 후 호주에 있는 호텔의 지배인으로 가게 되었다. 취직을 앞두고 추천서를 부탁했을 때 기쁜 마음으로 써 준 기억이 난다. 그간 몇 번 나를 찾아왔는데 볼 때마다 자신에게 피드백을 해줘서 고맙다고 했다.

"면담 없이 나왔다면 회사를 원망하며 피해 의식을 갖고 살았을 겁니다. 면담할 때 사업부장님의 진심을 느낄 수 있었고, 추천서에도 그 마음이 고스란히 담겨 있었습니다. 그때 피드백이 없었다면 지금의 나는 없었을 겁니다."

피드백은 사람을 키우고, 도전하게 한다. 나에게 코칭을 받은 리더들은 나를 '피드백의 여왕'이라고 부른다. 그들에게 부담스럽고 불편한 이야기를 가감 없이 해준다고 해서 붙은 별명이다. 피드백이야말로 팀원을 성장시키는 지름길이고 그들의 성장이 곧 리더의 성장이다. 관심과 사랑을 갖고 살펴보면 잘하는 것과 부족한 것이 확연하게 보인다. 잘한 것은 진심으로 축하해 주고, 부족한 것은 마음을 담아 피드백하여 행동 변화를 이끌어 내어야 한다. 피드백은 두려워 할 일도, 피할 일도 아니다. 진심이라는 함선에 5단계 피드백 프로세스를 승선시키면 세련미 넘치는 피드백의 달인이 될 수 있다. 리더의 세심한 피드백이 팀원을 키우는 지름길임을 기억하자.

2. 팀원에게 권한을 위임하라 *Empowerment*

회사는 리더들에게 임파워먼트empowerment를 통해 '일의 성과를 높이고'와 '사람을 키우는' 두 마리 토끼를 잡아 주길 원한다. 리더들의 고민은 '어떻게 해야 최상의 임파워먼트를 할 수 있을까' 하는 것이다. '저 친구가 과연 잘해 낼 수 있을까!' 하는 우려와 함께 '저 친구에게 이 일을 주면 나는 뭘 하지!', '이러다가 내 자리를 위협받는 거 아냐?' 하는 두려움이 동시에 밀려온다. 용기를 내 팀원에게 임파워먼트를 했다가 다시 원점으로 돌리는 리더들도 있다. 빨리 따라오지 못하는 팀원들을 보면서 아직은 시기상조라는 생각을 하기 때문이다. '이번에는 내가 처리하고 다음에 다시 기회를 봐야겠어'라는 이유를 대면서 스스로에게 면죄부를 주는 리더들도 있다.

성과 높은 리더는 권한 위임을 즐긴다

임파워먼트empowerment는 권한을 부여하다give authority to, 능력을 부여하다give ability to라는 의미로 '리더의 권한 가운데 일부를 팀원에게 위임하는 것'을 뜻한다. 피터 드러커는 "리더가 진정 자신의 일을 제대로 수행하려면 임파워먼트를 해야 한다. 이는 일을 떼어 내서 단순히 다른 사람에게 맡기는 것과 다르다."고 강조했다. 임파워먼트는 일을 통해서 팀원들의 역량을 강화하고 리더로 성장할 수 있는 기반을 닦아 주는 것이다. 그렇기 때문에 임파워먼트에 앞서 여러 가지 요소를 복합적으로 고려해야 한다. 업무의 중요도, 위임받을 팀원의 역량 등을 리더가 분석하여 역할을 제대로 맡겨야 한다.

임파워먼트를 할 때 분명한 의미와 목적을 갖고 임할 수 있도록 해주어야 한다. 자율성은 주되 효과적으로 일할 수 있도록 사전에 규칙을 만드는 것도 중요하다. 그래야만 진행 과정에서 조언을 할 때 간섭이라는 생각을 하지 않게 된다.

리더들은 간혹 임파워먼트empowerment, 권한 위임와 델리게이션delegation, 권한 위양을 혼동한다. 임파워먼트는 중요한 업무를 위임하여 성과를 만들어 내도록 하는 것이고, 델리게이션은 상대적으로 중요도가 낮은 업무를 팀원에게 위양해 주는 것이다.

1990년대 초 데이비드 심이라는 분이 신규 사업 기획을 총괄하는 기획관리실 팀장으로 부임했다. 미국 버클리대학교 경영학 박사라는 말에 영어가 약한 나는 걱정이 태산이었다. 그러나 그것은 기우였다. 당시에 팀에서 유행했던 말이 아메리칸 스타일이다. 권위도 격식도 따지지 않는 모습에서 문화적 충격을 받을 정도였다. 팀 운영에서도 아메리칸 스타일이 여지없이 적용되었다. 심박사는 족집게 과외를 하듯 나와 동료 대리 두 명에게 '보고서 쓰는 법, 타인에게 나의 논리를 펴나가는 방법, 논쟁하는 방법, 경쟁업체와 트렌드 분석을 통한 경영 환경 분석법' 등을 전수해 주었다. '경영 전략 세우기'와 '기획력 높이기' 기본기도 그때 만들어진 것이다. 심박사는 본부장에게 보고할 때면 일부러 우리를 대동하고 들어갔다. 그는 본부장과 대화하는 모습을 통해 우리에게 '리더와 협상하는 방법, 의사 결정 받아 내는 방식' 등을 보게 한 것이다. 그의 '아메리칸 스타일'에 모두들 감탄을 했다. 당시만 해도 감히 쳐다보기도 힘들었던 근엄한 상무님도 심박사 앞에서 웃음을 터트렸다. 우리는 심박사의 가르침을 스펀지처럼 빨아들이며 즐겁게 일했다.

그 전까지 우리는 시키는 일만 열심히 했다. 보고서 제출하면 팀장은 지적 사항을 시뻘겋게 체크하여 되돌려 주었고, 영문도 모르고 그대로 수정하기에 바빴다. 그랬던 우리는 심박사의 가르침 아래 눈이 밝아졌다. 그렇다고 심박사가 인재 육성, 임파워먼트, 동기부여 같은 단어를 강조한 것도 아니었다. 새로운 방식 앞에서 의아해하는 우리에게 차분하게 하나하나 가르쳐 주었을 뿐이다. 빨리 성과를 내라고 다그치는 대신 차근차근 단계를 밟아 나가도록 기다려 주었다.

3년여 기간 동안 심박사에게 많은 것을 배웠다. '경영 전략 ABC'를 단단히 전수받아 경영의 기본을 든든히 하는 계기가 되었다. 그 덕택에 그룹의 비전과 미션 수립, 사업 포트폴리오 재정립, 신규 사업 기획, 기업 인수 등 굵직한 프로젝트를 해낼 수 있었다. 심박사는 우리가 일정 궤도에 오르자, 과감하게 임파워먼트 해주고 큰 의사 결정 사항만 관여했다. 시간 여유가 생긴 심박사는 미래 먹거리를 찾는 신규 프로젝트에 집중했다. 기초를 다진 우리들이 유능하게 일을 해내면서 팀의 성과도 훨씬 높아졌다. 조직의 성과는 당연히 그 리더의 공으로 돌아가기 마련이다. 심박사는 새로운 도전을 하면서 꽤 오랜 시간 승승장구하는 모습을 보여 주었다.

대부분의 리더는 임파워먼트의 중요함이나 필요성을 알지만 왠지 모를 불안감 때문에 쉽게 시도하지 못한다. 하지만 팀원이 성장하여 높은 성과가 나면 모든 열매는 리더의 몫으로 다가온다. 이것이 임파 워먼트의 매력이다. 훈련된 팀원이 성과를 내는 동안 리더는 또 다른 도전을 기획할 수 있으니 회사로서도 매우 유용한 리더십이다. 리더는 미래를 디자인하면서 새로운 도전에 나서야 한다. 과감하고 슬기로운 임파워먼트만이 그 도전을 할 수 있게 해준다.

리더의 결단이 팀원의 역량을 키운다

어떤 리더가 임파워먼트를 잘할까. "실수를 두려워하지 말고 전향적 으로 나서 봐라. 내가 도와줄 테니 마음껏 해봐라."라고 말하는 리더들 이 그 주인공이다. 리더의 결단에 따라 팀원들의 역량도 차이가 난다.

1천억 규모의 중소기업 CEO 몇 분을 코칭한 적이 있다. 중소기업은 현실적으로 임파워먼트가 어려운 편이다. 그러다 보니 하나부터 열까 지 직접 챙길 수밖에 없다. 자연히 팀원들은 수동적으로 변한다. 악순 환이 이어지지만 뾰족한 해결 방안이 없다.

한편으로는 불신으로 인해 임파워먼트를 하지 못하는 경우도 있었 다. 특히 사기를 당한 경험이 있는 분들은 임파워먼트에 매우 소극적 이었다. 자연히 CEO 혼자 살인적인 일정을 소화하는 경우가 많았다. 그 누구도 믿지 못해 10만 원짜리 영수증 결재까지 직접 하는 경우도 있었다. CEO가 해외 출장을 가면 업무가 올스톱 됐다.

CEO가 일일이 챙기면 관리는 잘될 것이라 믿는다. 관리만 잘한다고 사업이 원활히 돌아가는 것은 아니다. 인재를 키우고 활용하지 않으면 경쟁력은 약화되고 결국 한계점에 도달한다. 전략적으로 임파워먼트를 통해 인재를 키워 그들이 더 큰 역량을 발휘하도록 동기부여를 해주고, 리더는 더 큰 그림을 그리면서 미래를 준비해야 한다.

리더는 업무에 관한 세세한 욕심을 내려놓는 게 좋다. 지금 직접 관여하고 있는 업무를 정리해 보자. 주도적으로 하는 일은 무엇인지, 중요한 업무는 무엇인지, 리더의 격에 맞는 업무를 수행하고 있는지, 업무를 정리해 보자. 팀원이 해도 되는 일을 직접하고 있지 않은지 꼼꼼히 따져 볼 필요가 있다. 전체 성과의 대부분(80)은 핵심적인 몇 가지 업무(20)에 의존한다는 파레토 법칙을 생각해 보자. 업무의 우선순위와 중요도를 따져 20% 업무에 초집중하고, 나머지 80% 업무는 팀원들에게 임파워먼트 하는 것이 좋다. 그래야 물리적인 시간도 확보할 수 있고 정신적으로 여백이 생긴다. 리더가 여유를 갖고 부가가치 높은 일에 도전하는 것이 효율적이다.

현상 유지 리더가 아닌 미래 창조 리더가 되려면 임파워먼트를 전략적으로 실행해야 한다. 오래된 물이 고여 있으면 독에는 새 물을 부을 수 없다. 독을 비우고 새 물을 부어야 신선한 조직으로 성장할 수 있다.

2003년부터 3년간 공동팀을 꾸려 신규 사업을 탐색하고 기획하는 신규사업기획팀장으로 일했다. 팀원들은 대부분 해외 MBA 출신으로 경력이 화려했다. 그렇더라도 다들 CJ에 입사한 지 오래되지 않았으니 내가 업무를 주도해야 한다고 생각했다. 내 업무를 위임했다가 자칫 내 자리가 위태로울지 모른다는 두려움도 있었다. 리더인 나를 중심으로 돌아가는 게 최상이라고 생각하여 모든 것을 내가 진두지휘했다.

1년이 채 안 되어 팀 운영에 빨간불이 켜졌다. 여러 프로젝트를 혼자 관리하는 게 불가능하다는 걸 깨달았다. 내리 시절 심박사로부터 권한 위임을 받아 열심히 일했던 나는 어디 가고 혼자 전권을 쥐고 있었다. 그제야 깊게 파기보다 넓게 펼치고만 있는 나 자신이 보였다. 모든 것을 장악해야 한다는 쓸데없는 아집이 무겁게만 느껴졌다.

팀원들을 파트너로 대하지 않으면 프로젝트 관리가 어렵다는 것을 인정하고 핵심 업무를 과장에게 임파워먼트 하기로 결심했다. 과장은 열심히 달리면서 역량을 발휘했고, 나는 중간 중간 체크를 했다. 전문 지식이 뛰어난 팀원에게 과감하게 임파워먼트를 했다. 그러자 효과적으로 프로젝트가 진행되면서 훨씬 좋은 성과로 이어졌다.

리더와 팀원이 갑과 을의 관계가 되는 순간 삐그덕거린다. 동반 성장의 파트너라는 마음으로 서로 신뢰하며 함께 달려 나가야 한다. 리더는 팀원들이 성장할 수 있는 기회를 적극적으로 마련해 주고 능력을 펼칠 수 있도록 도와야 한다.

코칭 현장에서 만나는 리더들도 임파워먼트가 마음처럼 쉽지 않다고 입을 모은다.

"팀원들이 준비되어 있지 않다. 지난번에 프로젝트를 맡겨 보았는데 전혀 진행되지 않았다. 마냥 기다릴 수 없어 그냥 내가 했다."

"임파워먼트 하려고 해도 팀원들이 시큰둥하다. 일단 일을 안 맡으려고 안간힘을 쓰는 것을 보면 씁쓸하기까지 하다."

이런 질문으로 임파워먼트에 대한 시각과 인식 전환을 돕곤 한다.

"임파워먼트란 어떤 의미일까요?"

"나를 믿고 임파워먼트 해주었던 리더가 있었나요?"

"지금 임파워먼트 하려는 업무가 정말 중요한 것이었나요?"

"진심으로 팀원을 믿고 맡길 마음이었나요?"

"임파워먼트 하기 전에 충분히 소통을 했나요?"

"충분히 기회를 주고 기다렸나요?"

"임파워먼트를 성공적으로 하게 되면 어떤 효과가 생길까요?"

그릇에 맞게 권한을 위임하라

팀원들의 역량이 각기 다르기 때문에 임파워먼트에 앞서 분석을 해야 한다. 어떤 인재로 육성할 것인지, 경력career path은 어떤지, 장단점은 무엇인지, 어떤 성과를 냈는지, 앞으로 필요한 역량은 무엇인지 꼼꼼히 따져 보아야 한다.

팀원에 대한 깊은 이해가 없이 임파워먼트를 하면 초점이 빗나갈 가능성이 크다. 아는 만큼 팀원을 끌어올릴 수 있다. 먼저 팀원의 역량과 주도성 포트폴리오를 그려 보자.

각 분면마다 임파워먼트를 통한 육성 전략이 달라야 한다.

첫째, 역량도 출중하고 주도성도 강한 팀원은 과감하게 임파워먼트 해도 된다. 정확한 목표와 기한을 정해 주면 팀원 스스로가 좋은 성과물을 만들어 온다. 이런 팀원은 과도하게 참견하는 걸 힘들어 한다. 강한 믿음을 주면서 책임감 있는 업무를 부여하면 된다. 그러면 목표 이상의 성과로 리더에게 보답한다. 이런 팀원이 많은 리더는 행운아다. 팀원에게 임파워먼트 하면서 더 부가가치 있는 일에 도전할 수 있기 때문이다.

둘째, 역량은 높은데 주도성이 낮은 팀원에게는 동기부여를 확실히

역량과 주도성 포트폴리오

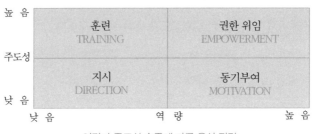

역량과 주도성 수준에 따른 육성 전략

해야 한다. 왜 이 일을 해야 하는지, 팀원의 역할은 무엇인지를 알려 주고 의지를 불태울 수 있는 방법을 강구해야 한다. 동기부여가 되지 않은 상태에서 무턱대고 업무를 위임하면 생산성이 오르지 않는다. 업무에 몰입할 수 없고 팀 분위기에도 좋지 않은 영향을 미친다. 동기를 끌어 올리는 것이 우선이다.

셋째, 역량은 부족한데 주도적인 팀원에게는 자신의 강점과 약점을 분명히 인식하게 한 뒤 훈련시켜야 한다. 주도적인 태도는 칭찬을 해 주되 업무를 통한 역량을 키울 기회를 적극적으로 마련해 주면 된다.

넷째, 역량도 낮고 주도성도 낮은 팀원에게는 많은 시간과 투자가 필요하다. 세심한 지시와 통제로 오랜 시간 꼼꼼히 지도해야 한다. 이러한 팀원에게 섣불리 권한 위임을 해서는 안 된다. 먼저 멘토의 지도 아래 기초를 튼튼히 하는 것이 필요하다. 지속적으로 기량을 키울 수 있도록 배려해야 한다.

또한 업무를 배분하거나 위임할 때는 세심한 배려가 필요하다. 단순한 일에서 복잡한 일까지, 복사 업무에서부터 전략 기획까지 업무의 스펙트럼은 엄청나게 넓다. 사소한 업무라도 실수가 생기면 조직엔 경보음이 울린다. 중요도가 떨어지는 일이라도 리더가 의미를 부여해 주고 관심을 가져 주면 팀원들의 몰입도가 달라진다. 그러나 조금만 방심하면 팀원들의 불만이 높아진다.

"나는 매일 허드렛일만 한다."

"나는 파편 조각과 같다."

"전후 사정에 대한 설명도 없이 데이터 분석만 하라니, 소모품이 된 기분이다."

이런 얘기가 들리면 맥이 빠진다. 충분한 대화를 나누었더라도 불만의 소리가 들린다면 책임은 리더에게 있다. 대화를 할 때 팀원이 충분히 이해했는지 거듭 확인하여 시각의 차이를 줄여 나가야 한다.

대리 시절 광파일 시스템에 문서를 스캐닝해서 저장하는 업무를 맡은 적이 있다.

'내가 왜 단순한 일을 반복적인 일을 해야 하지? 전자파에 계속 노출되니 뱃속 아이에게 안 좋을 거 같다. 굳이 임신부인 나에게 이 일은 시키는 저의가 뭘까. 내가 여성이라 그런 건가?'

불만이 폭발할 것만 같던 어느 날, 나의 표정을 읽은 과장님이 나를 불렀다. 광파일 시스템에 서류를 입력하는 일이 앞으로 데이터베이스를 구축하는 데 얼마나 중요한지, 입력하는 서류가 얼마나 고급 정보인지를 설명해 주었다. 그러고 보니 열심히 입력만 했지 그 보고서를 살펴본 적이 없었다. 이후 그 업무를 바라보는 내 시각이 달라졌다.

'나는 단순한 일을 하는 게 아니라 아주 중요한 일을 하고 있다.'

이런 생각을 하며 서류를 스캐닝하기 전에 꼼꼼히 읽어 봤다. 대리가 회사의 고급 정보를 접할 기회는 그리 많지 않다. 그 당시 광파일 시스템에 서류를 입력하면서 눈동냥한 것이 회사 생활에 큰 도움이 되었다. 회사의 중요한 의사 결정 사항, 보고서 작성하는 방식, 논리 전개하는 방법 등을 그 보고서를 통해 익혔다.

팀원에게 지시를 내릴 때 업무의 중요도를 알려 주었는가. 동기부여는 리더가 해야 할 중요한 역할이다. 임파워먼트에서 반드시 짚어야하는 것이 책임이다.

"권한 위임을 해주었는데 팀원이 일을 못해요. 그런데도 그냥 참고 있어요. 본인이 찾아올 때까지 기다리려니 답답하네요."

이런 하소연을 하는 리더들이 있다. 임파워먼트를 잘못 이해한 발언이다. 임파워먼트를 했는데 팀원이 리더의 눈높이를 맞추지 못한다면 즉시 피드백을 해서 본 궤도로 올려놓아야 한다.

간혹 팀장을 젖히고 윗선에 직접 보고를 하는 팀원이 있다. '권한 위임을 받았으니 보고도 내가 직접 해야 한다'고 착각을 하는 것이다. 임파워먼트는 일에 대한 책임 범위를 넓혀 주면서 동기부여를 하는 것일 뿐 의사 결정 권한이나 직책의 권한까지 위임하는 것이 아니다. 그 사실을 팀원에게 분명히 알려야 한다. 명확한 기준과 역할을 알려 불미스러운 생기지 않도록 방지해야 한다.

발언권 줄이는 것도 권한을 위임하는 것

2014년에 코칭한 D중공업 기술 팀장은 내성적이며, 팀원들을 많이 배려하는 리더였다. 모든 일의 시작과 마무리를 팀장이 맡았다.

당시는 그룹의 비전 달성을 위해 많은 변화 혁신이 요구되었던 시기였다. 그 팀장에게 "리더가 모든 일을 다 맡는 건 팀원을 배려하는 게 아니다. 오히려 그들의 성장을 막는 일이다. 전향적으로 업무를 임파워먼트해야 한다. 앞으로 주요 업무는 물론이고 회의나 워크숍 진행 등도 팀원들에게 위임하면서 경험과 지혜를 전수해 보라."고 제안했다.

"팀장 주도하에 진행했던 워크숍을 팀원들에게 위임하라."고 권한 뒤 방법론에 대해 몇 가지 팁을 주었다. 그 팀장은 팀원들을 5개 조로 나누고, 각 조에서 조장을 뽑고, 포스트잇에 비전 달성과 역할 수행을 위한 과제를 5가지씩 적게 했다. 그 가운데 2개를 뽑아 우선과제를 정했다. 최우선적으로 해야 할 과제에 대한 세부적인 진행 계획도 팀원들이 자율적으로 세우도록 했다. 결과는 대만족이었다.

항상 진두지휘했던 그 팀장은 팀원에게 장을 만들어 주고, 도구만 제공했을 뿐인데 팀원들이 주도해서 과제를 도출한 것이다. 팀원들의 반응 또한 폭발적이었다.

"팀장님, 정말 참신하고 재미있어요. 토의 내용도 알차요. 그동안의 워크숍과 달라요. 좋은 내용들이 나와서 기뻐요."

"실행에 대하여 우려가 많지만 끈질기게 시도하면 작은 것이라도 한 가지씩 변화가 생길 것으로 감히 예상해 봅니다."

"오랜만에 모두들 모여서 좋았어요. 파트별이 아닌 전체가 같이하는 기회가 있으면 좋겠어요."

"바로 실현 가능한 것부터 하고 싶어요."

이런 반응에 팀장이 매우 기뻐했다.

이후에도 그 팀장은 팀원들에게 과감하게 임파워먼트를 했고, 성과가 날 때마다 소식을 전해 주었다. 그리고 승진 소식도 접하게 되었다.

팀원들과의 공감이 얼마나 중요한지, 협업이 얼마나 효과적인지, 팀원들의 자발적 참여가 조직에 얼마나 큰 동력이 되는지 깨닫게 하는 좋은 사례다.

나의 스승은 빕스 현장 리더들

2008년 CJ푸드빌의 간판 브랜드인 빕스 사업부장으로 발령을 받고 한껏 기대에 부풀었다. 브랜드 매니저가 되다니 꿈같은 일이었다. 하지만 현장 분위기는 냉랭했다. 19년간 그룹 차원의 기획 전략, 기업 인수 업무만 했을 뿐 현장 경험이라곤 없는 사람이 부임했으니 다들 의심의 눈으로 바라봤다.

당시 점포마다 매출이 하향세였다. 원인은 한 번 방문했던 고객들의 재방문이 뜸해졌기 때문이었다. 강력한 돌파구가 필요했다. 섣부르게 나서기보다 외식업을 제대로 이해하기로 했다. 새벽 배송차도 타 보고, 공장 견학도 하고, 메뉴와 서비스 교육도 받았다. 하지만 성에 차지 않았다. 피상적인 현장 경험이라는 생각이 들었다. 자청해서 고객이 몰리는 주말에 빕스 대화점으로 실습을 나갔다. 오전 11시부터 시작하여 종일 접시를 닦았다. 1천 명의 고객이 4개 정도의 접시를 사용하니 4천 개 정도 세척했다. 하루 종일 접시를 닦으며 매니저, 아르바이트생, 주부 사원들과 대화를 나누었다.

"외식업이 얼마나 힘든지 아냐. 자칫 정책을 잘못 적용하면 악순환을 겪게 된다. 제대로 된 프로 의식이 필요하다."

그날 들은 내용이다. 나를 가르쳐 줄 스승을 찾아야 했다. 당시 외부에서 영입한 영업팀장에게 브랜드 이미지를 해치지 않는 선에서 과감하게 임파워먼트를 해주고, 고객 확보를 위한 모든 프로모션 전략을 수립해 보도록 했다. 그 결과 돌잔치 이벤트, 야구단과 제휴 마케팅, 폭립 외부 판매 등 다양한 매출 확대 전략이 나왔고 매출 증대로 이어졌다.

내가 지식과 경험도 없는 상태에서 콩이야 팥이야 했다면 시스템이 엉기면서 인재들이 빛을 발하지 못했을 것이다. 빕스 사업부장은 25년 CJ 재직 기간 중에 가장 힘든 보직이었지만 가장 보람을 느낀 자리기도 했다. 많은 성과를 냈고 좋은 사람들을 만났다. 영업팀장과 우수 점포의 점장들, 아르바이트생들이 나의 스승이었다. 드러나는 면만 보고 사람을 평가하던 나에게 '모든 사람들에게는 무한한 잠재 가능성이 있다'는 것을 몸소 느끼게 해준 고마운 사람들이다.

"당신이 사업부장이라면 지금 어떻게 하겠나?"

이 질문에 그들은 주인 의식을 갖고 자신들의 생각을 들려주었다. 믿어 주고 책임을 부여하면 충성과 능력을 발휘한다는 것, 팀원을 뛰게 만드는 건 리더의 지지라는 걸 몸소 체험했다.

임파워먼트는 던져 주는 것에서 끝나면 안 된다. 함께 항해하면서 팀원 한 명 한 명을 자극하여 비상할 수 있도록 도와주어야 한다. 그들의 성장은 곧바로 팀 성과와 연결되고, 그러한 성과의 합이 지속 가능한 조직력을 갖추는 경영 자원으로 작용하게 된다.

3. 탁월한 리더의 면담법 *ACE* 면담

『사람을 이끄는 힘』의 저자 로버트 스티브 캐플런은 모든 리더들에게 '팀원과 수시로 면담하라'고 권유했다. 그해에 달성해야 할 목표는 뭔지, 진행은 잘 되고 있는지, 중간 성과는 어떤지 등등을 지속적으로 확인하고 지도해야 좋은 결과가 나오게 된다는 것이다.

하지만 팀원들과의 면담은 녹록지 않다. 리더들은 "팀원들과 대화를 잘 이끌어 가는 비법을 알고 싶다. 면담을 하다 보면 이야깃거리가 궁하다."며 고충을 토로한다. "팀원들과의 간극을 줄이기 위한 자리를 마련해 봐도 어색하기만 하다. 어디서부터 풀어야 할지 막막하기만 하다."고 한다.

팀원들과의 면담을 어떻게 풀어야 할까.

'면담'은 말 그대로 서로 만나서 이야기하는 것을 말한다. 영어로는 face to face talk, 즉 얼굴을 맞대고 얘기한다는 의미이다. 술자리에서는 격의 없이 얘기가 잘 이어지는데 사무실에서는 왜 안 되는 것일까.

이유는 리더가 지도편달해야 한다는 강박에 시달리기 때문이다. 리더는 자신이 모든 면에서 완벽하고, 매사를 리드해야 한다는 부담감을 안고 있다. 면담을 잘하려면 먼저 '내가 대화를 주도해야 한다. 내 생각을 전달해야 한다'는 생각부터 버려야 한다. 그러면 서서히 대화의 물꼬가 트일 것이다.

세심한 정성이 필요한 면담

면담을 한두 번 잘했다고 안심하면 안 된다. 팀원들을 한 방향으로 결집시키기 위해서는 팀원들을 공평하게 대하며, 다양한 관점에서 접근해야 한다. 면담을 성공시키는 최고의 비법은 정성이다. 뜬금없이 불러 면담을 하면 요식 행위로 보일 가능성이 높다. 평소 관심을 갖고 지켜보다가 필요할 때 면담을 하라.

인재를 만드는 건 친구를 사귀는 것과 똑같다. 오랜 기간 믿음을 갖고 서로 교류해야 신뢰감이 생긴다. 함께 할 수 있는 인재를 만드는 건 결국 시간이다.

연말이면 리더들은 업무 성과 평가 결과를 내야 한다. 절대평가가 아니라 상대평가여서 여간 곤혹스럽지 않다. 좋은 고과를 받은 우수 팀원은 괜찮지만 고과 결과가 좋지 않은 팀원을 면담하는 건 난감한 일이다. 평가 결과에 불만이 있는 팀원이 받아들일 수 없다며 인사팀에 소명을 하는 경우도 있다.

1990년대까지만 해도 평가를 한 뒤 결과를 통보만 하면 됐다. 하지만 이제 달라졌다. 팀원에게 결과를 알린 다음 마주 앉아 개선안도 나누고 육성 계획도 협의해야 한다.

S그룹의 경우는 분기마다 이 같은 면담을 실시한다. 리더들에게 참으로 괴로운 시간이다. 무슨 말부터 꺼내야 할지, 어색함을 어떻게 풀

어야 할지, 반기를 들면 뭐라고 말해야 할지, 산 너머 산이다. 가장 중요한 건 마음을 헤아리는 일이다. 리더도 힘들지만 낮은 평가를 받은 당사자는 얼마나 속상하겠는가. 무엇보다도 억울한 마음이 클 것이다.

"성과 평가 면담을 한다고 해서 나름 준비했는데 리더 혼자 떠든다. 이건 면담이 아니라 통보다."

"내가 한 해 동안 이뤄 낸 성과를 완전 과소평가해서 고과가 나쁘게 나왔다."

"뜬금없이 나도 모르는 과제가 나의 KPIKey Performance Indicators, 핵심 성과지표로 둔갑되었다."

"리더를 도와 큰 성과를 냈는데, 내가 기여한 것을 전혀 평가해 주지 않았다."

봇물처럼 터져 나오는 팀원의 불만을 어떻게 해결할 것인가. 팀장의 평가는 무시되고 팀원의 불만이 가득 차오르면 관계가 깨지면서 팀도 활력을 잃게 된다.

일 년에 최소 세 번 면담하라

모 자동차 생산 공장에서 잔뼈가 굵은 S공장장 사례다. 27년간 일하면서 최하위 공장을 베스트 공장으로 만든 탁월한 실력자였다. 제 아무리 어려운 현장도 그의 손길이 닿으면 최고로 거듭났다. 비결은 현장 경영, 디테일 경영이었다. S공장장은 코칭을 받으면서 조직 문화 개선에 힘써 보겠다는 결심을 했다. 그 일환으로 팀원 전체 일대일 면담에 도전하기로 했다. 예전보다 리더가 할 일이 많이 늘어났다며 다소 힘겨

위했지만 바로 실행에 들어갔다.

나시 만났을 때 170명 팀원 중에서 50명 정도의 면담이 진행된 상태였다.

"면담하면서 이것저것 물어봤는데 답변이 영 신통치 않아요."

낙담하는 S공장장에게 어떤 질문을 했는지 물어봤더니 이런 답변이 돌아왔다.

"뭘 공부하고 싶으냐? 힘든 게 뭐냐? 내가 도와줄 건 없나?"

팀원 입장에서 보면 얼마나 생뚱맞은가? 평상시 거의 대화가 없었던 공장장이 다짜고짜 이렇게 물어오면 팀원은 당황할 수밖에 없다.

면담에도 순서와 전략이 필요하다. 우선 팀원이 마음을 온전히 열고 이야기 할 수 있는 환경을 조성해야 한다. 그런 다음 차근차근 질문을 하자.

대부분의 회사는 연말연시에 면담을 한다. 바쁠 때 진행하다 보니 제대로 된 면담이 이뤄지지 않는다. 팀원들도 형식적인 과정으로 생각하기 쉽다. 팀원 개개인의 특성은 파악하지 않은 채 리더 입장에서 하나마나한 질문을 던지기 때문이다. 팀원이 진지하게 대화에 응하면서 불합리한 상황을 얘기하면 얼버무리기에 바쁘다. 리더도 팀원도 깊이 있는 면담을 기대하기 힘들어진다. 연말마다 되풀이되는 요식 행위가 되면 리더와 팀원간의 불신으로까지 이어질 수 있다.

면담을 잘하면 좋은 성과를 올릴 수 있다. 단 진심과 정성이 뒷받침이 되어야 한다. 인재 육성을 위해 일 년에 최소한 3번은 면담을 하라. 리더가 시간 날 때 느닷없이 부르는 게 아니라 날짜를 정해 정기적으로 실시하는 것이 좋다.

연초에 업무 목표를 수립하는 면담agreement, 7월에 상반기를 결산하고 하반기를 점검하는 면담check up, 연말에 한 해 결산을 하는 평가 면담evaluation, ACE 면담을 추천한다.

Agreement, 한 해 목표를 합의하라

대부분의 회사는 목표에 따라 본부, 팀, 파트 단위로 과제를 나눠 주고 개인의 할 일을 정해 준다. 일방적으로 위에서 지시하듯 진행될 뿐 팀장과 팀원 간의 쌍방향 소통은 힘들다. 팀 단위로 목표를 세우면 개인의 역할이 명확하지 않은 경우가 많다. 일을 규정하고 배분하는 데 한계가 있을 수밖에 없다.

팀 전체의 공감대가 형성된다면 이야기는 달라진다. 전체 팀 목표에 맞춰 팀원의 업무를 정하라. 팀원들은 부여받은 목표를 정확하게 인지하고, 공감하고, 인정하고, 합의해야 한다.

'당연히 알 거다. 눈치로 알아야 한다. KPI를 합의했으니 자신의 과제를 명확히 이해했을 거다.'

이렇게 생각하기 쉽지만 합의가 이루어지지 않은 목표는 표류하게 된다. 일방적으로 정해진 목표에 열정을 다하는 팀원은 많지 않다.

세심한 계획을 세운 뒤 출발해야 한다. 우리 팀의 목표는 무엇이고 팀원이 해야 하는 역할은 어디까지이고, 전체가 달성해야 할 목표량은 얼마인지 정확히 알리는 게 중요하다.

경영 목표를 달성하려면 팀원들이 한 방향으로 달려야 한다. 항해를 떠나기 전 업무 목표와 자기계발 계획을 명확하게 합의해야 한다.

다음 질문으로 한 해를 시작하자.

1. 올해 중점 업무는 무엇인가?

2. 부여된 목표를 어떻게 달성할 생각인가?

3. 올해 어떤 성과를 내고 싶은가?

4. 꼭 하고 싶은 자기계발은 어떤 것인가?

5. 목표 이루었을 때 무엇이 달라질 것 같은가?

6. 올해 스스로를 응원하는 메시지는 무엇인가?

Check up, 중간 점검을 하라

혼자 처리해야 할 업무도 많은데 공동 과제를 수행해야 한다면? 리더가 수시로 불러 갑자기 지시하는 정체불명의 일을 해야 한다면? 팀원들 입장에서는 스트레스가 쌓일 수밖에 없다.

팀원들의 불만은 공동 과제나 정체불명의 일을 열심히 해도 자신의 업무 고과에 도움이 안 된다는 것이다. 열심히 했는데 그 공이 모두 팀장에게만 돌아간다면 허탈감에 일할 맛이 떨어지고 만다. 게다가 공동 과제를 하느라 정작 자신의 업무를 처리하지 못했다면 더 스트레스를 느낄 것이다. 그렇다고 무조건 일정을 늦춰 줄 수 없는 것이 현실이다. 리더들은 공동 과제와 팀원 단독 업무가 동시에 잘 진행될 수 있도록 세심하게 신경 써야 한다.

사업부장 시절, "매년 우리 사업부는 좋은 성과를 내는데도 돌아오는 것이 없어요. 경영 목표치가 높다 보니 아무리 열심히 해도 인센티브를 받을 수 없는 거죠."라는 불만의 소리를 들었다. 팀원들을 움직이게 할 강력한 동인이 필요했다.

경영 목표 초과 달성이라는 각오를 다지는 가운데 '분기마다 경영 실적을 분석해서 예상되는 인센티브 금액을 공유하면 좋겠다'는 생각이 불현듯 떠올랐다. 3개월마다 '지금의 성과가 이 수준이니 이런 추세로 가면 연말 인센티브를 얼마쯤 받을 수 있다'고 예측해 공유했다. 실적을 따져 점포별 순위를 발표하고 초과 달성을 위해 더 분발하자고 격려하면서 '할 수 있다'는 자신감을 불어 넣었다. 놀라운 현상이 벌어졌다. 잘하는 점포는 더 맹진하였고, 부족한 점포는 잘하는 점포를 따라잡기 위해 열정적으로 달렸다. 그 결과 연말에 좋은 성과를 거머쥘 수 있었다. 점장들이 신명이 나서 말했다.

"실적을 분기마다 확인하면서 우리 점포가 받을 수 있는 인센티브 금액을 보게 되니까, 힘도 나고 새로운 자극점이 생겨서 신나게 달린 결과입니다."

조직의 성과는 리더 혼자 잘한다고 해서 만들어지지 않는다. 팀원을 자극할 동기가 필요하다. 목표점과 지금 현재를 명확히 인식하게 하는 지혜, 중간 면담으로 만들 수 있다.

목표를 정한 뒤 중간 점검을 하면서 서로 격려하면 훨씬 높은 성과를 이끌어 낼 수 있다. 매 분기마다, 혹은 하반기 시작 지점에 업무 점검을 하자. 목표 설정이 잘못되었다면 그 시점에 궤도 수정을 할 수도 있고, 핵심 과제를 중심으로 몰입도를 높일 수도 있다. 방향을 재정비하고 긴장감을 높일 수 있는 질문으로 자극해 주는 것도 좋다.

1. 상반기에 가장 잘한 것, 팀에 기여한 것은 무엇인가?

2. 상반기에 아쉬운 점이 있다면 어떤 것이 있나?

3. 자기계발 목표도 순조롭게 실행하고 있나?

4. 하반기에는 어떤 일에 집중하고 싶은가?

5. 혹시 팀이나 내게 건의 사항이 있나?

Evaluation, 평가 면담은 당당하게

연초와 중간에 면담을 진행했다면 연말 평가 면담은 부담 없이 할 수 있다. 추진 업무나 자기계발 상황을 점검하면서 한 해를 보냈기 때문에 팀원과의 평가 면담에서 발생될 수 있는 껄끄러움이 대부분 해소가 된다.

연말에 팀원들과 평가 면담을 할 때 다음 질문을 활용해 보자.

1. 1년간 수고 많았네. 올 한 해를 어떻게 보냈나? 전체적으로 어땠나?

2. 올해 잘한 것 5가지를 꼽는다면 무엇인가?

   그중에서 가장 자랑할 만한 성과는 뭔가?

3. 올 한 해 아쉬운 점이 있다면 뭔가? (3~5가지)

4. 당신이 리더라면 자신에게 몇 점을 주겠는가?

5. 자네 몸값은 작년 대비 얼마나 올랐다고 보는가?

6. 내년도에 새롭게 도전해 보고 싶은 것은 무엇인가?

7. 회사에서 이것만은 알아주었으면 하는 게 있다면 뭔가?

8. 내게 요청 사항이 있는가?

리더라면 팀원을 위해 일 년에 최소한 3번의 면담을 해야 한다. 일 년에 3시간만 투자하자. 3번의 ACE 면담이 팀원들을 에이스_ace 인재로 만들어 준다.

대규모 조직을 이끄는 리더가 모든 팀원들 일대일 면담하기란 불가능하다. 그런 경우에는 간담회를 개최하는 것이 좋다. 큰 조직들은 몇 단계를 거쳐 지시 사항이 아래로 내려간다. 리더가 말한 내용을 중간 리더가 잘 전달하면 좋겠지만 그렇지 않은 경우가 대부분이다. 리더가 강조하는 포인트가 현장 팀원들에게 정확하게 전달되어야 조직이 원활하게 움직일 수 있다. 어떤 방식으로 소통할 것인지, 리더들의 지혜와 정성이 필요한 대목이다.

면담은 말하기가 아닌 들어주기

J부장은 팀원 관리에 많은 스트레스를 안고 있었다. 성과 관리 면담이 연 1회에서 4회로 늘어난 깃도 큰 부담이었다. 성과가 낮은 팀원을 면담하는 일이 만만치 않았다. 성과가 낮은 이유를 묻고 개선을 요구하면 연배가 높은 팀원들은 특히나 변명만 늘어놓았다.

그룹 코칭을 받고 '대화 프로세스와 기술'을 익힌 후 달라졌다. 면담 전에 팀원들이 잘한 것과 부족한 것을 정리해서 피드백 노트를 만들었다. 면담할 때는 노트북, 휴대폰, 노트 등 경청을 방해하는 요소를 다 없앴다. 팀원의 얼굴을 보며 맞장구를 쳐주면서 면담을 이어갔다. 그러다 보니 팀원들의 세세한 것까지 느낄 수 있었다. 팀원의 고민을 듣고 J부장은 자신의 느낌을 솔직하게 전했다. 진솔하게 오고가는 대화 속에서 공감은 저절로 이루어졌다. 면담이 끝나자 연배가 많은 팀원이 '직장 생활하면서 이런 얘기를 나눈 것이 처음이고, 내 얘기를 진심을 다해 들어주는 팀장을 만난 것도 처음'이라며, 추가 면담을 요청했다.

J부장은 듣는 것에 집중하면서 면담은 말하기보다 들어주는 게 중요하다는 걸 깨달았다고 했다. 리더가 질문만 잘하면 팀원은 마음을 열고 자신의 이야기를 털어놓는다. J부장은 이제 면담 시간을 팀원과 돈독한 정을 쌓는 시간으로 활용하고 있다. 자연히 부서 분위기도 화기애애해졌다. 두렵기만 했던 면담 시간이 팀원들의 마음을 움직이는 기적

의 시간으로 바뀐 사례다.

자동차 판매를 총괄하는 K전무도 비슷한 예다. 열정적으로 일해 판매고가 높지만 팀원과의 소통이 원활하지 않은 분이었다. 회의나 간담회를 할 때 전무께서 일방적으로 훈시하고, 해결 방안도 직접 제시했다. 코칭 교육을 받으며 '전방위 소통'의 중요성을 인식한 K전무는 '영 멘토 클럽Young Mentor Club'을 발족했다. 매달 대리와 사원 8명을 만나 허심탄회한 대화를 하는 모임이다. 팀원들은 회사 돌아가는 이야기와 리더들에게 바라는 점을 기탄없이 얘기했고, K전무는 인재 육성을 위한 여러 아이디어를 얻었다. 덤으로 신세대의 특징이나 새로운 트렌드도 접하면서 소통의 실마리를 찾았다. 젊은 친구들이 확고한 의식을 갖고 있다는 것도 알게 되었다. K전무는 매번 어떤 질문을 할까 연구했고 경청을 통해 좋은 해법을 찾았다며 만족했다.

K전무의 사례를 들려주면 "리더가 성과를 내야 하는데 언제까지 그런 식으로 시간을 낭비해야 하나."라며 회의적인 발언을 하는 이들도 있다. 단언컨대 조직의 성과는 팀원들의 자발성에 의해 좌우된다. 팀의 방향에 팀원들이 동의하고, 자신의 역할과 존재 이유가 명확할 때 성과가 올라간다. 지혜롭게 팀을 이끌어 갈 수 있는 면담의 기술을 내재화해 보자.

많은 인원을 동시에 면담하는 간담회

2011년 CJ프레시웨이 단체급식본부장으로 일할 때, 대도시에서 벽지까지 360여 개의 입장에 흩어져 있는 팀원들이 한 방향으로 달릴 토양을 만드는 게 급선무였다. 몇몇 점포를 둘러보니 모두들 열심히 일하지만 행복한 모습이 아니었다. '팀원들이 직장 생활의 의미를 찾고 행복한 미래를 꿈꾸게 해주자'는 결심을 했다. 맨 먼저 그들의 이야기를 들어보기로 했다. 점포를 하나하나 돌려면 몇 년이 걸릴 것 같았다. 그래서 지역별로 비슷한 직급의 팀원 20~30명을 한자리로 불렀다.

각기 다른 점포에서 온 팀원들에게 "오늘 어떤 기대를 하고 왔는지? 회사에 바라는 것은 뭔지? 비전은 뭔지? 본부에서 풀어 주었으면 하는 문제는 뭔지? 영업 현장에서 겪는 애로점은 어떤 것이 있는지?" 질문했다. 본부장이 일방적으로 훈시할 거라고 예상했던 그들은 머뭇거리며 말문을 열지 못했다. 간담회를 성공적으로 이끌고 싶다면 그 순간에 인내해야 한다. 속으로 참을 인忍을 써내려 갔다. 침묵이 길어지자 누군가 입을 열었고, 하나둘씩 가슴의 응어리를 풀어놓았다.

회사에 대한 섭섭함이 쏟아져 나왔다. 얘기를 다 듣고 난 후 내 선에서 해결해 줄 수 있는 것은 개선해 주겠다고 약속했다. 안 되는 건 안 된다고 분명히 선을 그었다. 예산이 들어가거나 제도 변경이 필요하지만 의미가 있는 제안은 차후에 검토해서 공지하겠다고 약속했다.

4개월간 250여 명과 만났다. 반응은 폭발적이었다.

"속이 후련하다. 이제껏 우리에게 질문한 리더도 없었고 진솔하게 있는 그대로 들어준 리더는 없었다."

"뭔가 달라질 것 같다. 잘해 보고 싶다. 본부의 전략이나 이슈를 직접 들어 너무 좋았다."

"우리가 내놓은 이슈들을 어떻게 개선할 것인지 확실하게 피드백을 해주어 정말 좋다."

"나의 미래와 삶에 대해 생각해 볼 수 있는 기회를 가질 수 있었다."

간담회를 계기로 퇴직을 보류한 팀원도 있었고, 다시 한 번 도전해 보겠다고 다짐을 한 팀원들도 많았다. 창대한 비전을 세우고 월급을 많이 주는 것도 좋지만 팀원들의 소소한 얘기를 들어주는 것, 팀원이 소중하다는 인식을 심어 주는 일이 중요하다. 팀원들이 많다면 정기적으로 소그룹 면담을 진행할 것을 제안한다.

팀원들도 회사 사정을 모르지 않는다. 현장에서 일하기 때문에 피부로 더 느끼고 있는지도 모른다. 불만이나 루머가 팽배한 조직일수록 체계적인 면담 시스템을 가동해야 한다. 면담을 하면 팀원들이 결코 큰 것을 원하지 않는다는 사실을 알게 될 것이다. 일방적인 훈시보다 팀원들의 마음을 읽는 진심어린 소통이 중요하다.

4. 인정과 칭찬은 최고의 동기부여 *Motivation*

칭찬의 사전적 의미는 '좋은 점이나 착하고 훌륭한 일을 높이 평가하는 것'이다. 인정은 '확실히 그렇다고 여기는 것'이라는 의미이다. 칭찬과 인정에 대한 다양한 해석이 있다. 코칭 관점에서 보는 칭찬은 성과가 났을 때 즉시 축하해 주고, 더 나은 성과를 낼 수 있도록 격려하는 것이다. 영어 표현으로는 compliment, praise, credit 등이 있다.

인정은 칭찬보다 더 깊은 의미를 지닌다. 평소의 태도나 강점, 가치관, 품성 등을 콕 집어 알아봐 주며 존재감을 느끼게 하는 것이다. 영어로는 acknowledgement, recognition, approval 등으로 표현된다. 칭찬과 인정의 미묘한 차이를 알고 잘 활용하는 것이 중요하다.

기시미 이치로와 고가 후미타케는 저서 『미움 받을 용기』에서 '칭찬'은 수직적인 관계에서 가운데 이루어지며 더 많은 능력을 발휘하도록 하는 것이 목적이라고 기술했다. '인정'은 수평적인 관계에서 이루어지며 평생 가는 강력한 동기부여라고 강조했다.

리더의 중요한 역할 중의 하나가 팀원들에게 동기부여 하는 일이다. 리더의 인정과 칭찬은 강력한 동기부여 요소다. 칭찬은 고래도 춤추게 한다는 걸 알지만 마음처럼 잘 되지 않는다. 베이비부머 세대들은 특히 더 힘들어 한다. "인정과 칭찬을 굳이 말로 해야 하나? 칭찬을 하려면 낯간지럽고 괜히 가식적으로 들릴까 봐 어색하다. 야단 안 치고 지적하지 않으면 잘하고 있다고 인정하는 건데 꼭 말로 칭찬을 해야 하나?"라며 불편해한다. "월급 받으면서 성과 내는 건 당연한데 그걸 미주알고주알 찾아서 칭찬을 하는 게 더 우습지 않나?"라며 마뜩찮은 표정을 짓기도 한다.

리더들이 인정이나 칭찬을 부담스러워 하는 것은 개인의 성향 차이도 있겠지만 칭찬에 익숙지 않은 세대여서 그럴 것이다. 척박한 경영환경 속에서 앞만 바라보며 달려온 기성세대들은 당연히 해야 한다는 의무감 속에서 살아 왔다. 감성보다는 이성이 중시된 시절을 열심히 달리다 보니 칭찬과 익숙해질 시간이 없었다.

이제 시대가 달라졌다. 예측 불가능한 시대, 여러 도전이 몰려온다. 특히 사람 관리가 힘든 시대이다. "우리 시대엔 안 그랬는데, 요즘 신세대들은 이해가 되지 않는다."는 푸념이 쏟아진다. 이해되지 않는 코드 속에 칭찬이 들어가면 달라질 것이다.

'신바람 나는 조직을 만들기 위해 리더인 나는 어떻게 해야 할까?'

그룹 코칭에서 빈번하게 다루어지는 주제다. 토론의 결론은 항상 비슷하다. 월급 인상이나 복리후생을 통해 할 수도 있지만, 그것은 한 팀의 리더가 결정할 수 있는 사안이 아니다. 결국 리더들이 해야 할 것은 관심을 갖고 인정하고 칭찬하는 일이다.

"미숙한데도 칭찬하는 건 쉽지 않다."

"내 눈에는 칭찬할 것보다 지적할 것이 더 많이 보인다."

"어쩌다 칭찬 한 번 해주면 좀 오버하는 친구들을 보게 된다."

이런 얘기를 하면서 불편해하는 리더들이 많다.

그러나 칭찬은 힘이 세다. 내키지 않아 하던 리더들도 코칭을 배우며 팀원들을 칭찬해 본 뒤 신기한 경험을 했다며 좋아한다. 야단칠 때 수동적이던 팀원이 작은 칭찬에 밝아지는 걸 보고 인정과 칭찬의 힘을 깨닫는 경우가 많다.

리더들도 칭찬받고 싶어한다

임원 코칭을 하면서 리더들도 인정과 칭찬을 갈망한다는 걸 여러 차례 경험했다. 모 전자회사에서 영업을 하는 K상무 사례다. 연구개발직에서 영업직으로 옮겨가면서 초반에 어려움을 많이 겪었다. 하지만 곧 연구개발 경력을 기반으로 좋은 실적을 내면서 승승장구했다. 그런데도 항상 자신감이 없는 모습이었다. 혹시 무슨 일이 있는 건 아닌지 묻자 이런 답변을 했다.

"현재 본부장과 같이 일한 기간은 8개월 정도 되는데 내가 코드를 잘 맞추고 있는 건지, 기대에 부응하고 있는지 확인할 수 없어서 좀 불안하다. 내가 내성적이라 직접 묻기가 힘들다."

그래서 코치인 내가 직접 나서기로 했다. 그 K상무의 상사인 O전무께 전화를 했다.

"전무님, K상무님의 보직이 변경되었다는데 잘하고 계신가요?"

그러자 O전무는 새로운 업무를 맡았는데 잘 적응하고 있으며 불황인데도 영업 성과가 좋다고 칭찬했다. 그래서 O전무에게 직접 칭찬을 해달라고 부탁했다. 그러자 O전무는 "아, 그 친구 내가 그렇게 마음을 전했는데 알아채지 못하네. 척하면 알아야지. 회의할 때 몇 번이고 잘하고 있다는 사인을 보냈는데 그걸 모르다니!"라며 답답해했다. O전무께 다시 한 번 명확하게 칭찬해 달라고 부탁했다. O전무는 K상무를 직접 불러 "업계 불황인데도 좋은 성과를 만들어 주어 고맙고, 앞으로도 더 기대한다."고 칭찬했다. K상무는 이후 자신감 넘치는 모습으로 리더십을 발휘하게 되었다.

칭찬이나 인정은 말이나 글로 직접 표현해야 그 효과가 나타난다. 마음속으로만 칭찬하고 인정하면 남들이 알 수가 없다. 팀원은 인정하고 칭찬하고 싶다면 말로 하는 연습을 하라. 그리고 용기 있게 그들에게 직접 그 마음을 전해 보자. 그러면 팀이 역동적으로 움직이는 것을 느끼게 될 것이다.

인정과 칭찬으로 동기부여가 되면 리더도 팀원도 더 열심히 일하게 되고, 그 열매는 결국 모두가 갖게 된다. 칭찬만 제대로 해도 팀원들이 긍정 에너지가 올라오고, 조직이 역동적으로 바뀐다.

칭찬은 즉시, 구체적으로

프랑스어 라포rapport는 '관계 잇기'라는 뜻이다. 더 정확히 말하면 서로 신뢰하며 감정적으로 친근감을 느끼는 인간관계를 말한다. 팀원 간의 친밀한 관계 형성은 대단히 중요한 요소이다. 친밀한 관계 형성을 만드는 비결은 다름 아닌 칭찬이다.

"칭찬을 하면 팀원들이 자신들을 과대평가하여 오히려 역효과가 난다."면서 칭찬을 꺼리는 리더들도 있다. 이런 걱정이 있다면, 섬세한 시각으로 구체적인 성과를 먼저 탐색해 보고 포인트를 정확하게 언급하면서 칭찬해야 한다. 리더가 생각하는 칭찬의 범위는 10% 정도인데 상대가 100%로 받아들이면 문제가 될 수도 있다.

월간 손익분석 보고서를 예로 들어 보자. 영업 실적 결과만 간단히 분석했던 팀원이 영업부서와 협의, 전사 관점에서 영업 손익 개선을 위한 구체적인 대안을 수립하여 보고했다면? 이런 경우 아무 말도 하지 않고 그냥 보고서만 받으면 팀원은 실망하고 말 것이다. '심혈을 기울여 보고서를 작성했는데 아무 반응도 없다니. 괜히 열심히 했네'라며. 이런 식이면 열정이 식어 다음에는 대충 일할 수도 있다. "수고했네, 훌륭해." 정도로 그치는 것도 올바른 칭찬은 아니다. 구체적이지 않아 그냥 의례적인 말로 받아들일 수 있다. 반대로 이런 애매한 칭찬을 받게 되면 자신을 과대평가하여 착각할 수도 있다. 칭찬을 할 때는 '즉시, 구체적으로' 해야 효과가 제대로 나타난다.

"이번 보고서에선 손익 개선을 위한 실질적이고 전략적인 핵심을 잘 잡아서 작성했더군. 현장에서 즉시 적용 가능한 대안이야. 대표님도 아주 흡족해하셨네. 아주 훌륭해."

팀원은 분명한 칭찬을 들은 데다 대표님 반응까지 언급해 주니 날아갈 것 같은 기분이 들 것이다. 크고 작은 성과에 마음을 담아 구체적이고 임팩트 있게 칭찬하는 것은 리더의 의무이며 책임이다. 자신이 한 일을 리더가 정확하게 알고 있다는 것은 팀원에게 대단히 큰 힘이 된다. 리더의 칭찬 한 마디가 팀원을 춤추게 하고, 강한 동기를 유발시킨다.

성과를 내는 주역은 팀원들이다. 리더는 팀원들의 긍정성을 높여 일에 몰입할 수 있도록 도와야 한다. 팀원의 사기를 북돋아 긍정 에너지를 얼마나 높이는가에 생산성이 달려 있다. 리더의 효율적인 칭찬이 행복한 일터를 만들고 높은 성과를 만든다는 것을 명심하자.

칭찬 의자로 긍정 에너지가 넘치는 조직을

경기도인재개발원에서 사무관을 대상으로 코칭 리더십을 강의할 때의 일이다. 칭찬 의자 게임을 했는데 용인시 H공보관이 "아니 무슨 칭찬을 대놓고 연습하듯이 합니까? 공무원 세계에는 안 맞아요. 너무 비현실적입니다."라며 냉소적인 반응을 보였다.

그러던 그 공보관이 어느 날 신문 기사를 보내 왔다. '용인시, 직원 간 소통·화합 이루는 칭찬 릴레이 마련'이라는 제목의 기사였다. 교육을 받은 후 부서원 18명을 대상으로 칭찬 의자를 적용했는데, 매일 한 사람을 정해 동료들이 오가면서 온종일 칭찬하는 방식으로 운영한 것이다. 처음에는 모두들 어색해했지만 얼마 안 가 칭찬을 하는 사람도 듣는 사람도 기분이 좋아져 적극적으로 칭찬 운동을 했다는 내용이었다. 아주 작은 실천으로 부서 전체가 친밀해지고 소통과 화합이 이루어졌다고 한다. 리더의 작은 실천이 팀원들을 즐겁게 한 아주 좋은 사례다.

일대일로 칭찬하기가 어색하다면 재미있는 게임을 통해 실행해 보자. 실제 많은 리더들이 현장에서 좋은 효과를 얻은 방법이다.

A부터 F까지 6명으로 구성된 팀이 있다고 하자. 둥글게 둘러앉고 빈 의자 하나에는 '칭찬 의자'라는 스티커를 붙여 둔다. A가 칭찬 의자에 앉고, 다른 사람들은 A에게 집중한다. A는 '최근 감사한 일이나 행

복한 일'을 2~3분 정도 이야기한다. 나머지 5명은 경청을 한 후 A의 장점과 팀에 기여한 점, 고마운 일을 등을 떠올린다. 그리고 돌아가면서 칭찬을 한다.

"책임감이 강하십니다."

"프로젝트 완수를 축하합니다."

"소신 있는 추진력이 멋집니다."

"항상 배려해 주고 봉사하는 모습에 감동했습니다."

모두가 칭찬을 끝내고 나서 A에게 소감을 물어본다. A는 칭찬과 인정에 가슴 벅찬 경험을 하게 된다. 나머지 5명도 돌아가면서 칭찬 의자에 앉고 똑같은 방식으로 실행해 보자. 누구든 인정과 칭찬을 받으면 존재감을 크게 느끼고 자신감이 충만한 상태가 된다.

업무 시작하기 전, 회의 때나 워크숍에서 칭찬 의자 게임을 해보라.

칭찬 샤워를 받은 팀원들의 긍정 마인드가 올라가면서 행복감을 느끼게 되고, 자연스레 긍정 에너지가 넘치는 조직 문화를 만들게 된다. 그 긍정이 업무 몰입을 하게 하여 좋은 성과로도 연결된다.

간접 칭찬의 놀라운 효과

현명한 리더는 팀원을 스타로 만든다. 팀원이 스타가 되면 행여 리더인 내가 소외되는 건 아닐까 하는 걱정은 기우다. 스타 팀원이 많이 탄생하면 그 팀의 리더는 덩달아서 능력을 인정받는다. 그 리더가 이끄는 조직의 성과는 결국 리더의 몫이기 때문이다.

외식 업무 경험이 전혀 없었던 내가 빕스 사업부장으로 발령받았을 때 한 마디로 난감했다. 어디서부터 풀어나갈까 고민하다가 칭찬의 힘을 믿어 보기로 했다.

현장 팀원들은 종일 서서 고객들을 응대하기 때문에 늘 초긴장 상태이다. 힘든 팀원들에게 잔소리가 아닌 칭찬이 필요하다는 생각이 들었다. 현장에서 발견한 좋은 사례를 전 점포는 물론이고 전 회사 차원으로도 전파를 했다. 베스트 사례를 전 점포에 적용하면서 QSC품질 Quality, 서비스Service, 청결Cleanliness의 상향 평준화가 이루어지고, 운영 안정화와 브랜드력에도 큰 도움이 되었다.

직접적으로 칭찬하는 것도 좋지만 간접 칭찬은 놀라운 효과를 가져다 준다. 좋은 운영 사례를 발견하면 모든 점포의 점장들을 대상으로 메일을 보내는데, 이때 대표이사와 다른 브랜드 책임자들에게도 참조로 하여 보냈다. 메일을 받는 사람은 자신들의 성과가 대표이사나 브랜드 책임자들에게 직접 전해지는 것을 볼 수 있어, 그것이 하나의 동기부여가 된다. 가끔 대표이사가 직접 해당 점장에게 축하와 격려의 메시지를 보내는 것은 물론 타 브랜드에서도 벤치마킹하라는 내용의 메일을 보내 주기도 하는데, 그 점장은 순간 영웅이 되는 것이다.

존경받는 리더, 훌륭한 인재로 거듭 성장하고 싶다는 팀원들의 성과를 사장시키지 말고 보석을 만들어 그들을 먼저 영웅으로 만들어 보자. 그 빛이 리더인 나를 비추게 될 것이다.

2015년에 코칭으로 만난 네덜란드계 반도체 장비업체 임원의 지혜에 감탄을 금치 못한 일이 있다. 활달하고 외향적인 성격으로 팀원들과 허물없이 지내는 분이다. 그로 인한 오해도 있었지만 지금은 그 누구보다 존경받는 리더로 확고히 자리매김했다. 그 비결을 물어보았더니 작은 에피소드를 들려주었다.

"코치님, 저는 뭔가 심각한 문제가 생기거나 이슈가 발생하면 그 업무 담당이 누가 되었든 본사에 보고할 때, 항상 주어는 'I'입니다. 책임자인 제가 책임을 지고 해결하겠다고 의지를 담아서 커뮤니케이션하는 거죠. 반대로 뭔가 성과가 있고 좋은 결과물이 나오면 메일의 주어는 'We'나 'I'가 아닌 'He(She)'입니다. 실무자의 성과를 인정하고 칭찬하는 것이 그들에겐 더 강력한 동기부여가 되지 않겠습니까?"

이 얘기를 듣고 큰 감동을 받았다. 공은 팀원들에게 돌리고 과는 떠안는 모습에 누구든 그를 존경하고 따를 수밖에 없을 것이다. 올바른 평가를 내리면서 확실하게 칭찬하는 리더가 되자. 칭찬의 힘은 우리가 생각한 것보다 더 크고 강력하다.

기업에서 리더십 강의를 할 때, 인정 언어를 알아맞히는 '스피드 퀴 즈'를 진행해 보곤 한다. 제한된 시간에 중용, 책임감, 소신, 겸손, 감사 같은 인정 언어를 몇 개나 맞히는지, 얼마나 정확하게 설명하는지 알 아보는 게임이다. 어렴풋이 뜻을 알고 있으면 쉽사리 알아맞힐 수 없 도록 개발했다.

인성은 각 개인의 사고, 태도, 행동 특성을 뜻하는 것으로 성품과 품 성을 아우르는 말이다. 인성 리더십은 '각 팀원의 인성을 잘 파악하여 알려 줌으로써 일상에서 그 특성을 더 활발히 발휘하고 몰입하도록 도 와주는 동기부여 활동'이라고 정의할 수 있다.

인성 리더십을 제대로 발휘하려면 먼저 인정 언어의 뜻을 명확히 이 해하는 것이 중요하다.

다음은 일상에서 많이 사용되는 인정 언어이다. 그 언어가 어떤 뜻 인지, 어떤 경우에 사용하면 좋은지를 생각해 보자.

> 감사, 배려, 유연성, 창의성, 결의, 봉사, 책임감, 겸손, 사랑, 이해, 관용, 사려, 인내, 근면, 충직, 소신, 자율, 친절, 기지, 신뢰, 절도, 탁월, 끈기, 신용, 정돈, 열정, 정의, 예의, 정직, 헌신, 명예, 용기, 존중, 협동, 중용, 화합, 우의, 진정 성, 진실, 확신

많이 사용하는 인정 언어

2015년 7월 21일부터 인성교육진흥법이 시행되고 있다. 초·중·고

등학교에서 인성 교육이 의무화된 것이다.

인성교육진흥법은 건전하고 올바른 인성을 갖춘 시민 육성을 목적으로 제정되었다. '자신의 내면을 바르고 건전하게 가꾸며 타인, 공동체, 자연과 더불어 사는 데 필요한 인간다운 성품과 역량을 기르는 것을 목적으로 하는 교육'을 뜻한다.

우리는 사람을 볼 때 자신의 기준과 잣대로 예단하는 경우가 많다. 본래 그 사람의 품성이나 됨됨이를 보기보다 지적할 것을 습관적으로 생각하게 된다. 직장인들 가운데 인정받은 경험을 가진 사람은 드물다. 팀원들을 제대로 키우고 싶다면, 팀원들의 품성부터 챙겨 보자. 이런 질문을 팀원에게 던져 보라.

"자네는 어떤 가치관을 갖고 있나?"

"평소 생활 신조는 무엇인가?"

"어떤 품성을 지니고 있다고 생각하나?"

혹여 리더의 생각과 달라도 팀원의 가치관을 존중해야 한다.

미국의 심리학자 프레드릭 허츠버그Frederick Herzberg는 2요인 이론 Two Factor Theory에서 "동기부여는 직무 환경이나 임금 조건과 같은 위생 요인보다는 직무상의 성취, 인정, 성장, 책임 증대, 보람 등 동기 요인이 우선적으로 충족되어야 한다."며 '인정'의 중요성을 강조했다. 인정의 욕구가 충족되어야 더 높은 단계로 나아가고 목표를 위해 노력한다는 것이다.

리더는 자신이 지금 어느 단계에 와 있는지, 팀원을 얼마나 인정해 주고 있는지 늘 점검해야 한다. 신바람 나는 직장을 만들고 싶다면 '서로가 일상에서 인정하는 문화'를 만들어 가야 한다.

누군가로부터 인정을 받을 기회가 없다면 스스로를 인정해도 좋다. 인정 언어 중에서 자신과 가장 잘 어울리는 단어를 5개만 찾아보자. 그 단어를 활용해서 스스로를 인정해 보는 것이다.

"나는 책임감이 강해. 나는 열정적이고 도전적이야. 나는 정의로워. 나는 진실한 사람이야."

용기를 내서 한번 실천해 보자. 팀원들과 서로 인정하는 시간을 갖는 것도 좋다. 긍정의 문화를 만드는 데 매우 효과적이다. 메시지를 보내거나 카톡방에서 호명을 할 때 인정 언어를 이름 앞에 붙여 주면 분위기가 화기애애해진다.

"솔선수범하는 자세로 봉사하는 김대리, 항상 고맙게 생각합니다."

"근면 성실하고 책임감이 강한 김과장, 이번 프로젝트도 잘 부탁하네."

"자네는 우리 부서의 아이디어 뱅크지. 창의성 하면 자네지."

이처럼 인정 언어를 사용해 보자. 처음에는 머쓱해하던 팀원들도 점차 익숙해지면서 자신감을 회복한다.

"행복한 사람이 사람들을 행복하게 한다"

빕스 사업부장 시절 현장 리더들을 대상으로 '8시간 코칭 리더십' 워크숍을 300여 명에게 10차례에 걸쳐 진행한 적이 있다. 한번은 교육생들에게 배우자를 인정하는 메시지를 보내게 했다. 그런 다음 집중을 위해 핸드폰 전원을 끄고 교육을 진행했다. 2시간쯤 지났을까, 갑자기 인사팀 대리가 교육장을 노크했다.

"죄송합니다. 여기 A점장이 교육에 참여하고 있나요?"

"그런데, 왜요?"

"집에서 연락이 왔는데, 이상한 메시지를 남기고는 전원이 계속 꺼져 있어서, 혹시 뭔가 불길한 일이 생긴 것은 아닌지 확인하는 전화가 왔습니다."

A점장이 "사랑과 헌신으로 가족을 위해 마음 써 주는 당신 항상 고마워요. 앞으로도 잘 부탁해."라는 메시지를 보내자 아내가 기쁜 마음에 전화를 했다가 받지 않자 이상한 마음이 든 것이다. 누군가를 인정하고 누군가로부터 인정받는 것이 생경스러웠던 것이다. 그 이후로 인정 활동을 하고 나서 스마트폰의 전원을 끄라는 요청을 하지 않는다.

임원 코칭할 때 '책임감이 강하고 소신 있는 아들아, 창의적이고 예술적 감각이 뛰어난 나의 딸' 같은 수식어를 붙여서 자녀들에게 메시지를 보내라는 과제를 내곤 한다. "왜 이러세요? 무슨 일 있어요?", "오늘 교육받는다더니, 숙젠가 보네." 이런 반응에 다들 머쓱해한다. 처음에는 쑥스럽지만 지속적으로 인정 메시지를 보내면 자녀들로부터 '멋지고 실력 좋은 아빠, 요리 솜씨도 좋고 얼굴도 예쁜 엄마' 같은 답장을 받게 될 것이다. 처음이 어렵다. '인정의 달인'이 되어 주변 사람들에게 자신의 존재 이유를 느끼고 더 의미 있는 삶을 살도록 하자.

스타벅스와 베스킨라빈스를 성공적으로 론칭한 전 CJ푸드빌 정진구 대표께서 자주 했던 말씀이다.

"행복한 사람이 사람들을 행복하게 만든다. Happy people make people happy."

최일선에 있는 스태프나 매니저들이 신 나야 고객들에게 좋은 서비스를 한다는 점을 강조한 말이다. 비즈니스 코칭을 하면서 칭찬이나 인정을 강조하고 실천을 요청하는 이유는 현장에서의 효력을 경험했기 때문이나. 용기를 내어 인정과 칭찬 활동을 실천해 보자. 확연히 달라진 팀원들과 한층 밝아진 조직 문화를 만나게 될 것이다.

칭찬 활동으로 공장이 밝아졌다

그룹 코칭을 시작할 때만 해도 큰 기대가 없었습니다. 360도 다면 진단에서 팀원들은 내가 칭찬에 인색하다는 것과 성과 중심으로 몰아치는 리더십을 고쳐 달라는 이야기를 해주었습니다. 그래서 그 행동만이라도 바꿔 보자는 마음으로 시작했죠. 김코치는 임원 출신답게 우리의 고충을 콕 집어 코칭해 주었습니다.

코칭을 받고 '매일 1~2명에게 반드시 칭찬한다. 사적인 대화의 장을 마련한다. 대화를 할 때 항상 반갑게 맞이하고 최대한 경청한다. 전화 목소리를 부드럽게 한다. 나 자신에게 칭찬을 하는 습관을 들인다'는 결심을 했습니다.

막상 칭찬을 하려니 상당히 막막했습니다. 하지만 코칭을 통해 칭찬에 엄청난 힘이 있다는 것을 깨닫고 실행했습니다. 초반에는 반신반의하면서 나를 피하던 팀원들이 이제는 자발적으로 나를 찾아와서 고민상담에 진로 면담까지 합니다. 진심어린 마음으로 시작하니 변화가 일었습니다. 일시적인 이벤트일 거라고 생각하는 팀원들도 있었지만, 계속 실행하니 팀원들이 아주 좋아하더군요.

공장 분위기가 밝아지고 팀원들이 활발해졌습니다. 나 역시 부드러운 표정으로 팀원들과 어울리니 신이 납니다. 이렇게 변한 모습을 정리해 봅니다.

1. 업무 보고 또는 회의 때 자신감 있는 목소리로 적극적이고 당당하게 의견을 냅니다.

2. KPI 달성과 경영 이슈 해결을 위해 팀원들이 주도해서 회의를 열고 아이디어를 내고 실행하려는 모습이 보입니다.

3. 매사에 적극적인 모습으로 바뀌는 것을 느낍니다.

4. 팀원들이 저를 대단히 어려워했는데 이제는 대하기 쉽다고 합니다.

5. 팀원들이 회사 밖에서도 나를 만나 자신의 애로 사항과 고민을 털어놓고 조언을 구합니다.

6. 자신의 단점에 대해 먼저 이야기하고 어떻게 생각하는지, 어떻게 고쳤으면 좋겠는지 묻기도 합니다.

7. 회사 문제뿐만 아니라 개인의 문제까지 스스럼없이 이야기하는 분위기 속에서 팀원들과 더욱 가까워졌습니다.

시작에 불과하지만 자신감을 갖고 지속적으로 칭찬 문화를 만들고, 팀원들의 개인별 맞춤형 동기부여를 통해 변화를 계속 이끌어 낼 계획입니다. 팀원들이 자발적으로 경영 활동에 참여하여 성과로 이어지도록, 끈기를 가지고 팀원들에게 헌신하고, 배려하고, 소통하여 우리 공장의 문화를 바꿔 나가도록 하겠습니다.

"한 번만 칭찬해 주시면 안 됩니까?"

빕스 사업부장 시절의 일이다. 오전 10시경 현장 점검을 하려고 불시에 점포를 방문했다. 개점한 지 얼마 되지 않은 점포라는 걸 감안해도 입구에서부터 매장 안, 그리고 주방에 적색 경보를 내려야 할 판이었다. 손님을 맞이할 준비가 전혀 되어 있지 않았던 것이다. 외식에서는 MOT Moment of truth 관리가 중요하다. MOT은 스페인의 마케팅 학자인 리처드 노먼 Richard Norman 교수가 제창한 이론으로 'Moment De La Verdad'라는 스페인어를 영어로 옮긴 것이다. 주차장 입구에서부터 고객이 식사를 마치고 나서 떠나기까지의 흐름을 세밀하게 관리해야 한다.

'점포 오픈 전에 점장은 고객 동선을 살펴보면서 오픈 준비를 철저히 하라고 그렇게 강조를 했는데, 지금 이 상황은 뭐지?'

점검을 마친 난 점장 교체까지도 고려하면서 엘리베이터를 탔다. 그때 점장이 닫히려는 문을 막으면서 이렇게 말했다.

"사업부장님, 한 번만 칭찬해 주시면 안 됩니까?"

그 말에 나는 만감이 교차했다. 회사로 돌아오는 내내 '한 번만 칭찬'이라는 말이 뇌리에서 떠나지 않았다. 말로는 코칭 리더십을 강조하면서 막상 현장에서 잘못을 지적하며 야단만 치다니! 95% 잘했으면 먼저 칭찬을 해주어야 하는데 부족한 5%에만 집착했다는 걸 깨달았다. 어느새 나는 빕스 사업부장 부임 당시 초심을 잃고 '지적질의 달인'이 되어 있었던 것이다.

'그래 한 번 해보자. 칭찬 거리를 한 번 찾아보자.'

그런 마음으로 다음 날 아침 그 점포를 다시 찾았다. 하지만 아무리 찾아도 칭찬할 거리가 보이지 않았다. '그럼, 그렇지.' 하면서 그냥 나오려는데, 샐러드 바의 볼 세팅이 환상적으로 되어 있는 모습이 눈에 들어왔다. 샐러드 바는 밑에 얼음으로 세팅하기 때문에 지속적으로 얼음을 채우면서 샐러드가 담긴 그릇 각도를 맞추어 주어야 메뉴의 색감이 살아난다. 30도 각도로 세팅하라고 강조했지만, 그대로 실행하는 점포는 없었다. 그런데 그 점포에서 그것을 실행하고 있었다.

"샐러드 볼을 각도에 맞추어 잘 세팅해서 메뉴마다의 색감이 아주 잘 표현되네요. 누구의 작품인가요? 이런 센스로 점포를 운영하면 고객들이 계속 찾게 될 겁니다. 정말 대단합니다."

주방 매니저를 불러 칭찬하고, 회사로 돌아와서 베스트 사례를 만들어 점장에게 칭찬과 격려의 메일을 보냈다.

그날 이후 그 점포의 변화는 놀라웠다. 모든 관리 지수가 개선되고 분위기가 밝아졌다. 이직률이 개선되면서 인원도 안정되고, 성과도 높아졌다. 작은 칭찬 한 마디가 그 점포와 구성원들에게 새로운 전환점이 되었다. 당시 그 점장이 나에게 코칭 교육을 받지 않았다면 감히 그런 의견을 말하지 못했을 것이다. 나 또한 코칭을 몰랐다면 "칭찬 한 번 해주시면 안 되냐?"는 점장의 말에 유연하게 대처하지 못했을 것이다. 그때 당당하게 칭찬을 요구했던 그 점장은 실력이 일취월장해 지금은 글로벌 시장에서 외식 전문가로 활동 중이다. 가끔 SNS상으로 "마이 코치, 마이 캡틴"이라며 인사를 해 올 때, 새삼 코칭의 힘을 느낀다.

5. 조직의 강점에 초점을 맞춰라 *AI* 경영

『조직 변화의 긍정 혁명』을 쓴 데이비드 쿠퍼라이더는 AIAppreciative Inquiry, 즉 긍정 평가 탐구를 창안한 인물로도 유명하다. AI란 강점과 성공 경험을 자산화해 조직을 개발하고 성과를 향상시키는 기법을 뜻한다. 데이비드 쿠퍼라이더는 1980년에 경영난에 빠진 옴니Omni 호텔의 정상화 프로젝트를 맡았다. 일반적으로 문제를 해결하려면 매니지먼트를 바꾸거나 교육 훈련을 강화하는데, 쿠퍼라이더는 옴니 호텔의 매니지먼트 팀을 5성급 호텔인 시카고 호텔로 데려가서 일주일간 머물게 했다. 그 기간 동안 시카고 호텔의 강점, 성공 사례, 스태프들의 서비스 마인드를 관찰하도록 한 것이다. 대신 잘못하는 것, 부족한 것은 아예 외면하라고 지시했다.

직원들은 그 호텔에서 환상적인 서비스를 온몸으로 체험했다. 다 같이 모여서 좋았던 얘기를 털어놓으면서 저절로 시카고 호텔의 강점을 깨달았다. 체험하면서 발견한 강점을 옴니 호텔 운영에 적극 적용했고, 옴니 호텔은 추가 투자나 인원 교체 없이 단시간에 4성급 호텔로 올라섰다.

쿠퍼라이더 교수는 기존의 문제 중심 접근법은 조직에 부정적인 결과를 초래한다며 강점에 초점을 맞추라고 권한다. 강점에 초점을 맞춰 일하면 스스로에 대한 믿음이 커지고, 조직에 대한 자부심이 높아져 성과를 만들어 낸다는 것이 쿠퍼라이더 박사의 이론이다.

볼록렌즈로 강점을 보라

강점은 볼록렌즈로 보고 약점은 오목렌즈로 보라는 말이 있다. 회사에 다닐 때 내가 제대로 실천을 못했던지라 후회가 된다. 마음이 급해 팀원들의 강점이나 성공 경험을 강조하기보다 약점이나 단점을 언급하면서 자신감을 깎아 내릴 때가 더 많았다.

퇴임 후 리더십과 코칭 MBA 과정 중에 Appreciative Inquiry, 즉 강점 중심의 조직 또는 자기계발 이론을 접했을 때 새삼 옛일이 떠올랐다.

어떤 문제가 발생하면 가장 먼저 무엇을 하는가. 대개 강점보다는 문제점을 찾느라 바쁠 것이다. 뿐만 아니라 지금까지 쌓아 온 강점은 도외시하고 외부에서 새로운 것을 찾으려고 애쓴다. 사람에 대해서도 마찬가지다. 팀원들의 잠재 가능성이나 장점보다 단점에 주시하려는 경향이 크다. 그렇게 되면 팀원들의 강점이나 성공 경험이 사장되고 만다.

어려움에 처했을 때 팀원들의 강점을 찾아 업무 현장에 활용해 보라. 팀원들의 성공 경험을 모아 상황과 잘 접목하면 문제 해결뿐만 아니라, 새로운 경영 자원을 발견하고 적용하게 된다.

CJ제일제당 전략팀 시절에 다양한 사업 부문의 경쟁력 강화 프로젝트를 진행했다. 기한 안에 회사에서 원하는 결과물을 만들어 내고 흐뭇해했던 순간이 많았다. 돌이켜 생각하니 내가 기뻐할 때 억울해한 사람도 있었을 것 같다. 프로젝트를 가동하면서 문제점을 찾아내 부족한 역량을 개선하는 방향으로만 과제를 진행했다. AI 관점의 조직 개발 지식이 있었다면 접근 방식이 사뭇 달랐을 것이다.

빠르게 변화하는 경쟁 시대인 만큼 이제부터는 더더욱 AI관점에서의 조직 개발과 자기계발이 필요하다. 강점을 바라보며 긍정 평가 탐구를 할 때 아주 새로운 가능성을 찾을 수 있다. 문제점을 지적하기보다 팀원의 강점에 먼저 집중하는 리더가 되자.

회사나 개인이 보유하고 있는 무형 자산을 이끌어 내어 경영 자원에 활용하고 싶다면 이런 질문을 해보라.

[회사 관점]

"우리 회사(팀)만이 지닌 차별화 요소는 무엇인가?"

"우리 회사의 자랑할 만한 성공은 어떤 것이 있나?"

"그때 그 성공이 가능했던 우리의 강점 요소는 무엇이었나?"

"사람들은 우리 회사를 한 마디로 어떤 회사라고 표현할까?"

"글로벌 기업으로 성장해 나가는 데 우리의 핵심 경쟁 요소는 무엇인가?"

"우리 회사에 계속 투자해야 하는 이유는 무엇인가?"

"무엇과도 바꿀 수 없는 우리만의 경쟁 우위 요소는 무엇인가?"

"그런 강점과 경쟁 우위 요소를 가지고 우리가 도전할 수 있는 것은 무엇일까?"

[개인 관점]

"지금까지 살아오면서 자부심을 느꼈던 순간이 언제인가?"

"자신의 자랑할 만한 성공 경험은 무엇인가?"

"그때 그것이 가능했던 것은 어떤 역량 때문인가?"

"당신의 강점을 5개 이상 말한다면 어떤 것이 있는가?"

"성공 경험과 자신의 강점으로 어떤 도전을 해보고 싶은가?"

선입견의 꼬리표를 달지 말라

장 프랑수아 만초니는 저서 『확신의 덫』에서 '상사들은 자신을 과신하고, 모든 답은 자신 안에 있다는 착각에 빠져든다. 또 부하 사원들에게 꼬리표를 달면서 선입견을 갖는다'고 했다.

2008년 3월 빕스 사업부장에 발령을 받은 내가 맨 처음 한 일은 전국 80여 명 점장의 이력서를 받은 것이었다. 당시 빕스 매장의 매출은 웬만한 중소기업을 웃도는 규모였다. 점포를 총괄해야 하는 점장들의 경험이라고 해봐야 홀 서비스나 주방 운영이 전부였다. 경영의 ABC를 모르는데 제대로 경영할 수 있을 것인가 하는 의구심이 들었다. 소사장을 할 만한 실력자를 채용해야 한다는 생각도 했다. 인원을 교체하기 어려운 상황이어서 전략을 바꾸었다

'리틀 CEO 프로젝트'를 시작해 점장들에게 CEO라는 자긍심을 심어주었다. 아울러 CEO가 기본적으로 알아야 하는 경영 교육을 진행했다. 점장들이 변하기 시작했다. 브랜드를 살리기 위한 현장 리더십을 발휘했고, 다양한 전략과 전술로 브랜드 이미지를 반등시켰다. 빕스를 떠난 지 꽤 오랜 세월이 지났지만, 지금도 기회만 있으면 '빕스 점장들은 최고의 리틀 CEO'라고 홍보한다.

가족보다 더 많은 시간을 함께하는 동료나 팀원들을 어떤 눈으로 바

라보는가. 팀원들이 무한한 가능성을 지닌 존재라는 점을 인정하면 멋진 일이 일어난다. 그 인재들이 최고의 팀을 만들 것이다. 리더의 선입견, 확신의 덫을 벗어던지고 팀원들이 자신을 온전히 발산할 기회를 만들어 주자. 성공하는 팀을 만드는 시작점이다.

긍정 엘리베이터를 타자

사람을 파악할 때 사용하는 언어를 살펴보라는 말이 있다. 부정적인지, 소극적인지, 적극적인지, 공격적인지를 대화 몇 마디로 파악할 수

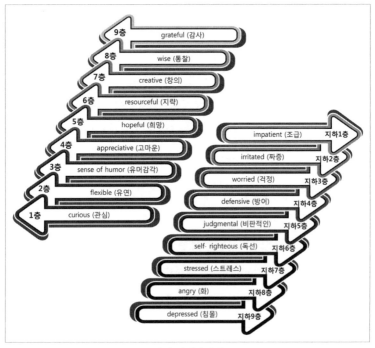

감정 엘리베이터

있다. 모 기관의 여성 리더는 대화할 때마다 다른 사람의 험담을 하고 팀원들에 대한 불만을 토로했다. 그분에게 "대화를 하실 때, 우리와 상관없는 사람들에 관한 얘기를 하고 팀원의 험담을 많이 하시는데, 혹시 알고 계신가요?"라고 물었다. 그녀는 자신의 대화 습관에 대해 전혀 인식하지 못하고 있었다. 여성 리더는 나의 코칭을 받아들인 후 대화할 때 조심하기 시작했다.

한 40대 가장이 "결혼은 불행의 시작이다. 지금도 그렇고 죽을 때까지 가족을 위해 희생을 해야 한다는 게 억울하다."는 발언을 대수롭지 않게 했다. 그에게 결혼으로 인한 행복은 없는지 물었다. "예쁜 아들딸이 있고, 나를 반겨 주니 좋고, 가족 여행 갈 땐 정말 행복하다."고 했다. 그런데 왜 그런 얘기는 빼놓고 부정적인 얘기만 하느냐고 하자 "아, 정말 그러네요. 왜 제가 부정적인 것만 얘기했을까요?"라며 스스로도 의아해했다. 습관적인 부정의 언어는 부정 에너지를 뿜어 내고, 주변 사람들까지 기운 빠지게 한다.

1970년 세계 최초로 기업 문화를 체계적으로 조사한 '기업 문화의 아버지' 래리 센은 자신의 저서 『업 더 무드 엘리베이터Up the mood elevator』에서 '개인의 삶의 질을 높이고 기업의 생산성이나 효율화를 위해서는 감정 관리가 매우 중요하다'고 강조한다. 래리 센이 소개한 '무드 엘리베이터'는 감정 엘리베이터를 지상층과 지하층으로 나눈다. 나는 지금 몇 층에 체류하고 있는지 점검하고, 혹시 지하층에 머물고 있다면 신속하게 지상층으로 올라와 로열층까지 가야 한다. 방법은 간단하다. 각 층마다의 감정 의미를 분명하게 이해하고, 의식적으로 지상층의 긍정 감정 언어를 사용하는 것이다.

리더의 얼굴이 그 부서의 기상대라는 말이 있다. 또 어떤 언어를 쓰는가에 따라서 팀원들의 언어도 달라지게 된다. 팀원들이 일에 몰입하면서 성과를 만들게 하고 싶다면 팀의 긍정 에너지를 올려주라. 회의하기 전에 각자의 삶에서 감사한 것을 소개하고 감사의 이유를 밝히는 활동을 해보자. 개인과 가정, 팀과 회사, 사회와 국가에 대한 감사가 쏟아지면 긍정 에너지가 오르게 된다. 성과를 만들고 싶다면 매일매일 로열층의 무드 엘리베이터를 타 보자. 긍정적이고 에너지 높은 팀 문화를 만들고 싶다면, 리더 스스로가 먼저 긍정 엘리베이터를 타야 한다.

팀원들에게 동기부여 하기

　D기업 팀장을 대상으로 진행했던 그룹 코칭 결과물이다. 그룹 코칭할 때 가장 먼저 하는 것이 주제를 정하는 것이다. 이후 그 주제가 의미하는 것이 무엇인지를 물어 '정의'를 합의하는 과정을 거친다.

　이 팀의 동기부여는 '스스로 할 일을 찾아서 즐겁게 일하며, 자발적으로 회사에 출근하고 싶은 마음이 들게 하는 것'으로 정의했다. 의미를 정의한 후에는 일사천리로 해결책까지 진행할 수 있었다.

　Q. 그룹 코칭 주제는?

　　팀원에게 어떻게 동기부여 할 것인가?

　Q. 동기부여는 어떤 의미인가?

　　팀원들이 의욕적으로 일하도록 자극하는 것이다.

　　팀원들이 회사에 자발적으로 나와 즐겁게 일하고 싶게 하는 것이다.

　　스스로 할 일을 찾아서 하도록 하는 것이다.

　　성과를 낼 수 있도록 돕는 것이다.

　Q. 실제로 논의할 주제는 무엇인가?

　　팀장 권한 하에서 동기부여를 어떻게 할 것인가?

　Q. 현재 상황은 몇 점이고, 어떤 느낌인가?

　　60점. 답답하고, 짜증난다.

수동적인 분위기로 자발성이 거의 없다.

Q. 원하는 목표점은 몇 점이고, 분위기는 어떻게 달라질까?

90점. 모두 신 나게 일한다.

조직 분위기가 달아오른다.

눈에서 빛이 난다.

Q. 30점의 갭을 줄이고 90점의 상태로 만들기 위해 무엇을 해야 할까?

팀원의 업무 역량 강화를 도와주고, 방향을 명확히 알려 준다.

마음을 터놓고 대화하는 시간을 갖는다.

행복한 일터란 어떤 곳이고, 회사에 무엇을 원하는지 직접 물어본다.

조직의 사명과 비전에 대해 생각하는 시간을 갖는다.

인간적으로 친해지기 위해 공감대를 형성한다.

팀원들에게 어떨 때 동기부여가 되는지 물어본다.

궁극적인 꿈을 물어보면서 회사의 의미를 재조명하게 한다.

코칭 리더십(경청, 질문, 인정칭찬, 피드백)을 적극 발휘한다.

업무의 우선순위, 선택과 집중을 통해 의미 있는 일을 하게 한다.

팀원에게 강력한 질문을 하여 내면의 잠재성을 발견하게 도와준다.

Q. 가장 먼저 실행하고 싶은 것은 무엇인가?

— 실행할 것 : 팀원들에게 인정과 칭찬을 한다.

— 언제부터 : 다음 주 월요일부터

— 몇 명 : 1주에 3명

그룹 코칭을 할 때 중요한 것이 참석자들 간의 집단지성을 이끌어 내는 것이다.

현재와 원하는 목표의 차이를 명확하게 하고, 포스트잇 기법으로 짧게 각자의 아이디어를 적어 발표하는 것이 매우 효과적이다.

신기한 것은 서로 협의하지 않았는데도 적어 온 해결책이 거의 비슷하다는 것이다. 가장 많이 나온 대안을 정해서 SMART 기법으로 실행계획을 짜 실천 약속까지 하면 된다.

제주 빕스점은 왜 태극기를 달았을까?

2008년 하반기에 새로운 대표가 부임하면서 80개 점포를 사업부장 혼자 관리하는 것은 무리이니 조직을 2개로 분할하고 부진한 점포는 구조조정하라는 미션이 떨어졌다. 나는 사업부장으로서 점포 구조조정보다 점포 턴 어라운드turn around, 기업 회생를 고집했다. 팀장들이 뜻을 같이하기로 하고 집단지성의 지혜를 모으는 작업에 돌입했다.

1차적으로 매출과 손익이 떨어지는 점포는 경쟁력 강화팀을 가동했다. 해당 점포의 점장과 영업팀장이 주관하되, 타 점포의 베스트 점장 2~3명과 사업부의 팀장 4명을 한 팀으로 구성했다. 이들이 모여 회생 전략을 짜고 실행을 도와주는 시스템이었다.

제주점의 사례가 특히 기억에 남는다. 경쟁사 점포가 제주도에 입점하면서 빠른 속도로 고객이 줄고 수익 구조도 악화일로였다. 재빨리 경쟁력 강화팀을 구성해 제주도로 날아갔다. 제주도 전역을 돌면서 상권을 파악하고 경쟁 브랜드나 업종을 세세하게 조사했다. 해당 점장과 영업팀장이 미처 보지 못한 것을 경쟁력 강화팀이 찾아내기 위해서였다.

시장 및 상권을 살펴본 뒤 모두 점포에 둘러앉아 회의를 했다. 그 자리에서 다양한 해결책이 나왔다. 어느 정도 분위기가 익을 무렵 제주 점장이 조심스레 한 가지 제안을 내놓았다.

"사업부장님, 점포 2층에 대형 태극기를 달고 싶습니다."

갑자기 웬 태극기냐며 난색을 표하자 그 점장은 이렇게 말했다.

"사업부장님. 제주도민은 애국심이 매우 강한 분들입니다. 외국 브랜드는 배척하고, 국내 브랜드를 애호하는 특성이 있습니다. 빕스는 토종 브랜드임에도 외국 프랜차이즈로 오해를 받고 있습니다. 우리 브랜드가 토종 브랜드임을 강조해야 합니다."

그 이야기를 듣는데 소름이 돋았다. 그 점장은 몇 개월 전부터 영업팀장에게 제안을 했지만 받아들여지지 않았다고 했다. 지푸라기라도 잡아야 하는 상황에 좋은 아이디어를 지나칠 이유가 없었다.

바로 대형 태극기를 달고 제주도지사와 기자들을 초빙해 빕스가 토종 브랜드임을 알렸다. 그러자 역시 애국심이 높은 제주도민들이 빕스를 많이 찾아주었다. 다시금 고객을 확보하는 성과를 만들어 낸 것이다.

많은 기업들이 경영에 적색 경보가 울리면, 지주사 전략팀이나 외부 컨설턴트를 투입해서 문제점을 파악하고 대안을 제시한다. 내 경험으로 볼 때 문제점이나 대안은 현장을 담당하고 있는 이들에게서도 무궁무진하게 탐색할 수 있다. 그들의 경험과 지혜를 이끌어 내야 경쟁력을 확보할 수 있다. 조직의 성공 경험이나 강점을 경영 자원에 활용하는 것이 리더의 역할이자 책임이다. 무한한 잠재력을 가진 조직의 강점과 경험을 성과로 연결해 보자.

2

리더는 명령하지 않는다, 소통한다

소통에 관한 다섯 가지 관점

소/통/온/도/

1. 나 자신과 소통하는, *NET-ing*

기업을 방문할 때, 가장 먼저 살피는 것이 있다. 출입 신청이나 입차 승인을 하는 사람들의 서비스 태도와 안내 데스크, 경비원, 미화원들의 얼굴 표정이다. 그들을 통해 회사의 소통 지수를 읽기 위함이다. 경비원이 자리 앉아서 "차 세우고, 들어와서 절차 밟고 들어가세요."라며 울트라 갑의 자세를 취하는 경우가 있는가 하면, 뛰어나와서 운전석 옆에서 확인하고 최대한 신속하게 처리해 주는 경우가 있다. 한 가지를 보면 열을 안다고 했다. 첫 대면에서 그 회사에 온전히 마음을 빼앗길 수도 있지만, 꽁꽁 닫는 수도 있다.

그 회사의 조직 문화나 소통 지수를 가늠하고 싶다면, 제일 먼저 만나는 사람들을 살펴보라. 성적표가 바로 나올 것이다. 객관적인 눈으로 회사의 분위기나 문화를 살펴보라. 경직된 분위기라면 분명 소통지수도 낮을 것이다.

빕스 사업부장 시절, 브랜드 매니저로서 남다른 리더십을 발휘하고 싶었다. 진심을 담아 편지를 쓰고 우표를 직접 붙여 80여 명의 점장들에게 보냈다. 감동을 받아 곧 답장이 쇄도할 것이라고 생각했다. 하지만 한 달만에 딱 한 명만이 답장을 보내 왔다. 이건 무슨 상황인가? 당황스럽고 황당한 마음이 들었다. 영업팀장에게 왜 답장을 하지 않느냐고 하자 이런 답변이 돌아왔다.

"점장들이 당황했을 겁니다. 영업팀장을 통해 모든 보고를 하게 되어 있어서 직접 사업부장에게 답장을 할 수도 없고 안 할 수도 없어서요."

아뿔싸! 내가 외식 사업 문화를 제대로 파악하지 못한 것이다. 외식은 고객 접점 사업이고 조금만 방심해도 안전사고 등에 노출되기 때문에 관리가 철두철미하다. 위계질서도 마치 군대처럼 엄했다.

작전을 바꾸어 인트라넷에 열린 대화의 장을 만들고, 조금씩 소통의 문을 열어 가기 시작했다. 그 이후 점포를 방문할 때마다 소통의 중요성을 강조하며 열린 문화를 만들어 나가자고 강조했다. 그 결과 소통 지수가 조금씩 높아졌다.

불통은 일방적인 생각에서 온다

2015년 말, 지인 부탁으로 대기업 입사 1년차 신입 사원과 통화를 했다. 1000대 1의 경쟁을 뚫고 어렵게 입사한 회사인데 팀장과의 불통으로 퇴직하고 싶다고 했다. 쓸데없는 걸로 트집 잡고, 형편없는 지시를 내리고, 종일 감시하는 것 같아 불면증까지 겪고 있다고 했다. 팀장이 이야기하면 고드름처럼 얼어붙고 아무 소리도 안 들린다고 했다. 용기를 내어 의견을 말하면 "그건 됐고."라며 무시를 한다며 울먹이기까지 했다. 이야기를 듣고 이런 질문을 했다.

"우리가 1시간 동안 이야기를 했는데, 일어난 사실이 무엇이고, 만들어 낸 생각이 뭔지를 명확히 구분해 보았으면 한다. 팀장이 구체적으로 어떤 행동을 했다는 거죠?"

처음에는 아주 친절했는데 언제부턴가 자신을 차가운 표정으로 대하고 이야기도 안 들어 준다고 했다. 팀장이 다른 사람에게도 그런지 물었더니 유독 자신에게만 더 그런다며, 여성이라 그런 것 같다고 말했다.

"모든 것을 객관적으로 보기 바란다. 혼자서 시나리오를 쓰는 게 많은 것 같다. 생각, 감정 등 마음 속에서 일어나는 것들을 살펴보고 냉정해졌으면 좋겠다."

내 말에 공감을 하면서도 계속 억울함을 호소했다. "마음이 정리가 되면 팀장과의 대화를 통해서 응어리를 풀면 좋겠다."는 조언을 하고 통화를 끝냈다. 몇 개월 잘 적응하는 것 같더니, 결국 퇴직했다는 안타까운 소식이 들려왔다.

요즘 입사 2~3년 차에 그만두는 신입 사원들 때문에 회사마다 골머리를 앓고 있다. 어렵게 뽑은 사원들을 겨우 훈련시켜 실무에 투입하려고 할 때, 혹은 좀 일에 익숙해졌을 때 나가 버리니 회사로서도 난감한 일이다.

왜 힘들게 들어온 사원들이 꿈도 펼치기 전에 그만두고, 회사는 어렵게 얻은 인재를 놓치는 걸까. 거창한 이유가 있을 법하지만 대개는 인간관계에서 오는 갈등 때문이다. 갈등은 소통 부재에서 비롯된다.

진정한 소통은 어떤 것일까. 강의를 할 때 먼저 '소통'의 뜻이 무엇인지 물어본다.

"이야기하는 것이다. 서로 대화하는 것이다. 마음을 터놓는 것이다. 아래위로 통하는 것이다."

백인백색의 답변이 나온다. 소통의 정확한 뜻은 '막히지 않고 잘 통하는 것, 뜻이 서로 통하여 오해가 없는 상태'를 말한다.

리더는 소통을 잘한다고 자신하지만, 팀원들은 리더와의 불통으로 고통스러워한다. 소통은 그저 잘 듣는 것만으로 되지 않는다. 엄청난 집중력과 세밀함을 필요로 한다. 한 순간이라도 한눈을 팔면 안 되는 살아 움직이는 '진행형ing'이어야 한다. 가장 먼저 해야 하는 것이 내 마음을 경청하는 NET-ing이다.

소통도 연습이 필요하다

소통 특강을 할 때 "오늘 아침에 자신과 소통을 하고 오신 분 손 들어주세요?" 하고 물어보면 다들 '뭔 소리야?' 하는 표정으로 바라본다. 다른 사람과 소통을 잘하고 싶다면 먼저 자신과 소통해야 한다. 우리는 수직적 관계에서 이루어지는 한 방향 소통에 익숙하다. 산업화 시대는 일방적으로 지시하고 보고받는 것이 당연했다. 굳이 쌍방 소통이 필요하지 않았다. 그러다 보니 현재 고위직에 있는 리더들에게 소통이 무엇보다 힘든 숙제이다.

스탠포드 의과대학 심리행동과학과 데이비드 번즈 교수는 자신의 저서 『관계 수업』에서 "당신의 인간관계가 얼마나 심하게 망가졌든, 당신은 그것을 고칠 수 있다. 일단 당신이 먼저 변하면 상대방도 바뀌게 된다. 바로 당신이 관계 회복의 시작이 되어야 한다."고 설파했다.

리더가 먼저 변화한 뒤 팀원에게 다가가 소통의 물꼬를 트지 않으면 불통의 장벽은 점점 높아진다. 장벽을 깨기 위한 사전 연습이 필요하다. 그 연습을 자기 자신과 해볼 것을 추천한다. 나 자신과 잘 통해야 다른 사람과도 원활하게 소통할 수 있다. 나와의 소통은 어렵지 않다. 약간의 여유만 가지면 된다. 대부분의 사람들은 일어나자마자 출근 준비로 바쁘고 하루 종일 분주하다. 밤늦게 돌아와 그대로 잠들기 일쑤다. 그러니 자신을 돌아볼 틈이 없다. 나도 늘 분주할 일상을 되풀이하며 살았다. 퇴임 후에 프리랜서가 되니 몸과 마음이 회사 다닐 때보다 더 바빴다.

2014년 동방문화대학원 대학교 명상심리상담 박사과정에 입학을 하면서 마음 공부를 접하게 되었다. 인경스님이 개발한 명상심리 상담가 과정도 수료했다. 3년간 마음 공부하면서 조금씩 나 자신과의 소통 시간이 늘어났다. 이런 과정을 통해서 내면의 갈등 요소를 근원적으로 해결할 수 있었다. 불현듯 올라오는 감정을 있는 그대로 바라보게 되었고, 고객들의 마음도 살짝 보이기 시작했다.

돌이켜보니 내가 기업 코칭 고객으로부터 더 좋은 평가를 받게 된 시점은 마음 공부를 시작하면서부터이다. 고객들은 "뭔지 모르지만 코치님은 제 마음을 훤히 보고 있는 것 같습니다. 대화를 하고 나면 내 안에 오랫동안 묵었던 응어리가 혹 사라지는 것 같습니다."라는 피드백을 주곤 했다. 마음 공부를 하고 나서부터는 일어난 변화이다.

내면의 소리를 들어라

'내 마음 나도 몰라.'
많은 노래와 드라마에 자주 등장하는 말이다. 어떻게 하면 내 마음

나는 누구인가?

을 알 수 있을까? 마음 현상에는 생각think, 감정emotion, 갈망needs 등이 있다. 그 생각, 감정, 갈망을 명확하게 읽는 것이 내 마음을 들여다보는 시작이다.

내 마음을 알고 소통한다는 건 나의 생각이 뭔지, 그 순간 올라오는 감정은 어떤지, 나의 갈망이 무엇인지'를 명확하게 알아차리는 일이다. 나의 생각, 감정, 갈망을 순간순간 들을 수 있어야 한다. 항상 NET-ing 면서 나와 나를 연결하는 노력을 해야 한다. 밀도감 있는 '경청'은 단순히 듣기만 하는 것과 차원이 다르다. 나 자신에게 집중하면서 질문해 보자. 깊은 내면에 잠자고 있는 진성眞聲을 듣게 될 것이다.

지금 내 머릿속에는 어떤 생각이 있는가?
그 생각으로 인해 어떤 감정이 올라오는가?
지금 내가 정말 원하는 것은 뭔가?
그럼 지금 무엇을 해야 하지?

나는 일과 가정을 병행하면서 회사에서 승승장구하길 원했다. 게다가 공부까지 시작해 새벽부터 밤까지 잠시의 틈도 없이 다람쥐 쳇바퀴 돌 듯 바쁜 일상을 반복했다. 좌우를 살피지 않고 앞만 보며 숨 가쁘게 내달렸다. 나를 온전히 챙겨 볼 수 없었고, 그러다 보니 감정 표출이 많았다. 내가 원하는 목표대로 일이 잘 풀리지 않거나, 계획대로 진행되지 않으면 불같이 화를 내곤 했다. 한 마디로 다혈질 리더였다. 2007년 코칭을 접하기 전까지 나는 열심히 일하지만 팀원을 피곤하게 만드는 리더였다. 내면을 보기보다는 항상 밖으로만 향했던 반쪽짜리 리더십을 발휘했던 것이다. 프리랜서로 전문 코치 활동을 하면서도 이런 패턴을 쉽사리 버릴 수 없었다.

마음의 일기를 써 보라

마음 공부를 하면서 내 마음의 조각을 찾아내는 활동을 많이 시도했다. 가장 좋았던 것은 마음 일기를 써본 것이다. 머리에 맴돌고 있는 생각, 마음속에서 올라오는 감정, 들끓는 갈망을 정리하면서 마음 일기를 한 달간 써 본 적이 있다. 한 달 후 내 삶의 갈등 요소, 불편한 관계의 원인, 바쁜 이유를 마음 일기에서 발견했다. 현실 인식과 자기 자각은 변화를 불러온다. 그 이후 마음의 조각을 맞추고, 수레바퀴를 온전히 굴릴 수 있는 여백이 생겼다. 마음의 일기가 나에게 준 선물은 내 마음을 알게 해준 것뿐만 아니라, 자기 성찰의 힘도 키워 줬다.

세 줄 마음 일기(1)

감정 : 매우 당황스럽다.

생각 : 고객사 담당이 교육 참가자들의 태도와 역량 평가를 요청해 왔다.

갈망 : 교육을 하면서 평가까지 하려면 몰입하기 힘들다. 교육에 집중하고 싶다.

세 줄 마음 일기(2)

감정 : 기쁘고 설렌다.

생각 : 어제 예비 코치 대상 코칭 과정을 운영했는데, 모두가 전문 코치에 도전하겠다고 약속했다.

갈망 : 그분들이 전문 코치가 될 수 있도록 진심으로 돕고자 한다.

세 줄 마음 일기(3)

감정 : 불안하다.

생각 : 외국계 부사장을 만나야 하는데, 영어로만 대화할 수 있다고 한다.

갈망 : 소통을 잘하고 싶다. 통역할 사람을 배석시켜 달라고 해야겠다.

자신과의 대화가 깊어질수록 타인에 대한 이해의 폭이 넓어지고, 상대의 마음도 잘 알아차릴 수 있다. 사람들은 자신보다는 타인에게 집중한다. 그로 인해 타인의 기분에는 민감하게 반응하면서 정작 자신의 감정은 잘 헤아리지 못하는 경우가 생긴다. 갑자기 우울하거나, 화가 나거나, 알 수 없는 불안이 엄습해 오면 이겨 내지 못하고 그 감정에 사로잡혀 감정을 폭발시키곤 한다. 어떤 감정이든 느끼는 순간, 잠시 멈추고 자신에게 질문해 보라.

지금 어떤 감정이 느껴져?

그 감정은 무슨 생각 때문이지?

지금 내가 원하는 것은 뭐야?

그럼 지금 당장 무엇을 해야 하는 거지?

이렇게 질문하면서 자신이 원하는 것이 무엇이고 무엇을 해야 하는지 깨닫게 된다.

팀원이 보고서를 엉망으로 작성해 왔다고 가정해 보자. 버럭 화를 내고 싶은 마음이 굴뚝 같을 것이다. 화를 내면 그 순간은 후련할지 모르나 돌아서는 순간 후회가 된다. 업무를 보면서 통제할 수 없는 감정이 올라올 때, 다음 세 가지를 질문하고 답을 해보자.

지금 감정은? ⇨ 화가 치밀어 오른다.

어떤 생각 때문에? ⇨ 팀원이 너무나 성의 없게 보고서를 만들어 왔다. 지난번에 가이드라인을 명확히 주었는데 전혀 변한 것이 없다.

내가 원하는 건? ⇨ 팀원에게 다시금 보강할 사항을 인식시키고 제대로 완성하도록 지도하는 것.

내가 해야 하는 행동? ⇨ 팀원을 불러서 수정 사항을 말해 주고, 다시 한 번 작업하게 한다.

순간 치밀어 오르는 감정을 표출하기보다 그 감정과 연결되는 생각과 갈망을 논리 정연하게 정리하는 연습을 하면, 감정에 휘둘리지 않고 세련되게 대처할 수 있다.

아울러 우선적으로 할 일이 무엇인지 인식하여 불필요한 감정 싸움이나 갈등 요소를 제거할 수 있다. 마음이 평화로워지고 지혜로운 리더십을 발휘하게 된다.

내 마음을 효과적으로 전하라

나의 마음을 알아차렸다면 표현을 아낄 필요가 없다. 리더는 당당하게 자신의 의견을 피력해야 한다. 표현도 경쟁력이다. 팀원이 업무를 엉망으로 처리하여 난감해졌다면 어떻게 대응할 것인가?

A. 아예 묵살하고 리더인 내가 직접 하든지, 다른 사람을 시킨다.

B. 버럭 화를 낸다. "이걸 보고서라고 만들어 온 건가. 지금 뭐 하는 건가?"

C. 단호한 목소리로 말한다. "이 보고서가 얼마나 중요한지 아는가? 지난번에 그렇게 강조했는데 이렇게 해오다니 참 당황스럽고 화가 나네. 자기 역할과 책임을 분명히 하는 사람이 되어 주길 바라네."

여기서 가장 바람직한 것은 태도는 당연히 C다. 리더가 표현하지 않고 묵살하면 팀원들은 뭐가 잘못되었는지 알 수가 없다. 내 마음을 정확하게 전달해야 진정한 소통이 시작된다.

2015년에 몇몇 유럽계 기업의 한국 지사장과 임원들을 코칭했다. 한국 지사에서 많은 성과를 낸 이들이다. 인사 담당을 만나 리더십 다면 진단 결과를 검토하는데 낯선 단어가 들어 있었다. 한국 기업에서 본 적이 없는 'Assertiveness' 평가 항목이었다. 무슨 뜻인지 물었더니 담당자도 분명하게 설명하지 못하고 우물쭈물했다. 네이버 검색창에 쳐 보고서야 '자기주장기술'임을 알았다. 다양한 자료를 찾아보고 논문도 검토해 보았다.

'Assertiveness'는 단순한 자기주장이 아니라, '확신을 갖고 자신의 생각과 감정을 다른 사람에게 효과적으로 전달하는 기술'을 뜻했다. 거기에 전제 조건도 있었다. 자기주장을 하되 상대방의 감정이나 입장을 충분히 배려해야 한다는 거였다.

우리는 자기주장을 펼칠 때, 상대방의 마음을 충분히 헤아리는 일에 익숙하지 않다. 왜냐하면 상대방을 살피다가는 자신의 주장을 펼치기 힘들기 때문이다. 무엇보다도 내 주장을 펴느라 다른 사람 사정까지 헤아릴 여유가 없다. 내 마음도 모르는데, 상대 마음까지 어떻게 헤아릴 수 있는가.

위키피아에서는 'Assertive'자기주장을 잘하는한 리더의 행동을 이렇게 정리해 놓고 있다.

자신과 타인의 마음, 즉 감정, 생각, 갈망을 잘 알아차리고 자유롭게 표현한다.

다른 사람들과 편안한 관계를 만들고 유지한다.

자신의 권리를 알고 행사한다.

화를 컨트롤하면서 합리적인 태도로 대응한다.

상대와 타협할 줄 안다.

자아 존중감이 높다.

본인과 상대의 니즈를 확실히 알고 대화한다.

자신의 자기주장기술 수준은 어느 정도라고 생각하는가? 7가지 중에서 대한민국 리더들이 가장 힘들어 하는 것이 '자신과 타인의 마음, 즉 감정, 생각, 갈망을 잘 알아차리고 자유롭게 표현한다'와 '화를 컨트롤하면서 합리적인 태도로 대응한다'이다. 특히 감정 표현하는 일을 난감해 한다. 자기주장을 임팩트 있게 잘하고 싶다면 가장 먼저 자신의 마음(생각, 감정, 갈망)부터 들어보자. 그리고 분명하게 표현해 보자. 내 마음을 표현해야 상대도 마음을 연다.

"감정 표현이 이렇게 어렵다니!"

그룹 코칭을 할 때, 가장 중요한 것은 참석자 모두가 마음을 열고 몰입하도록 하는 것이다. 때문에 라포rapport, 연결 짓기 활동을 잘해야 한다. 모두 흥미롭게 참여해야 하고, 재미도 있어야 한다. 그러면서 코칭의 효과도 나타나야 한다.

B사 임원을 대상으로 그룹 코칭을 진행할 때, 자기주장기술을 다루어 본 적이 있다.

코치 : 오늘은 시작에 앞서 '내 마음 표현하기' 시간을 갖겠습니다.

임원1 : 마음을 표현하다니 그게 무슨 뜻입니까?

코치 : 마음 작동을 알아보는 겁니다. 마음의 요소는 생각, 감정, 갈망으로 되어 있는데 우리는 사고 중심으로 살기 때문에 생각에만 골똘하게 됩니다. 그 생각과 관련된 감정도 있고 내가 원하는 갈망도 있는데, 이 세 가지를 살피지 않고 한 곳에 치닫기 때문에 마음이 힘들어집니다.

먼저 자신의 감정을 이야기하고, 왜 그런지, 오늘 정말 원하는 것이 무엇인지 말씀하시면 됩니다. 제가 먼저 해볼게요.

지금 저는 매우 흐뭇합니다. 왜냐하면 토요 휴무일인데 아침 일찍 그룹 코칭을 위해 정시에 모두 모이고 완벽한 준비를 해주셔서요. 오늘은 자존감 코칭과 다름을 이해하는 활동을 할 겁니다. 상무님들에게 의미 있는 시간을 선물해 드리고 싶습니다.

임원2 : 저는 지금 기분이 아주 좋습니다. 20분 만에 도착했고, 오후에 부모님과 우리 가족이 식사를 하기로 했거든요. 오늘 저는 그룹 코칭에서 다름을 이해하고 구성원들과 더 가까워질 수 있는 솔루션을 찾고 싶네요.

코치 : 오늘 가족들과 함께 시간을 보내게 되어 기분이 좋으시다는 거죠?

임원2 : 네, 오랜만에 부모님을 만나거든요.

코치 : 상무님 지금 마음을 정리해서 이야기하시니까 어떠세요?

임원2 : 감정을 이야기하는 게 쉽지는 않네요. 하지만 뭔가 정리되는 느낌입니다.

코치 : 상대방이 한 이야기를 잘 들었는지 입으로 하는 확인하는 질문을 해주시고 상무님 마음을 발표해 보세요.

임원3 : 아침에 출근하는데 길이 막히지 않아 기분이 좋다는 거죠?

임원2 : 네 그렇습니다. 지금 저는 즐겁습니다. 동료 임원들과 격의 없는 대화를 할 수 있는 자리이고, 가족들과 연휴를 같이 보내게 되어 기대가 됩니다. 오늘 제가 원하는 것은 사람을 이해하는 지혜를 얻고 싶고, 특히 자존감 코칭이 기대됩니다.

코치 : 다음 상무님 입으로 하는 경청해 주시고 마음을 발표해 주세요.

임원4 : 전 지금 엄청 설렙니다. 어버이날 누나네 가족들과 우리 가족이 부모님 댁에 가거든요. 오늘은 연로하신 부모님을 더 기쁘게 해드리고 싶네요.

임원1 : 부모님 만나실 생각에 설레신다는 거죠?

임원4 : 네.

임원1 : 전 지금 살짝 불안합니다. 아침에 아내와 작은 전쟁을 했거든요.

제가 조금만 참으면 되는데, 일방적으로 공격만 했거든요. 코칭 끝나고 가자마자 아내에게 사과하고 가화만사성 분위기로 만들어야겠어요.

임원4 : 오늘 아내와 작은 전쟁을 해서 좀 불안하시다는 거죠?

임원1 : 아, 맞아요. 상무님이 제 마음을 잘 알아주시네요. 감사합니다.

코치 : 오늘은 마음을 표현하는 연습을 해봤는데 어떠세요? 마음을 3가지 관점으로 정리해서 이야기했을 때 그 느낌이 중요한데요.

임원들 : 감정을 표현하는 게 좀 어색합니다. 부정의 감정을 이야기해도 되나요? 가족들에게 적용하면 좋을 듯합니다. 감정과 내가 원하는 것을 이야기하니 뭔가 삶의 우선순위가 정리되는 느낌입니다.

코치 : 그동안 감정을 굳이 표현하거나 할 필요가 없었는지도 모릅니다. 그러나 이제는 감성시대입니다. 내 감정과 의도, 생각을 명확히 알면 팀원들의 감정, 의도, 생각도 쉽게 알 수 있습니다. 매일매일 자신의 마음을 챙겨 보고 간결하게 정리해서 표현해 보는 연습을 해보시면 좋겠습니다.

내 마음(생각, 감정, 갈망)을 항상 짚어 보라

2006년 CJ푸드빌 경영지원실장으로 발령받고 출근을 했을 때, 하나같이 나를 어려워했다. 당시만 해도 여성이 계열사 경영지원실장을 맡는 건 뉴스가 될 정도로 파격적인 일이었다. 내가 다가가려고 해도 좀처럼 곁을 주지 않았다. 그룹에서 음료·생활화학·화장품 부문 구조조정 프로젝트를 담당했던 전력 때문이었다.

"새로 오는 실장이 여잔데 장교 출신이라네."

"외식 브랜드를 구조조정 하러 온 거래."

"인력 구조조정도 엄청나게 할 거라네."

"한 번 걸리면 그냥 죽음이래."

이런 소문이 파다하게 퍼졌다. 부임 당시 들었다면 감정이 폭발했을지도 모른다. 다행히 한참 후에 이 얘기를 들어 웃어넘길 수 있었다.

회사 다닐 때, 나는 감정 기복이 매우 심했다. 좋을 때는 잘해 주다가 문제가 생기면 불같이 화를 냈다. 부임 초기 내 머리 속은 '일, 성과, 구조조정, 실적 개선' 같은 단어들로 꽉 차 있었다. 팀원들의 감정을 일일이 신경 쓸 겨를이 없었고, 그럴 마음도 없었다. 내가 항상 주도적으로 의견을 내고, 정리하고, 의사 결정을 해 버렸다. 팀원들은 나를 보면 놀라거나, 어색한 미소를 짓거나, 슬쩍 피해 갔다. 아예 눈에 띄지 않으려고 요리조리 숨어 다니는 이들도 있었다. 한 마디로 불편하고 부담스러운 존재였다. 자기주장기술을 모를 때라 내 생각을 정리하여 일방통행으로 밀어붙이기만 했으니 누구라도 피하고 싶었을 것이다.

당시는 내가 단호한 목소리로 일목요연하게 지시할 때 팀원들이 가만히 있는 걸 당연하게 생각했다. 상대의 감정과 입장을 배려하는 마음은 조금도 없었다. 팀원들의 목소리에 귀를 기울이는 일 같은 건 추호도 생각하지 않았다. 아마도 당시 팀원들은 나만 보면 숨이 턱턱 막혔을 것이다. 몰라서 실행하지 못했던 것이 너무 많았던 시절이다.

마음을 좀 더 깊이 있게 공부하고, 비즈니스 코칭을 2,200시간 진행하면서 나 자신이 많이 달라졌음을 느낀다. 나의 진정한 변화는 '마음 알아차리기'를 하면서 시작되었다. 나의 마음을 읽고 들어보는 횟수를 거듭할수록 상대방의 마음을 알아차리고 이해하는 폭이 넓어졌다.

지금 감정은? 생각은? 갈망은? 이 세 가지 질문으로 내 마음의 소리를 듣고 마음을 담아서 이야기하면 상대는 신기하리만치 편안하게 받아들인다. 많은 시간이 필요치 않다. 1분에서 3분이면 충분하다. 잠시 멈추고 나의 생각, 감정, 갈망을 짚어 보라. 마음이 정리되면서 삶의 군더더기들이 사라지고, 우선순위가 정해진다. 내 마음을 알고 잘 표현하는 것, 상대방의 마음을 잘 읽고 알아주는 것, 이것이 만족도 높은 소통에 이르는 길이다.

2. 상대의 마음을 들어주는, *LISTEN-ing*

말하는 것에 익숙한 리더들은 경청을 고통스러워한다. 경청을 다짐해도 금방 다른 생각이 든다고 하소연하는 리더들이 많다. 경청을 위해 어떤 연습을 해야 할까.

"회의할 때 내가 말하는 비중을 20% 이하로 줄여 보겠습니다."

"팀원이 찾아오면 일어나서 맞이하고 마주 보고 앉아 집중해서 경청하겠습니다."

"말하지 않는 것까지 들도록 오감을 작동시켜 보죠."

약속을 해보지만, 인내심을 갖고 연습에 연습을 더하지 않으면 성공하기 힘들다. 팀원이 "왜 이러십니까? 하시던 대로 하세요."라고 하면 머쓱해서 원래대로 돌아와 버린다. 복잡한 문제가 생기면 리더들은 어느새 일방적으로 명령하면서 해법을 제시한다. 특히 일을 빨리 진행해야 할 때 경청 의지가 사라진다. 귀보다는 입이 바빠져서 원점으로 돌아가는 일이 비일비재하다. 비단 리더들만의 문제가 아니다. 팀원들도 경청은 어렵다. 팀원들은 회의를 하거나 강의를 들을 때 다른 생각에 집중하는 경우가 다반사다. 어떻게 해야 진심으로 경청하게 될까?

리더십 코칭이나 강연을 하기에 앞서 다면 인터뷰를 진행하는 경우가 있다. 이때 리더에게 무엇을 원하는지를 물으면 대부분 경청을 꼬집어 이야기한다.

"팀장님은 회의를 할 때 우리가 의견을 내면, 그건 됐고, 하면서 무시합니다. 정말 얼굴이 화끈거릴 정도로 창피함을 느낍니다."

"경험이 워낙 많은 건 알지만 자신이 항상 옳다고 하시니 회의에 참석하고 싶지 않아요."

"그냥 공감만 해주시면 되는데, 일일이 토를 달면서 시시비비를 가릴 때 정말 기분이 나쁩니다."

경청을 하지 않으면 상대는 무시당했다고 느끼거나 마음의 상처를 입는다. 팀원을 제대로 키우고 싶다면 경청으로 존중의 마음을 표해야 한다. 리더에게 존중받는 팀원은 자긍심이 높아지고 자신감도 올라가게 된다. 경청 자세에 따라 상대방을 신 나게 할 수도 있고 기분 나쁘게 할 수도 있다. 자가 진단을 해보자.

대화를 할 때 상대방과 정면으로 마주앉는다.
말하는 사람의 얼굴을 보면서 대화한다.
자세를 바르게 하고 상대방을 향해 몸을 살짝 기울인다.
대화 중 고개를 끄덕여 주고 몸으로 반응한다.
공감하고 반영하는 말을 해준다.

이 다섯 가지 중, 한 가지만 빗나가도 제대로 된 경청을 할 수 없다. 상대에게 온 정성을 다해야 비로소 경청이 시작된다.

메르켈리즘Merkelim은 독일 총리 앙겔라 메르켈의 리더십을 이르는 말이다. 권력을 과시하지 않고, 다른 의견을 포용하면서도 힘 있는 정책을 펴는 '엄마의 리더십'이라는 의미로도 사용된다. 그녀의 리더십은 강함과 유연성을 동시에 갖고 있다. 국민의 소리에 귀를 기울이고, 자신과 당의 정치적 이념만 고집하지 않는다. 메르켈은 상대 당의 주장도 받아들이는 소통의 정치인이다. 정당이나 상황에 얽매이지 않고, 모두와 의견을 교환한 뒤 적극 반영하는 그녀는 한마디로 '국민을 존중하는 경청의 달인'이다. 메르켈 총리는 경청만 잘해도 좋은 리더십을 발휘할 수 있다는 것을 증명하는 인물이다. 제대로 된 경청을 해보자.

경청의 방해물을 제거하라

경청을 잘하려면 스마트폰에 대한 집착을 버려야 한다. 모두가 한 순간이라도 안 보면 큰일이 날 것 같은 불안 증세에 시달리고 있다. 스마트폰은 우리를 스마트smart가 아닌 스투피드stupid로 만들고 있다. 족쇄가 되어 버린 스마트폰이야말로 소통의 최대 적이다.

S그룹의 부장을 대상으로 그룹 코칭을 할 때였다. 3명은 왔는데 1명이 "왕복 5시간 거리인데 오후에 중요한 회의 일정이 잡혔다."며 올 수 없다고 했다. 회의가 2시간 후에 시작된다는 말에 화상 회의 방식으로 그룹 코칭을 진행하기로 했다. 화면에 등장한 Z부장의 모습에 다들 아연실색했다. 오른쪽에 휴대전화, 왼쪽에 태블릿 PC, 정면에는 비디오, 책상에 노트가 펼쳐져 있었다. 2시간 내내 코칭에 집중하지 못했다. 수시로 휴대전화를 누르며 메시지를 확인했고 필기를 하다가 PC로 메일을 확인하기도 했다. 화상인 데다 집중을 못하니 제대로 코칭이 될 리 없

었다. 회의실에서 그 장면을 보고 있던 동료 부장들이 한 마디씩 했다.

"우리도 저런 모습일지 모르겠네요. 전혀 경청하지 않는 게 보이네요."

"제가 우리 팀원들과 회의할 때도 늘 저랬던 것 같습니다."

"저분이 경청을 하지 않으니 우리 이야기의 핵심을 파악하지 못하네요. 다른 데 신경 쓰다가 우리 말을 놓치고 당황하는 것 좀 보세요."

Z부장의 모습은 상대방이 경청하지 않으면 어떤 기분이 들고 어떤 폐단이 생기는지 고스란히 보여 주었다. Z부장은 세 명의 부장으로부터 강력한 지적과 충고를 받았다. 그날 이후 Z부장은 불필요한 것을 모두 제거하고 경청을 위해 부단히 노력을 기울였다.

"그 사건 이후에 경청 방해 요소를 완전 제거하고 경청에 집중하고 있어요. 제가 경청을 하니 팀원들의 반응이 놀라울 만큼 좋아졌어요. 그 모습을 보니 더 열심히 경청해야겠다는 생각이 들었고요. 이제 경청의 달인이라고 할 정도로 완벽한 경청을 하고 있습니다."

집단지성을 발휘하도록 돕는 그룹 코칭 덕분에 Z부장은 경청의 달인으로 거듭났다.

또 하나, 필기는 경청의 큰 방해 요소이다. 대화를 하거나 회의를 하면서 열심히 적는 사람들이 있다. 필기를 하면 말하는 사람의 의도와 감정을 완전히 알아차리기 힘들다. 사람은 표정과 눈빛으로 많은 것을 표현하는데 필기하는 순간 놓칠 수가 있다. 집중해서 들어도 다 들리지 않는데 필기까지 하면 더 핵심을 놓치게 된다. 키워드만 메모하면서 표정, 말, 감정, 의도 등을 간파해야 한다. 1초도 한눈을 팔지 않고 집중하면서 온전한 경청을 해야 한다. 나는 강의할 때 필기를 하지 말라고 당부한다. 그 자리에서 느끼고 내 것으로 만드는 게 중요하다. 기계적으로 받아 적는 동안 감동은 달아나고 만다. 필기 대신 말하는 사람에게 집중하는 것이 진정한 경청이다. 리더들에게 코칭하면서 주는 팁이 하나 있다. 업무 지시나 중요한 내용 전달할 때, 필기에 집중하는 사람에게 일부러 이런 질문을 해보도록 권유한다.

"지금까지 내가 한 이야기를 요약해 주겠나?"

필기에 집중한 사람은 대개 제대로 답변하지 못한다. 이런 질문이 진심의 경청을 불러오는 방비책이다.

고수와 하수는 듣는 것이 다르다

경청의 사전적 의미는 '귀를 기울여 듣는 것'이다. 중요성에 비해 해석이 너무 단출한 듯하지만 들을 청聽의 의미는 실로 심오하다. '임금님이 이야기할 때와 같이 귀를 쫑긋이 하고, 열 개의 눈이 있는 것과 같이 집중을 하며, 그 사람과 하나의 마음이 되는 것'이다. 단순하게 귀로 듣는 것이 아니라 온몸을 다해 그 사람과 하나가 되어야만 비로소 경청이 이루어진다.

경청을 할 수 있는 환경과 마음이 갖춰졌다면 무엇을 해야 할까. 고수의 경청 방법을 섭렵해야 한다. 상대가 하는 말이나 태도, 몸짓, 표정 등을 듣는 것이 경청의 전부는 아니다. 경청의 하수는 논리적, 합리적, 이성적으로 상대방이 하는 이야기를 듣는다. 해석하고 판단하고 질문할 것을 구상하느라 상대방 말을 경청할 수 없다. 말하는 사람은 경청하지 않고 자신의 생각에 빠져 있는 사람에게 마음을 열 리가 없다. 피상적인 이야기만 오가게 된다. 집중해서 듣지 않으면 흘러가는 단어 몇 가지를 취해 그것으로 판단하기 쉽다. 행간의 의미를 간과한 채 마음대로 해석한다.

강의 시간에 은유 기법으로 자신을 소개하는 시간을 종종 갖는다.

"둘이 짝이 되어 각자 소개하는 시간입니다. 한 분이 2분간 소개합니다. 한 분당 2분입니다."

몇 번을 강조하고, 확인까지 해도 50% 정도만 제대로 실습을 한다. 보통 2분 안에 두 명 모두 끝내는 경우가 다반사다. 제대로 듣지 않고 '2분 안에 둘이 소개를 하는 거구나' 하고 예단해 약속이라도 한 듯이 뚝딱 해치운다. 귀로만 하는 경청의 폐단이다. 경청의 고수들은 어떤 표현이 나오기까지 어떤 감정들이 교차하는지, 어떤 감정 언어를 사용했는지 그 사람의 의도, 가치관, 품성까지 꿰뚫어 들으면서 말하지 않는 것까지 간파해서 들어준다.

경청의 고수는 감정을 먼저 헤아린다. 영혼을 다해 그 사람의 뿌리까지 파악하려는 노력을 아끼지 않는다. 말하는 사람은 이런 경청을 해주는 고수에게 깊은 속내까지 열어 보인다. 경청은 상대방을 말하게 하는 엔진이다. 경청의 깊이에 따라 만족도가 달라진다. 상대방이 신바람 나서 이야기 보따리를 풀어놓는다면 당신은 분명 경청의 고수이다.

내 마음대로 듣고 내 마음대로 해석하고 내 마음대로 행동하면 소통의 길은 막히고 만다. 제대로 경청하고 싶다면, 머릿속에서 일어나는 여러 생각을 정지시켜야 한다. 상대가 이야기할 때 생각을 하고 있으면 핵심을 제대로 파악할 수 없다. 제대로 듣지 않으면 마음대로 판단하고 해석하는 우를 범하게 된다. 경청은 일초도 방심하면 안 되는 참으로 오묘한 활동이다.

공감하며 마음을 열다

한국생산성본부에서 진행한 코칭 과정에서 만난 H그룹의 A차장. 부끄럼을 많이 타고 자신의 의견을 잘 내지 않는 내향적 리더였다. 20시간 교육 과정 중에 50%는 수동적으로 참여했다. 2일차는 '경청에서 왜 감정을 들어주고, 반영해 주어야 하는지'를 실습하는 시간이었다. 불현듯 A차장이 아내와의 불편한 관계에 대해 얘기했다.

"집에 들어가려고 하면 가슴이 답답하다. 가족들이 나를 그림자 보듯 해서 무력감에 빠져든다."며 눈시울을 적실 것 같은 분위기였다

"경청이 잘 듣기만 하는 건 줄 알았는데 감정이나 말의 행간을 읽어주고 그걸 다시 확인하면서 공감해야 한다는 말에 그동안 내가 주변 사람들과 멀어진 이유를 알았습니다. 오늘밤 아내와 대화의 물꼬를 터 보도록 노력하겠습니다. TEN 생각, 감정, 갈망을 집중해서 듣고 공감해 보는 미션을 수행하려고 합니다."

그가 단단한 의지를 보여 여간 기쁘지 않았다.

다음날 밝은 얼굴로 참석한 A차장은 '경청의 힘'에 대해 이렇게 말했다.

"어젯밤에 아내와 대화를 나눠 오랜만에 해빙 무드가 조성되었습니다. 예전에는 '그랬어', '그래서' 이 정도 반응이 전부였는데, 아내가 쓰는 단어나 감정 언어를 복사하듯이 내가 따라하면서 말을 이어가니까

아내의 말투가 달라지기 시작했습니다. '당신 정말 힘들었구나!', '내가 그렇게 무심한 남편이었구나'라며 적극적으로 공감했더니 아내가 감동하더군요."

A차장은 아내와 밤을 새워 이야기하는 사이 두 사람 사이의 성벽이 와르르 무너졌다고 했다. 아내의 감정에 공감하면서 깊이 경청하여 부부 문제가 해결된 것이다.

교육이 끝나고 A차장의 페이스북에 종종 들어가 봤는데 부부가 자녀들과 등산도 하고 놀이공원에 가서 즐겁게 노는 사진이 올라와 있었다. 행복한 가족의 모습이 아름답기 그지없었다. 경청으로 가장의 위상이 서고 가족이 온전히 하나 된 사례다.

"말하지 않는 것도 들어야 합니다"

2012년은 나에게 있어 변화와 도전의 해였다. 코칭 리더십 석사 과정을 시작하면서 비즈니스 코칭 역량을 키우는 데 온힘을 기울였다. 제대로 된 비즈니스 코칭을 하려면 멘토 코치로부터 훈육을 받아야 한다. 한국인 최초 MCCMaster Certified Coach인 박창규 코치가 나의 스승이다. 본격적인 기업 코칭을 하기 전에 멘토 코칭을 받았다. 그런데 박코치 앞에 가면 머릿속이 하얗게 되면서 경직될 때가 많았다. 멘토 코칭을 통과해야 메인 무대를 나갈 수 있는데, 매번 좌절을 맛보았다. 결국 "교수님, 정말 못하겠습니다. 왜 이러는지 모르겠습니다." 하며 포기 선언을 하자, 박창규 코치는 스스로 알게 하느라 부단히 참았다며 피드백을 해 주었다.

"김코치는 여성인데 왜 그렇게 감정 언어를 못 읽습니까? 내가 속상하고 서운하다고 얘기해도 전혀 들어주지 않고, 자꾸 문제 해결만 하려고 하더군요. 그러니 내 답답함이 더 가중되는 거죠. 감정 언어를 공부해야 합니다. 기업 임원들을 코칭할 때 제대로 경청하려면 감정을 들어주는 것이 매우 중요합니다. 고객이 말하지 않는 것도 들어야 해요."

당시만 해도 경청을 잘 듣는 것 정도로 이해하고 있던 터라, 감정을 어떻게 읽어야 하는지 알 수가 없었다. 그런 나에게 박창규 코치는 "감정 언어를 찾아서 공부하라."고 권했다.

비로소 감정 언어를 접하게 되었다. 희로애락을 표현하는 감정의 언어가 그렇게 많은지 처음 알았다. A4 한 장 분량의 감정 언어를 소리 내서 읽기 시작했다. 얼추 1백 번은 읽은 거 같다. 그 결과 내가 회사 생활 할 때 감정 언어를 사용한 적이 거의 없다는 사실을 깨달았다. 감정 언어와 친숙해질 때까지 읽기를 반복했다. 그 이후 일상에서 감정 언어가 신기루처럼 내 앞에 나타났다. 보이는 대로 느끼는 대로 감정 언어로 표현하다 보니 상대와 공감대가 형성되고 심금을 울리는 대화로 이어졌다.

회사마다 여성 팀원들의 비중이 늘고 있다. 감수성이 풍부한 신세대와 격의 없는 소통도 필수적이다. 다양한 감정을 표현하는 감정 언어를 살펴보고 가능하다면 자꾸 표현해 보자. 어렵게만 느껴졌던 관계 개선에 큰 도움이 될 것이다.

구분		감정 언어
욕구 충족	즐거움	가뿐한, 경쾌한, 기분 좋은, 반가운, 밝은, 산뜻한, 상쾌한, 신나는, 유쾌한, 재미있는, 즐거운, 쾌활한, 홀가분한, 확신에 찬, 활기 넘치는, 활발한, 흐뭇한, 흥미로운, 흥분된, 희망찬
	사랑	감미로운, 감사하는, 고마운, 그리운, 따뜻한, 사랑하는, 사랑스러운, 상냥한, 순수한, 애틋한, 열렬한, 열망하는, 정겨운, 친근한, 친숙한, 포근한, 푸근한, 호감이 가는, 훈훈한, 흡족한
	기쁨	감동적인, 감사한, 고마운, 기쁜, 기대에 부푼, 기운이 나는, 당당한, 두근거리는, 들뜬, 만족스러운, 뭉클한, 반가운, 벅찬, 뿌듯한, 살아있는, 살맛나는, 생기가 도는, 신나는, 원기가 왕성한, 용기 나는, 좋은, 충만한, 행복한, 환상적인, 황홀한, 환희에 찬
	자신감	강한, 신념 있는, 열정 있는, 유능한, 용감한, 용기 있는, 의욕을 가진, 자부심 있는, 준비가 된, 할 수 있는, 확실한, 확신하는, 당당한
	안정감	개운한, 고요한, 누그러지는, 느긋한, 든든한, 만족스런, 안심이 되는, 여유로운, 진정이 되는, 친근한, 차분한, 편안한, 평온한, 평화로운, 흡족한

구분	감정 언어	
욕구 미충족	노여움	가혹한, 격분한, 고통스러운, 패씸한, 기분 상하는, 꼴사나운, 끓어오르는, 나쁜, 노한, 독선적인, 모욕적, 무서운, 분개한, 분노한, 불만스러운, 불쾌한, 성난, 소름 끼치는, 신경질이 나는, 속상한, 숨 막히는, 실망한, 억울한, 울화 치미는, 짜증난, 화난
	미움	괴로운, 근심스러운, 기피하고 싶은, 끔찍한, 몸서리치는, 무정한, 미운, 싫은, 쌀쌀맞은, 야속한, 얄미운, 원망스러운, 정떨어지는, 증오스러운, 지겨운, 혐오스러운,
	슬픔	가슴 아픈, 걱정되는, 괴로운, 근심되는, 마음이 무거운, 부끄러운, 불쌍한, 불행한, 비참한, 서글픈, 서러운, 섭섭한, 슬픈, 쓰라린, 아쉬운, 안타까운, 애처로운, 애통한, 우울한, 음침한, 절망적인, 좌절하는, 착잡한, 참담한, 처참한, 측은한, 침통한, 한스러운, 허탈한, 후회스러운
	지침	고단한, 기진맥진한, 생기 없는, 소극적인, 무기력한, 우울한, 지루한, 좌절한, 초조한, 축 늘어진, 침울한, 힘든, 활기 없는
	놀람	난감한, 난처한, 놀란, 말문이 막힌, 민망한, 속은, 어이없는, 어리둥절한, 충격받은, 혼란스러운
	무서움	간담이 서늘해지는, 겁먹은, 겁나는, 경악한, 공포에 휩싸인, 두려운, 떨리는, 섬뜩한, 오싹한, 위협받는, 초조한

3. 확인하고 공감하는, *COPY-ing*

대화를 할 때 상대가 나에게 얼마나 집중하는가에 따라 대화의 깊이가 달라진다. 잘 들어주면 무한대로 이야기 보따리를 풀어 내지만 교감이 되지 않으면 말이 겉돌기 시작한다. 회의를 할 때 더욱 그렇다. 리더가 혼자 떠들면 팀원들은 입을 닫아 버린다. 팀원들이 다양한 의견을 내도 리더가 반응을 보이지 않으면 분위기는 냉랭해진다. 대화와 경청, 그리고 반응으로 이어져야 분위기가 달아오른다.

B그룹의 임원 코칭을 의뢰받고 대표이사를 만났을 때 임원이 어떻게 변하길 바라는지 물었다.

"그 상무는 업무 성과가 매우 탁월하고 스마트하다. 그런데 대화를 할 때 상대방 얘기를 전혀 경청하지 않고 자기 주장을 강하게 펴서, 사람들에게 상처를 준다. 그로 인해 인간관계에 시뻘건 불이 켜졌다. 경청하는 모습만 보인다면 이 코칭은 성공이라고 본다."

"경청의 모습이란 어떤 것을 말씀하시는지요?"

"상대가 한 이야기를 듣고 반응하고 공감하고, 되묻는 거죠."

대표는 경청을 제대로 알고 있었다. 경청은 귀로만 듣고 마음으로만 새기는 것에서 끝나면 안 된다. 상대방이 잘 듣고 있다는 것을 깨닫게 해주어야 한다. 가장 좋은 방법은 들은 내용을 간결하게 정리해서 되묻는 일이다.

입으로 확인하라

"경청의 완결판은 들은 것을 입으로 확인해 주는 것입니다."

이런 말을 하면 귀로 듣는 것도 어려운데 입으로 확인하라니 무슨 얘기냐며 다들 의아해한다. 리더들은 웬만한 소통 교육을 거의 섭렵하고 있다. 그러니 경청의 자세 정도는 기본으로 알고 있다. 눈도 맞추고 고개도 끄덕이며 열심히, 최선을 다해서 들어준다. 그 다음이 문제다.

"알겠네. 수고했네. 내용을 수정해서 보고하게."

대개 이런 말로 대화를 끝낸다. 그러면 팀원들은 '리더가 내 이야기를 정말 잘 들은 걸까? 내 말을 이해했을까' 하는 의문을 갖는다.

대화하는 내내 진심으로 경청을 했다면 이 말도 충분히 상대를 감동시키고 동기부여 할 수 있다. 그렇지만 이처럼 간단한 멘트로 끝내기보다 궁금한 점을 묻고 격려도 해주는 게 더 좋다.

"팀장님, 올해 대리점주 연말 행사를 좀 색다르게 진행해 보면 어떨까요? 회사와 대리점주가 같이 하는 사회 공헌 활동을 해보고 싶습니다."

팀원의 이 말에 "뭔 소리야! 그냥 예전대로 해."라고 하면 다음부터 절대 아이디어를 내놓지 않는다. 무시당했다고 생각하기 때문이다.

"대리점주 연말 행사를 사회 공헌 활동으로 기획하고 싶다는 거지?"

팀원이 사용한 핵심 단어를 이용해서 확인 질문을 하면 팀원은 팀장이 자신의 얘기를 경청하고 존중해 준다는 생각을 한다. 이후 더 깊이 있는 대화로 이어지는 건 당연한 일이다.

"팀장님, 이번 달 판매 목표가 부진할 듯합니다. 영업 사원들이 매출 목표를 달성하려면 프로모션을 기획해야 하는데요. 어떻게 할까요?"

이렇게 말하는 팀원에게 "더 달리라고 해!", "지금 기획한다고 효과가 있겠어?"라며 단칼에 잘라 버리면 대화는 거기서 끝난다.

"매출 목표 달성을 위한 프로모션을 하자는 거지?"

팀장이 정확히 파악해서 되묻는 순간 팀원의 자신감은 올라간다.

말하는 사람이 사용한 단어를 활용하는 것은 아주 중요하다. 이것이 '경청한 내용 확인하기 작업'이다. 경청한 것을 확인할 때는 최대한 간결하게 해야 한다. 핵심 단어나 문장을 족집게로 집어 내듯이 해야 효과가 커진다.

경청의 완결판은 집중해서 듣고 상대가 이야기한 핵심을 복사하듯

이 되묻는 COPY-ing이다. COPY-ing을 잘하면 상대방은 존중받는 느낌과 함께 강력한 질문을 받았다고 생각한다.

외국계 기업 임원이 나에게 '부지깽이'라는 별명을 붙여 줬다.

"코칭을 하면서 툭툭 던지는 질문에 답을 하다 보면, 마음에 쌓여 있던 많은 문제가 나옵니다. 그때 마음을 콕콕 찌르는 강력한 질문을 받고 스스로 답을 하다 보면 그동안 생각지도 못했던 해답이 떠오릅니다. 코치님은 내 마음을 헤집는 부지깽이입니다."

그런데 이 임원이 말하는 '강력한 질문'은 경청한 것을 되물어 준 것이다. 그 임원이 말한 내용 중 핵심이 되는 단어를 되물었을 뿐이다. 이것이 소통에서 COPY-ing이 가져다주는 효익效益이다.

오해가 없는 대화를 하려면

경청에서 COPY-ing 질문이 중요한 이유는 서로의 오해를 차단한다는 데 있다. 모 신문 Y국장과 식사를 할 때의 일이다. 4명이 앉을 수 있는 테이블에 개인별 인덕션이 마련되어 있었다. 두 사람이 늦어지는 바람에 Y국장과 먼저 식사를 시작했다. 그런데 이야기가 좀 진행되려고 하면 Y국장이 아래로 손을 내려 휴대전화를 만지작거리는 것이었다. 내게 집중하지 않는 모습에 기분이 좋지 않았다. 그런데 Y국장이 갑자기 나한테 "상임님, 연락할 게 많은가 봐요? 나랑 이야기하면서 계속 휴대전화를 확인하니까 내가 불안하네요."라고 말했다. 본인이 휴대전화를 계속 봤는데 나한테 그런 얘기를 하니 당황스러웠다.

"저는 휴대전화 안 보는데요. 제 전화는 여기 이렇게 잠자고 있어요.

전 오히려 국장님이 휴대전화를 계속 보시길래 무척 바쁘신가 보다 생각했어요."

"아, 나는 인덕션 온도 올렸다 내렸다 하느라 아래를 본 거예요."

"저도 국장님 인덕션 온도 맞추느라 계속 버튼을 조정한 겁니다."

우리는 서로의 인덕션을 조절하고 있었던 것이다. 대화하는 과정에서 상대방의 태도를 경청하고 그 모습을 입으로 확인함으로써 오해가 풀어졌다. '입으로 되묻기' 경청은 내 마음대로 들은 내용을 상대방에게 확인하는 과정이어서 더 의미가 깊다. 만약 그 국장이 나에게 그런 질문을 하지 않았다면 서로가 불쾌한 마음을 안고 헤어졌을 것이다. 경청하고 입으로 확인하는 과정이 번거롭게 생각되겠지만, 사실은 오해를 불식시키는 강력한 도구이다. 쌍방이 신뢰도 높은 소통을 하고 싶다면 들은 이야기를 확인하는 질문을 하라.

대화를 할 때 대충 듣고 끝날 때쯤 "아 그러셨어요? 그랬군요?" 이런 반응을 보이는 사람들이 있다. 필경 다른 생각을 하고 있었을 가능성이 크다. 진정으로 경청했다면 호기심 어린 질문이 이어지게 마련이다. 경청하는지 안 하는지 금방 알아차릴 수 있다. 잘 듣고 그 사람이 말한 단어를 사용하면서 대화를 이어가도록 하자.

코치 : 자존감을 올리고 싶다고 하신 거죠?

고객 : 최근 들어 자존감의 중요성을 많이 느끼고 있어요.

코치 : 자존감의 중요성을 느끼신다고 했는데 어떤 의미죠?

고객 : 자존감에 대해 막연하게 알고 있었고, 내 자존감이 높을 거라고 생각했는데, 오늘 진단을 해보니 60점 수준이더라고요. 가슴이 철렁했어요.

코치 : 자존감 점수가 60점인 걸 확인하고 가슴이 철렁했다는 거네요?

고객 : 네, 그래서 내가 그랬구나 하는 생각이 들었어요. 매사에 주눅이 들어 있었고 뭔지 모르지만 자꾸 동료들하고 비교를 했거든요.

코치 : 동료들과 비교하면서 주눅이 든 적이 있으셨군요?

고객 : 네. 그래서 오늘 자존감 코칭을 받으면서 왜 그런지, 어떻게 자존감을 올려야 하는지 답을 찾고 싶어요.

상대의 이야기를 잘 들으면 질문이 파도처럼 밀려온다. 대화를 어떻게 이어가야 할지 고민하지 않아도 된다. 이런 방식의 대화는 시간이 많이 걸릴 거라고 우려하는 이들이 있다. 하지만 전체적으로 봤을 때 결코 비효율적인 시간이 아니다. 정확한 대화는 분명한 결과를 가져오기 때문이다.

핵심 키워드를 찾아라

경청 내용의 되묻기는 상대의 생각이나 논리를 정리하도록 도와준다. 리더에게 업무 지시를 받았는데, 미심쩍은 요소가 있다면 반드시 확인하고 난 뒤 업무를 진행해야 한다. 그런데 윗사람에게 물어볼 용기를 내기 힘들고, 물어보는 것 자체가 올바르지 못한 행동이라고 생각하는 사람들이 많다. 과연 그럴까? 애매하게 받은 업무 내용을 팀원에게 전하면 걷잡을 수 없는 오류를 낳게 된다. 일이 상당히 진척된 뒤에 리더가 "내가 지시한 게 그 내용이 아니잖아."라고 하면 담당자는 열심히 일하고도 낭패를 본다. 이를 미연에 방지하는 것이 COPY-ing 기술이다.

신규사업팀장 시절 유기농 사업을 3년여 동안 검토한 적이 있다. 유기농 사업 추진은 하지 않기로 한 상태였는데, 새로 부임한 부사장께서 유기농 사업을 검토하라고 지시했다.

팀장 : 부사장님. 유기농 사업을 검토하라는 말씀인 거죠?

부사장 : 그래 우리 그룹의 격에 맞는 유기농 사업을 한 번 검토해 보게.

팀장 : 우리 그룹의 격에 맞는 유기농 사업이라면?

부사장 : 일반적으로 소비자 대상으로 하는 농산물 생산이나 유통이 아니라, 인증 사업이나 연구개발 과제 등 미래 사업 관점으로 살펴보라고.

팀장 : 미래 사업 관점의 유기농 사업이요?

부사장 : 그렇지. 미국이나 일본은 유기농 사업 콘셉트가 달라. 국토 면적, 1인당 GDP, 정부 정책 등 다양한 관점을 벤치마킹을 하면서 우리 그룹의 유기농 사업 방향을 정리해 보라는 걸세.

팀장 : 당장 매출 확보 차원이 아니라, 미래 유기농 사업 관점의 기회를 중심으로 봐야 하는 거네요, 부사장님?

부사장 : 그렇지.

이런 대화가 없이 "네, 알겠습니다." 하고 자리에 돌아왔다면 유기농 사업의 A~Z까지 다 훑어보았을 것이다. 핵심 단어를 되묻는 짧은 대화 속에서 보고서 목차가 정리되었다.

업무 성과를 높이고 싶다면 지시 사항을 경청하면서 핵심 키워드를 중심으로 COPY-ing 기법을 적극 활용하라. 그러면 커뮤니케이션 오류로 인한 업무의 혼선을 최대한 방지할 수 있다.

"감정을 솔직하게 표현하게 되었어요"

지금까지 교육이나 코칭을 받고 나서 '이것만큼은 해봐야지' 하고 마음을 다잡았다가 정말이지 부끄럽게도 작심삼일이 반복되곤 했습니다. 이번 코칭을 종료하고, 내 생활에 어떤 변화를 줘 볼까 고민하다, '또 작심삼일이 되면?' 하는 마음에 많은 생각들을 뒤로 하고, '욕심내지 말고 하나만 확실히 바꾸자' 라는 결심을 했습니다.

그래서 정한 것이 '피드백을 잘하자'였습니다. 약 3개월 가량 가족과 직원들을 대상으로 나름의 노력을 하고 있습니다. 제가 커뮤니케이션 할 때 집중한 것은 가식의 가면을 벗고, 감정을 진솔하게 표현하는 일이었습니다. 그러기 위해 초집중 경청을 훈련하고 있습니다.

나의 욕구가 무엇인지와 상대방의 욕구가 무엇인지 생각하면서 긍정적인 언어로 소통하고 있습니다. 아직 획기적인 변화는 없지만, 조금씩 변화가 느껴집니다.

집에 가면 아내와 아이들과 일상에 대한 수다를 나누고, 회사에서는 직원들의 언행이 조금씩 달라지는 느낌을 받습니다. 바람직한 신호라 생각하고, 앞으로도 더 노력하는 가장이, 직장 선배가 되기 위해 최선을 다하겠습니다.

COPY-ing 기술이 업무 정확도를 높인다

조직에는 리더와 팀원이 있고, 유관부서와 거래선이 있다. 갑사 입장과 을사 입장 등 관계가 복잡하게 얽힌 가운데 가장 중요한 것은 결국 사람이다. 사람이 일을 제대로 해야 성과가 나온다. 리더들은 업무 지시를 할 때 친절하지 않다. 다 알 거라고 단정하여 전후 설명 없이 지시하는 경우가 많다. 이때 확인하지 않으면 팀원은 제대로 일을 진행할 수 없다. 지시한 주요 내용이 무엇이고 배경은 어떤지, 어떻게 과제를 풀어 나가야 할지, 언제까지 해야 하는지 되짚어 물어보면서 리더의 뜻을 정확히 파악해야 한다. 리더들 가운데 일부는 상위 리더로부터 받은 지시 사항을 정확하게 소화하지 않고 팀원에게 하달하는 경우도 있다. 그때 팀원이 확인 질문을 해야 잘못된 내용을 바로잡을 수 있다.

"부장님, 서비스 불만 고객 대응 전략을 이번 주 목요일까지 보고하라는 말씀이죠?"

이렇게 되물어야 실수가 없다. 팀원들이 질문하지 않는다면 리더가 팀원에게 "내가 이야기한 내용의 골자가 무엇인지?" 확인하는 질문을 해야 한다. 리더와 팀원이 업무 내용을 정확히 주고받아야 효율적인 일 처리가 가능하다.

일이 진행되는 과정에 상호 체크하며 중간 점검을 하는 것도 매우 중요하다. 혼자 마음 대로 진행하다 마지막에 결과물을 내놓으면 전면 궤도 수정을 해야 하는 낭패를 당할 수도 있다. 어느 정도 가닥이 잡히면 본격 작업을 하기 전에 리더에게 의견을 묻는 것이 지혜로운 행동이다. 다가오는 팀원을 밀어 내는 리더는 없다. 중간 점검을 받고 마무리하기 전에 다시 한 번 논의를 하여 완성도를 높이는 센스가 필요하다.

일이 끝난 뒤 리더들은 사후 공유 시스템을 가동해야 한다. 리더는 팀원들이 완성한 보고서를 상위자에게 보고한다. 리더 혼자 보고를 하고서 아무런 피드백도 하지 않으면 팀원은 성과를 리더에게 빼앗겼다고 느낄 수 있다. 반드시 담당 팀원을 불러 피드백을 하면서 잘한 것은 잘한 대로 부족한 것은 부족한 대로 결과를 이야기해 주어야 한다. 그래야 팀원이 성취감도 느끼고 발전할 수 있다. 팀원의 결과물을 세심한 공유 과정 없이 리더가 독식하면 존경 대신 원망이 돌아온다. 업무를 주고받는 과정에서 되묻고 확인하는 과정만 제대로 지켜도 업무 생산성이 높아질 것이다.

당장은 확인하고 확인받는 과정이 비효율적이라고 생각할 수 있다. 하지만 소통 오류로 인해 진행한 업무가 무용지물이 되었다고 가정해 보라. 상하간 간극이 생기고 의욕도 급격히 저하된다. 한 단계 한 단계 세심하게 챙기는 과정에서 상호 신뢰뿐 아니라 업무 생산성도 높아진다.

팀원	리더
	1. 팀원에게 업무 지시 전에 차상위자로부터 다음 사항을 확인한다. 1) 목적 및 취지 2) Out come 또는 전체 프레임 3) 납기 및 감안해야 할 기타 사항
3. 리더의 지시 내용에 대해서 최대한 경청한다. 1) 대화 내용 전문 필기는 지양 2) 키워드 중심으로 메모 3) 중간 중간 확인하는 질문을 한다. (납기, 중간 피드백, 상사의 의견이나 아이디어 등)	2. 팀원에게 최대한 정보를 공유, 수행해야 할 업무를 지시한다. *목적, 취지, Out come, 납기, 의도 등
5. 리더가 이야기한 내용 및 본인이 질문한 내용에 대한 답변까지 감안해서 지시 내용을 요약 정리 하도록 한다. *납기일, 중간 피드백, 상사의 의도 등에 대해서 재확인하는 시간으로 활용함.	4. 팀원이 제대로 이해하고, 진행시 비효율적인 작업을 최소화하기 위해 지시한 내용은 정리해 보도록 요청한다.
6. 지시받은 내용에 대해서 전체 Out line 및 스토리라인 등을 실계, 본격 작업 착수 전 의견을 수렴한다. *초기 작업시 리더 의견 수렴하는 것이 효과적인 업무 진행의 열쇠	7. 팀원의 아웃라인과 스토리라인에 대해서 1차 정해 주고, 그 내용을 리뷰하면서 첨삭 지도를 해준다.

팀원	리더
9. 보고서 또는 지시 업무를 재확인 후 보고할 수 있도록 지시한다. *보고 일정, 방식, 사전 자료 배포 등	8. 보고 기한 2~3일 전에 반드시 진행 상황 및 결과 이미지에 대해서 사전 확인하는 시간을 할애한다
	10. 최종 보고 후 해당 팀원에게 피드백한다. 1) 결과물에 대한 인정 칭찬 2) 결과물 피드백(잘한 점, 미흡한 점) 3) 소감 및 배운 점

4. 잠재 능력을 이끌어 내는, *INQUIRE-ing*

일방적으로 자기 말만 하는 리더, 팀원의 말에 귀 기울이는 리더, 나는 어느 쪽인가. 리더가 질문만 잘해도 팀원의 반응은 완전히 달라진다. 『질문을 디자인하라』의 저자 필 매키니는 '좋은 질문은 사람들이 대답을 하기 전에 생각하게 만들고, 전에는 미처 파악하지 못했던 문제의 새로운 답을 떠올리게 해준다'고 했다.

리더의 질문에 따라 팀원의 태도나 의욕이 달라진다. 좋은 질문은 좋은 답을 낳는다. 리더는 전략적이고 미래지향적이며 마음의 밑바닥을 울리는 질문을 던져야 한다. 궁금하다고 아무 질문이나 마구 던지면 마음의 문을 차츰 닫게 될 수 있다. 부모들은 자녀에게 아무 거리낌 없이 이런 질문을 던진다.

"모의고사 점수는 몇 점이니? 학원은 갔니? 친구들이랑은 안 싸웠니?"

자녀 입장에서는 시시콜콜 다 알고 싶어 하는 부모가 껄끄럽기만 하다.

리더들도 별반 다르지 않다. 뭐가 문제인지? 누가 책임질 건지? 언제까지 할 건지? 왜 지각했는지? 일방적으로 퍼붓기 식의 질문이나 리더 자신을 위한 질문은 지양해야 한다. 팀원의 마음을 열고 경영의 해법을 찾고 싶다면 질문으로 지혜를 더하는 리더십을 키워 보자.

산업화 시대의 리더는 관리만 잘하면 됐다. 4차 산업혁명 시대에는 달라져야 한다. 팀원과 머리를 맞대고 혜안을 만들어 내야 한다. 그 도구가 바로 질문이다. 조언이나 문제 해결 방안을 제시하기보다 스스로 솔루션을 찾도록 도와주고 지지하자. 질문하기 전에 상대가 이미 답을 알고 있다는 믿음을 가져야 한다. 좋은 질문이 좋은 답을 내고 강력한 질문은 잠재 능력을 이끌어 낸다.

닫힌 질문, 부정 질문으로 말문을 닫아 버리는 경우

팀장 : 이번 달 실적이 왜 이래?

과장 : …죄송합니다.

팀장 : 어휴, 다음 달에도 달성하기 어렵겠구만.

과장 : …네.

팀장 : 맨날 사무실에만 앉아 있으니 좋아질 리가 있나? 어쩌려고 그래?

과장 : 죄송합니다. 더 열심히 하겠습니다.

팀장 : 글쎄 노력한다고 뭐가 나아지겠어? 그만 나가 보게.

과장 : (고개 숙이고 풀이 죽어 걸어 나오며 혼잣말로) 정말 너무 하시네. 상황은 들어보지도 않고 매번 타박만 하니 일할 맛이 안 나. 정말 힘들다 힘들어.

열린 질문, 긍정 질문으로 신 나게 얘기하는 경우

팀장 : 이번 달 실적은 어떤가?

과장 : 목표 대비 90%에 머물 것 같습니다. 경쟁사가 할인 행사를 해서 타격이 컸습니다. 다음 달에 매출 초과 달성을 하려고 여러 가지 작전을

짜고 있습니다.

팀장 : 어, 그래? 다음 달에 매출 초과 달성을 해보겠다는 거네?

과장 : 네, 다른 브랜드와 제휴 마케팅을 할 계획입니다. 수익률은 좀 떨어질 수 있지만, 매출액을 늘리고 이익 금액을 증가시키려 합니다. 품의서가 준비되는 대로 다시 말씀드리겠습니다.

팀장 : 여러 가지 대안을 마련하고 있구만. 훌륭해. 잘해 보게. 혹시 내가 도울 일 있으면 이야기하게나.

과장 : (인정받아 기분이 좋은 얼굴로) 넵. 감사합니다.

과거가 아닌 미래를 물어라

팀에 문제가 발생하면 원인을 찾느라 분주하다. 현재 안고 있는 문제점이 뭔지, 왜 그런 일이 발생했는지, 누가 잘못한 건지, 책임 소재는 어디인지 등등. 문제가 발생했을 때 나올 수 있는 질문은 뻔하다.

도대체 어떻게 된 건가? 조사해서 보고하게.

왜 이렇게 된 거야?

지금까지 뭐한 건가?

내가 예전부터 조심하라고 했지.

도대체 누가 책임질 거야?

비난, 책임 전가, 힐난이 담긴 질문을 받으면 팀원들은 의기소침해져서 변명이나 방어 논리에 집중하게 된다. 발생한 문제는 이미 과거이다. 문제를 해결하려면 과거보다는 현재와 미래에 집중해야 한다. 그 과정에서 중요한 것이 리더의 질문이다.

지금 당장 우리가 취해야 하는 액션은 뭔가?
이 문제를 해결하기 위한 최우선 과제는 어떤 것인가?
어떻게 해결해 나갈 생각인가?
자네가 최종 의사 결정자라면 어떻게 하겠는가?
또 다른 방법으로 어떤 것이 있을까?
문제를 예방하기 위해 우리가 취할 행동은 뭔가?

이런 질문을 던지면 해결 중심의 답변이 쏟아지게 마련이다. 질문만 잘하면 굳이 문제의 원인을 찾느라 시간을 낭비할 필요가 없다. 해법을 찾는 과정에서 무엇이 문제였는지, 어떤 점을 놓쳤는지 드러나기 때문이다. 그렇기 때문에 리더의 질문은 현재와 미래에 초점을 맞추어야 한다.

질문은 왜 힘이 들까. 애써 질문했는데 팀원이 무덤덤한 반응을 보이면 답답한 마음에 리더의 부연 설명이 이어진다. 질문만 하면 얼굴이 잔뜩 흐려지는 이들, 성의 없는 답변으로 일관하는 이들도 있다. 그런 반응이 반복되면 리더들은 질문을 포기하고 일방적인 지시를 내리고 만다. 해당 업무 경험이 풍부한 리더들은 팀원에게 굳이 질문할 필요성을 느끼지 못한다. 왜냐하면 리더인 내가 모든 대안을 제시할 수 있고, 나만이 최적의 해법을 낼 수 있다는 착각에 빠지기 때문이다.

리더 혼자 바쁜 팀은 결코 좋은 팀이 아니다. '능력 없는 팀원들을 언제 가르쳐 가며 일을 하나, 빨리 결과를 내기 위해서는 팀장인 내가 이끌어 가야 한다'는 생각은 금물이다. 좀 늦게 가더라도 팀원들에게 질문을 하고 답을 기다려야 한다.

팀원에게 질문의 공을 넘겨라

최근 팀원들에게 어떤 질문을 했는가? 리더들은 대개 필요한 정보를 얻기 위해 질문한다. 리더가 듣고자 하는 답이 명확할수록 팀원들은 파상적으로 대답하게 된다.

"왜 늦었나?"

"실적이 왜 이렇죠?"

"그런 방법으로 되겠어?"

"이런 방법이 좋지 않을까?"

"왜 보고서가 이 모양이지?"

리더 중심의 질문을 던지면 팀원들은 잠재 자원을 이끌어 내고자 노력하기보다는 "네, 아니오, 죄송합니다."만 되풀이하게 된다.

춤을 추듯 신 나는 질문은 어떤 것일까. 비결은 질문의 공을 팀원에게 확실히 넘겨 주는 것이다. 질문의 공을 받은 팀원은 그 공을 다시 리더에게 넘겨 주기 위해 더 성의 있는 답변을 생각하게 된다. 팀원 중심의 질문을 하면 팀원이 마음으로 해법을 얘기한다.

왜 늦었나? ⇨ 집에 무슨 일 있나?

실적이 왜 이렇죠? ⇨ 이번 달 실적은 어떤가?

그런 방법으로 되겠어? ⇨ 또 다른 방법으로 어떤 것이 있을까?

이런 방법이 좋지 않을까? ⇨ 팀워크 향상을 위해 어떻게 하면 좋겠나?

왜 보고서가 이 모양이지? ⇨ 이 보고서를 다르게 작성한다면 어떻게 하는 게 좋을까?

이렇듯 생각을 자극하는 질문을 하고 생각할 수 있는 시간을 주어야 한다. 조금만 여유를 갖고 기다리면 팀원은 현명한 답변을 선사한다.

내가 한 질문이 얼마나 강력한지 확인할 수 있는 방법은 질문을 받은 팀원이 얼마나 신바람나게 대답하는지를 보면 알 수 있다.

좋은 질문은 나도, 팀원도 성장시킨다

세계은행 김용 총재는 아버지로부터 종종 "너는 커서 어떤 일을 하고 싶니?"라는 질문을 받았다. 또한 어머니로부터 "너는 누구냐?"라는 질문을 수없이 받았다. 오프라 윈프리도 아버지로부터 "너는 어떤 사람이 되고 싶냐?"는 질문을 받고 인생 지도를 새롭게 그리게 되었다.

김용 총재와 오프라 윈프리의 부모는 질문을 던지고 자녀에게 답을 재촉하지 않았다. 그 질문들이 자녀를 세계적인 리더로 만들었다. 질문이 엄청난 자극제가 되었고, 스스로 답을 하면서 삶을 디자인했던 것이다.

팀원에게 의미 있는 질문을 던지는 리더가 되자. 대부분의 리더는 회의나 워크숍을 빨리빨리 진행한다. 그렇게 되면 해법도 늘 비슷하게 나온다.

어떻게 극복할 것인가? 진심을 담은 질문을 던져 보라. 문제 해결을 위한 질문을 반복해서 하게 되면 팀원은 그동안 저 밑에 꽁꽁 잠가 두었던 생각들을 술술 풀어내게 된다.

보통 질문을 받으면 답을 해야 한다. "영어를 잘하기 위해 어떻게 하면 좋을까?" 하는 질문을 던졌다고 하자. "영어 학원에 다닙니다. CNN을 들어보죠. 영어 단어를 하루에 50개씩 외울게요. 원어민 교사와 대화를 시도합니다. 영화를 자막 없이 봅니다." 등의 답변이 나오기 마련이다. 문제는 실행을 하지 않는다는 점이다. 답변을 여기까지 듣고 멈추면 안 된다.

"또 뭐가 있을까? What else?"

"지금까지 시도해 보지 않은 것 중에 할 수 있는 게 뭐가 있을까?"

"주변에 영어로 성공한 사람이 한 경험 중에 가져올 게 뭐가 있는가?"

"아무런 제약이 없다면 해보고 싶은 것은 뭔가?"

"진짜 마지막으로 한 가지 더 생각해 본다면 뭐가 있을까?"

꼬리에 꼬리를 무는 질문을 자꾸만 던지면 팀원들은 기발한 답변을 계속 내놓는다. 답변을 들으면서 팀원을 계속 자극하는 것이 관건이다. 뒤로 가면 갈수록 생각지도 못했던 아이디어가 줄줄이 나온다.

코칭을 할 때 "신기하네. 김코치랑 앉아서 이야기를 하다 보면 나도 모르게 내 얘기를 마구 풀어놓게 된단 말이야. 무슨 마술 피리처럼." 하고 말하는 이들이 있다. 그러면서 "근데 우리 팀원들은 내가 아무리 질문을 해도 답을 하지 않아. 혼자 질문하고 기다리다 답을 안 하면 내가 정리해 버려."라며 답답해한다. 이내 "김코치처럼 질문을 계속 이어서 잘해 봐야겠어요. 내가 너무 단정적인 질문을 하고 기다리지 않았던 게 깨달아지네요."라며 스스로 성찰하곤 한다.

팀원은 무한한 가능성과 해답을 가지고 있다. 팀원이 답변을 찾을 수 있도록 창의성을 자극해 보자. 최근에 어떤 질문을 했는지 한번 적어 보라. 그 질문을 자신에게 던져 보자. 그 질문에서 어떤 것을 빼고 어떤 것을 넣어야 할지 성찰하다 보면 격조 높은 질문을 개발해 낼 수 있다. 좋은 질문은 나도, 팀원도 성장시킨다.

영감을 심어 주는 Why

가끔은 많은 생각을 불러일으키는 근원적인 질문을 던져 보라. 예를 들면 이런 질문들이다.

"당신에게 이 회사는 어떤 의미인가?"

"지금 당신 삶에서 가장 중요한 것은 무엇인가?"

"당신에게 가족은 어떤 의미인가?"

"이 프로젝트가 성공하면 회사엔 어떤 영향이 오겠는가?"

"당신은 어떤 사람인가?"

"당신은 어떤 사람으로 남고 싶나?"

"당신 삶에서 주된 가치관은 무엇인가?"

정말 중요한 질문은 '왜'이다. 마이크로소프트, 인텔, 미국 의회 등 다양한 기업과 정부 기관에서 강의를 하는 사이먼 사이넥은 거침없고 열정적인 테드TED 동영상 강의로 유명하다. 그는 『나는 왜 이 일을 하는가?』라는 베스트셀러에서 "리더는 팀원들에게 '무엇what', '어떻게how'를 강조하기에 앞서 '왜why'를 통해 가슴을 뛰게 하고 영감을 심어 주어야 한다."고 강조한다.

아울러 "피 튀기는 경쟁 상황에서 무엇을 해야 할까?"라고 묻는 대신 "애초에 우리는 왜 이 일을 시작했는가? 오늘날의 기술 변화와 시장 상황을 고려할 때 우리가 추구하는 목적과 대의가 진정 빛을 발하도록 하려면 무엇을 어떻게 해야 하는가?"를 물으라고 권한다.

why는 어조에 따라서 의미가 완전히 반대로 전달될 수 있다. 추궁하듯이 물으면 팀원은 경직되면서 말문을 닫고, 변명 모드로 바뀌게 된다. 최대한 부드러운 어조로 "그게 어떤 의미일까?", "왜 그런 거죠?"라고 물어야 내면의 깊은 이야기를 이끌어 낼 수 있다.

리더는 팀원들에겐 영향력을 미치는 사람이 되어야 한다. 질문이 리더의 영향력을 키운다. 의미를 묻는 질문만으로 강력한 솔루션들을 만들어 낼 수 있다.

온전히 믿어야 질문이 나온다

사원으로 입사한 지 25년 만에 총괄 사장이 된 중견 화장품 업체 CEO는 팀원들에게 질문을 하면 아무런 반응이 없다는 고민을 토로했다.

"코치님이 제게 질문을 하면 대답이 술술 나오는데, 제가 팀원들에게 질문하면 왜 묵묵부답일까요?"

그에게 어떤 질문을 했는지 물어보았다.

"말만하고 실행이 안 되는데 뭐가 문제냐? 지난번 회의 때도 같은 이슈를 얘기했는데 왜 진전이 없냐? 뭔가 성과를 내려면 실행이 우선인데 왜 실행이 안 되는가?"

이렇게 묻는 CEO에게 팀원들을 얼마나 믿는지 다시 물어보았다.

"50% 정도입니다. 뭘 물어도 답이 안 나오니 답답해요."

나는 그에게 팀원들은 리더가 믿어 주는 만큼만 마음을 연다고 말했다. 50%만 믿는 CEO에게 팀원들도 50%만큼만 마음을 연 것이다.

"리더가 믿는 만큼 팀원들도 자신의 가능성을 풀어놓습니다. 팀원들은 리더의 신뢰 지수를 금방 알아차리죠. 질문의 유형에 따라 상대방의 마음이 열리기도 하고 완전히 닫히기도 합니다. 온전히 믿어 주는 마음, 마음을 열고 소통하는 것이 중요해요. 일단 팀원들이 무한한 가능성을 갖고 있다는 믿음부터 키우면 좋겠습니다."

그 CEO에게 당부한 말이다.

리더십을 발휘하는 데 꼭 필요한 질문들

질문을 받아 보지 못한 기성세대들은 아무리 강조를 해도 상대방을 위한 질문을 어려워한다. 상대방을 춤추게 하는 질문, 리더십을 발휘하는 데 필요한 질문을 소개한다. 이 질문들은 상대방을 진심으로 알고자 하는 마음을 담은 질문들이다. 현장에서 한 번 사용해 보면, 질문 하나로 신 나게 말하게 하는 순간들을 만나게 될 것이다.

리더들에게 유용한 질문

1. 삶에서 자부심을 느낀 순간은 언제인가요?

2. 회사에서 성공 경험이 있다면 어떤 것인가요?

3. 그러한 일을 해낼 때 어떤 역량이 발휘되었나요?

4. 아직도 발휘되지 않은 강점이 있다면 뭔가요?

5. 회사는 당신에게 어떤 의미입니까?

6. 궁극적으로 이루고 싶은 것(비전)은 무엇입니까?

7. 지금 무엇에 집중하고 싶습니까?

8. 어떤 평판을 듣고 싶습니까?

9. 일을 좀 더 즐기려면 어떤 것이 필요합니까?

10. 지금 누구의 피드백이 필요합니까?

11. 당신이 즐길 수 있는 일은 무엇입니까?

12. 아무런 제약이 없다면 성과를 내기 위해 무엇을 시도하고 싶나요?

13. 당신의 롤모델은 누굽니까? 어떤 점을 닮고 싶나요?

14. 그 롤모델처럼 성공적인 삶을 살게 된다면 당신 삶에는 어떤 변화
    가 올까요?

15. 후배들에게 어떤 리더로 기억되고 싶나요?

16. 이기는 팀을 만들기 위해 필요한 것은 무엇일까요?

17. 당신의 브랜드 가치는 얼마일까요?

18. 이 회사가 당신을 놓치면 안 되는 이유는 뭘까요?

19. 당신의 브랜드 가치를 높이기 위해 무엇을 해야 할까요?

20. 당신은 어떤 리더인가요?

21. 리더십은 뭐라고 생각하십니까?

22. 당신의 리더십은 100점 만점에 몇 점입니까?

23. 어떤 변화를 시도하고 싶나요?

강점 찾기 코칭 질문

1. (　　)님의 삶에서 가장 뿌듯했던 순간은 언제인가요?

2. (　　)님의 강점 3가지를 말해 주세요.

3. 회사는 (　　)님에게 어떤 의미입니까?

4. 후배들에게 어떤 사람으로 기억되고 싶나요?

5. (　　)님의 삶에서 가장 중요한 한 가지는 무엇인가요?

6. 10년 후 당신은 무엇을 하고 있을까요?

7. 그 모습을 이루기 위해 지금부터 준비할 것은 뭘까요?

    (또 뭐가 있을까요? 5~10번)

8. 오늘부터 당장 실행에 옮기고 싶은 것은 무엇입니까?

9. 내화를 나누면서 어떤 느낌이 들었습니까?

인생 전반에 대한 코칭 질문

1. 지금까지 (   )님의 삶을 색깔로 표현하면 무슨 색깔이며 어떤 의미인가요?

2. 인생의 10대 뉴스를 정리해 보세요?

3. 최근 특별히 감사할 만한 일이 있었나요? 있었다면 어떤 건가요?

4. 올해 당신은 어떤 사람이 되고 싶나요? (은유 기법, 스토리텔링)

5. 그런 삶을 위해 중점적으로 해야 할 것은 무엇인가요? (5가지 이상)

6. 그 중에서 최우선적으로 해야 할 것은 무엇입니까?

7. 당신이 원하는 것을 다 이루면 어떤 기분이 들까요?

8. 오늘부터 어떤 일을 실행할 건가요? 방해 요소는 없나요?

9. 대화를 나누면서 어떤 느낌이 들었나요?

5. 맞춤형 소통, *CUSTOMIZ-ing*

불통이 우리 사회의 문제로 대두되고 있다. 기업에서는 세대 간 불통에다 이성 간 불통까지 겹쳐 골머리를 앓고 있다. 남성 리더들은 여성 팀원들과 원만한 관계를 유지하기가 어렵다고들 한다. 거기에 하나 더, 리더들은 신세대들과의 소통도 어려워한다.

"팀원과 이야기할 때 혹시 실수할까 봐 긴장된다. 요즘 팀원들은 아니다 싶으면 또박또박 반박한다. 그러면 식은땀이 난다. 성희롱이나 불쾌감을 느꼈다고 할까 봐 직접적인 대화를 하기가 겁난다. 최소한의 지시 사항만 전달하고 피하는 게 상책이다. 어떻게 대해야 할지 모르겠다. 감정 기복이 심한 팀원들을 다루는 일도 쉽지 않다. 아무런 반응이 없는 데다 자기만 아는 신세대들은 도무지 종잡을 수가 없다."

리더들의 고민은 끝이 없다. 여성 팀원이 빠른 속도로 늘어나고, 매년 신세대들이 밀려들고 있다. 이제 리더들의 소통 전략도 달라져야 한다.

성격 유형부터 파악하라

2012년 초, ㈜티앤티인재개발원 오미라 원장이 개발한 GPA 도형 심리 검사를 접했다. 한국인을 대상으로 과학적이고 객관적으로 검증한 검사 도구이다. 기질을 바탕으로 한 성격 유형 분류와 비지니아 사디어의 의사 소통 모델, 핵심 정서들을 기반으로 한 객관적 문항 검사와 투사적 그림 검사가 혼합된 것이다. 자세한 진단을 원하면 http://www.tnthrd.com의 온라인 검사 또는 '힐링 도형 심리' 앱을 이용하면 된다.

다음에 나오는 '도형 성격 유형 검사표'를 이용하여 간단하게 진단할 수 있다. 리더들이 팀원들을 객관적으로 파악하는 데 도움이 된다. 성향을 파악하면 팀원들과 대화의 물꼬를 트기가 훨씬 쉬워질 것이다.

각 문항의 형용사를 보고 나는 어느 정도 수준인지 생각한 다음 숫자를 표시한다. 스스로가 보는 나를 표시하면 된다. 1, 2, 3, 4 중에서 숫자가 가장 큰 것이 나의 대표적인 유형이다. 1은 동그라미, 2는 세모, 3은 네모, 4는 S유형이다. 네 개 도형 유형별로 특성을 살펴보자.

동그라미는 분위기 메이커다. 말이 많고 유쾌하며 낙천적이어서 걱정이 별로 없다. 사람들과의 관계를 즐기는 스타일로 주변에 사람이 많다. 긍정적이고 수용적인 반면 일을 할 때 용두사미의 단점이 있다.

세모는 모양대로 뾰족한 사람들로 강한 카리스마와 리더십이 돋보인다. 일을 매우 즐겨 목표를 점점 더 높이 세우고 성취해 나가며 자신감이 넘친다. 맡겨진 일은 반드시 성과를 낸다. 반면 자기주장을 직설적으로 표현하여 공로를 수포로 돌아가게 하기도 한다. 자신감이 지나치고, 직격탄을 날려 상대방을 불편하게 만드는 경우도 있다. 겸손과 느림을 키워야 한다.

네모는 역사 의식이 강하고 삶의 규준이 명확하다. 자신이 만들어 놓은 룰 박스를 즐기며 절대 불평을 말하지 않는다. 인내와 끈기가 넘

1	긍정적인		2	리더십이 있는	
	배려심이 많은			열정이 많은	
	밝고 경쾌한			자신감 넘치는	
	공감해 주는			추진력 있는	
	정이 많은			카리스마 넘치는	
	즐거운			경쟁을 즐기는	
	사람을 좋아하는			주도성이 강한	
	사교적인			비전이 명확한	
	이해심이 많은			전략적인	
	매사 만족하는			적극적인	
	분위기를 좋게 하는			강한 인상의	
	서로 돕는			성과를 만드는	
	합계			합계	

3	철저한		4	상상력이 풍부한	
	겸손한			독특한 것을 좋아하는	
	근면 성실한			감수성이 높은	
	내성적인			예술 감각이 있는	
	인내심이 있는			자유로운	
	소극적인			창조적인	
	규칙을 잘 지키는			다재다능한	
	디테일한			혼자 즐기는	
	말이 없는			감정 기복이 있는	
	결정을 미루는			우울한	
	지식이 풍부한			호기심이 많은	
	보수적인			구속받지 않는	
	합계			합계	

* 5점 매우 그렇다, 4점 그렇다, 3점 보통이다, 2점 그렇지 않다, 1점 전혀 그렇지 않다.
* 본 진단지는 지오피아코리아 도형 심리 유형 검사 진단지를 활용하여 재구성한 것이다.

치는 대기만성형이다. 디테일에 강하고 사람들과의 관계에서 갈등을 피하는 성향이다. 지적 호기심이 매우 강하다. 봉사하고 기여하는 걸 좋아한다. 자신감이 없고, 자기 주장을 표출하지 못하는 단점이 있다. 리더의 관심이 필요한 유형이다. 자꾸 의견을 물어보고 크고 작은 회의를 주관하게 하면 역량을 분출할 수 있다.

S는 자유로운 영혼이다. 어디에 얽매이는 것을 거부하고 자신만의 세계를 즐긴다. 신념과 가치관이 뚜렷하고 창의적이며 기획적이다. 사색을 즐기는 스타일로 감정이 예민하여 우울 기질이 강하다. 예술 활동에 맞는 사람들이다. 세상과 소통을 해야 더 재미있게 살 수 있다. 요즘 청소년들의 70% 이상이 S유형이라고 한다.

도형 성격 유형 검사 후 나의 행동 특성에 대해 듣는데 소름이 돋았다. 마치 내 속에 들어왔다가 나온 것처럼 나를 정확히 표현해 주었다. 내 마음을 들킨 것 같은 기분이었다. 나는 목표 지향적이고 강한 카리스마를 가진 세모 유형이다. 정확도가 대단히 높았다.

전형적인 세모 유형인 나는 회사에 다닐 때 좋은 성과도 냈지만, 많은 사람들에게 상처도 주었다. 남녀의 차이, 개인의 차이를 감안하지 않고, 나의 삼각형 기질을 내뿜었던 것이다. 뾰족한 삼각형으로 좌충우돌하며 달리다가 어느 순간 리더십에 대해 깊이 고민해 봤다. 직위가 높아지면서 책임감이 커지자 스스로 돌아본 것이다. 스스로 '각角을 깎아야 더 커질 수 있다'는 걸 깨달았다. 그때까지 가정과 회사, 사회에서 내 방식대로 일을 빨리빨리 처리하는 데 익숙해져 있었다. '신속'이 최고의 미덕이었다. 아침 식사를 급히 준비하여 아이들을 등교시키고, 남편 밥 챙겨 주고 운동까지 했다. 회사 일을 바쁘게 하면서 끊임없이 공부를 계속했다. 아이들 학교를 방문하여 선생님도 만나고 밤늦게 돌아와서 집안 살림도 완벽하게 하고자 했다.

그 시절을 돌아보면 어떻게 그 많은 일을 했는지 이해가 가지 않을 정도다. 성격도 급하지만 허점을 보이면 안 된다고 생각하여 나를 몰아쳤다. 당시에 나의 성격 유형을 알았다면 좀 더 여유를 찾고자 노력하고 뾰족함을 완화하고자 노력했을 것이다.

맞춤형 소통이 정답이다

소통 교육을 요청하는 교육 담당자들에게 많이 듣는 말이 있다.

"그동안 소통 강의를 많이 받았다. 그래도 여전히 조직내 소통이 원활하지 않아 또다시 진행하기로 했다. 기업에서 오래 일한 분이어서 기대가 크다. 정말 잘 부탁한다."

많은 노력을 기울이는 데 왜 소통이 되지 않는 걸까. 가정이든 회사든 소통을 하고 싶다면 상대를 파악해야 한다. 내가 무슨 말을 할 것인지, 어떤 과제를 줄 것인지 생각하기에 앞서 팀원의 성향을 파악하는 게 우선이다. 내향적인지, 외향적인지, 업무 추진 스타일은 어떤지, 소극적인지, 앞서 나가는 스타일인지 등등 미리 알아 두면 소통이 쉬워진다.

팀원을 잘 모르는 상태에서 지시를 하면 마음을 열기가 쉽지 않다. 더구나 팀원이 리더에게 부담을 느끼면 업무 효율은 올라갈 리 만무하다. 부담을 느끼는 순간 '내적 진도'는 제자리걸음을 걷는다.

N증권회사 지점에서 워크숍을 진행했다. 15명의 팀원이 격의 없이 대화를 나누는 유쾌한 조직이었다. 오프닝을 하고 '다름을 인정하는

	특성(장점과 단점)	맞춤형 소통의 포인트
동그라미	-말이 많다. -일에 대한 걱정이 없다. -매사 긍정적, 분위기 메이커다. -감성적이고 현실주의적이다. -용두사미로 시작은 창대하나 마무리가 부족할 수 있다.	-같이 호응을 해주되, 장황하게 말하는 것을 정리해서 다시 확인해 주는 작업이 필요하다. -업무 지시 후, 중간중간 일정 관리를 해야 한다. -발언을 할 때 시간을 정해 줘야 한다. -핵심 키워드를 중간중간 묻는다. -세일즈 마케팅 등의 업무를 준다.
세모	-천상천하 유아독존이다. -리더십, 추진력, 목표 의식이 강하다. -일을 위해 태어난 사람들이다. 자나 깨나 일만 생각한다. -어디서나 리더가 되고자 한다. -상대를 압도한다.	-상대가 장황하게 말하는 걸 못 견뎌한다. -일할 때 간섭을 많이 하거나 디테일하게 지시하는 걸 싫어한다. -핵심 중심으로 말하고, 인정해 준다. -자존심을 건드리는 발언은 지양한다. -타인에 대한 배려를 강조한다.
네모	-말이 없다. -매사 참고 인내하고 배려한다. -디테일하고 꼼꼼하다. -신뢰의 표상이다 -대기만성형이다. -자신감이 없다 -우유부단한 이미지다.	-주도성을 발휘할 수 있는 기회를 자주 주어야 한다(회의 주재, 워크숍 진행 등). -자발적으로 의견을 내놓지 않기 때문에 수시로 의견을 물어야 한다. -자신감을 키울 수 있도록 돕는다.
S	-자유로운 영혼이다. -신념이 강하고 독특하다 -다재다능한 예술가형이다 -창의적이고 독특하다. -우울 기질이 있다.	-가급적 물음표를 사용한다. -창의적이고 독창적인 업무를 준다. -예술적 활동으로 자신의 끼를 발산하도록 한다. -개인적인 삶을 존중한다.

힘'이라는 주제로 도형 성격 유형 검사를 진행했다. 동그라미 6명, 세모 2명, 네모 4명, S 3명으로 나타났다. 각 유형별로 모여 자신들의 특성이나 언행, 좋아하는 것, 싫어하는 것 등을 토론하면서 정리하게 했다. 참석자들이 "이제야 이런 진단을 접하다니, 아쉽다. 미리 알았으면 애들 교육에 무척 도움이 되었을 것 같다. 실제 내가 알고 있던 성향과 다른 사람이 많다. 서로 이해하는 시간이 되었다. 왜 다름을 알아야 하는지, 왜 맞춤형 소통을 해야 하는지 깨닫게 되었다."며 좋아했다.

맞춤형 소통을 하려면 각 유형별 특성과 장단점을 먼저 파악하는 게 좋다. 장점은 더 강화하되, 단점을 개선할 수 있도록 지도해야 한다.

서로의 성격 유형을 알고 나서 팀워크를 다지는 워크숍을 하면 분위기가 확 달라진다. 상대방에게 먹히는 소통의 지혜를 파악했기 때문이다.

"세모인 상사에게 많은 오해가 있었는데, 성향이 그렇다니까 다소 안심이 된다."

"내가 그런 사람인지 몰랐다. 같이 일하는 사람들을 이해하게 되었다."

"스타일이 다른 데에서 오는 불편과 오해가 해소되었다."

"팀 분위기가 좋아지고 가족 관계도 개선할 수 있을 것 같다."

"팀원이나 아내, 자녀들의 성향을 알고 나니 속이 시원하다."

"상대방 성향을 알았으니 앞으로 맞춤형 소통을 해야겠다."

진솔한 얘기가 쏟아졌다.

워크숍이 끝나고 돌아간 뒤 회사에서도 서로를 배려하며 소통을 잘하고 있다는 소식을 알려 오곤 한다.

"난 동그라미니까 복잡하고 체계적인 업무는 사양합니다. 즐거운 일을 주세요."

"난 세모, 성과를 만들어 내는 보직을 주세요. 뭐든 성과를 낼 수 있어요."

"난 네모, 일하는데 꼼꼼함이 빠지면 멘붕이 옵니다. 일단 믿고 기다려 주세요."

"난 S, 제 삶도 중요해요. 업무 외 시간엔 저를 속박하지 말아 주세요."

서로를 잘 이해하고 있기에 가능한 대화이다. 수용하고 이해하면 소통은 저절로 된다. 지피지기면 백전불태知彼知己百戰不殆, 상대를 알고 나를 알면 백 번 싸워도 승리할 수 있다. 상대와 나의 약점과 강점을 확실히 알면 반드시 좋은 결과가 나온다.

다름을 인정하라

여성 신입 사원도 늘어나고 임원으로 승진하는 여성도 점차 많아지다 보니 자연히 남성 중심으로 돌아가던 조직 구조에서 이성에 대한 소통이 문제로 대두되고 있다. 남성과 여성은 분명히 다르다. 그 차이를 잘 알아야 소통을 잘할 수 있다. 뿐만 아니라 여성 팀원의 힘을 잘 활용해야 능력 있는 리더로 거듭날 수 있다.

남성과 여성의 차이를 제대로 아는 것부터 시작하자. 일단 남성에 비해 여성은 언어 능력이 발달했다. 사용하는 단어 숫자 자체가 크게 차이난다. 하루에 남성은 1만 개, 여성은 3만 개의 단어를 사용한다. 인사하는 방식도 다르다. 남자는 무뚝뚝하고 무미건조하게 인사한다면 여성들은 다정하고 구체적인 단어를 사용한다. "오늘 얼굴이 아주 밝네? 넥타이가 세련되었어요. 헤어 스타일이 참신한데요. 양복 색깔이 가을 날씨와 잘 어울려요."라고 콕 집어 얘기한다. 칭찬을 곁들여 친절하게 인사를 건네는 여성에게 남성들은 어색한 미소만 짓는다. 그러면 더 이상 대화가 이어지지 않는다. 여성은 남성, 남성은 여성의 입장이나 성향을 고려하면서 적극적으로 대화에 나서야 한다.

남성과 여성은 보고 방식과 커뮤니케이션 방식에서도 크게 차이가 난다. 남자와 여자는 뇌 구조나 활동 범위가 달라 대화 방식이 다를 수밖에 없다. 남성은 결론부터 말한 뒤 간단하게 끝낸다. "결론이 뭐냐? 핵심만 말해. 그래서?"라고 다그치는 소리를 들으면 여성은 패닉에 빠진다. 리더의 다그침에 대화의 핵심을 놓치기도 한다.

관계 지향 성향이 강한 여성들은 단도직입적으로 결론부터 말하는 것에 부담을 느낀다. 여성들은 대개 기승전결을 맞춰 가며 장황하게 풀어 낸다. 또한 감정을 공유하면서 경청해 주길 원한다. 남성은 여성의 장황한 표현을 지루해하고 난감해한다. 여성들은 남성들의 간단한 결론만 들으면 과정을 궁금해한다.

아래 답변만 봐도 남성과 여성이 얼마나 다른지 확연히 느낄 수 있을 것이다. 커리어우먼을 대상으로 '리더에게 하고 싶은 말이 무엇인가?' 물어봤을 때 공통적으로 나온 답변이다.

"나의 업무 성과를 인정해 주고 지지해 달라. 업무 피드백을 구체적으로 해 달라. 여자라는 이유로 눈치 주지 마라. 남성 팀원만 챙기는 게 불만이다. 리더의 권위 의식 때문에 부서 분위기가 엄숙하고 숨이 막힌다. 나를 불편해하는 것 같다. 마음이 매우 답답하다. 회사 가는 것이 즐겁지 않다. 어디서부터 매듭을 풀어야 하나 생각하면 마음이 복잡해진다. 위킹맘의 입장을 조금 배려해 주었으면 한다."

남성들은 동료 여성들에게 이런 말을 하고 싶어 한다.

"조직적으로 일을 했으면 좋겠다. 어디로 가는지 모르고 주는 일만 하니까 답답하다. 감정 기복이 심하다. 최종 의사 결정자와 대화를 안 해서 답답하다."

CJ에서 경영지원실장으로 일할 때 대표이사에게 직접 보고할 일이 많았다. 나는 기승전결을 장황하게 늘어놓으며 보고하는 스타일이었다. 대표이사는 몇 차례 인내를 갖고 나의 보고를 들었다. 보고할 때마다 계속 장황하게 늘어놓자 대표이사가 더 이상 안 되겠다고 생각했는지 백 트레킹 기법으로 내 얘기를 정리해서 물어봐 주었다.

"지금 얘기하는 게 이렇다는 거지? 그래서 핵심이 뭐야? 내가 의사 결정 하는 데 정말 중요한 포인트는 뭐야? 결론은 뭐지?"

그런 질문에 답하다 보니 보고를 할 때 어디에 초점을 두어야 할지 저절로 깨닫게 되었다. 참 고맙고 감사한 리더이다. "간단하게 말해. 결론이 뭔데?"라고 말하며 다그쳤다면 주눅이 들었을 것이다. 대표이사의 질문을 되짚어 보면서 점점 더 체계적인 보고를 할 수 있게 되었다.

리더의 반응과 질문은 팀원을 성장시키기도 하지만 퇴보시키기도 한다. 과정은 생략하고 결론만 들으려는 조급증, 내가 모든 것을 다 알고 있다는 생각, 저 친구는 역량이 부족해, 이런 선입견만 버려도 팀원들이 달리 보인다. 확실한 소통을 하고 싶다면, 팀원들의 성격 유형에 맞추는 배려심을 발휘해 보자. '다름'을 인정하는 것은 타인을 이해하고 수용하는 지혜의 첫걸음이다.

소통의 책임을 리더에게만 묻지 말라

임원이나 고위 간부들에게 소통 강의를 할 때 "팀원을 이해하라, 다름을 인정하라, 신세대들은 다르다, 리더들이 먼저 이해하고 먼저 다가가라."는 얘기를 자주 한다. 쌍방이 노력해야 소통이 가능하다. 리더가 아무리 노력해도 팀원들이 튕겨 나가면 효과가 없다. 결국 책임은 리더들에게 돌아온다. 조직 문화 점수나 리더십 다면 진단 결과에서 여실히 느낄 수 있다.

2016년에 모 그룹 신입 사원 대상으로 인터넷 소통 강의를 할 때 함께 노력해야 한다는 것을 특히 강조했다. 그 내용의 일부를 소개한다.

"조직에서 성공한 사람들은 '남다름'이 있다. 그 '남다름'의 핵심은 소통이다. 가족, 기업, 사회, 어디서든 소통이 중요성하다. 여러분은 신인류라고 할 정도로 기성 세대와 코드가 크게 다르다. 때문에 리더나 선배들과의 소통이 쉽지 않을 것이다. 신입 사원의 30%가 조직 부적응과 소통 부재 문제 때문에 일 년 안에 퇴사한다는 통계가 있다. 어렵게 입사한 회사에 적응하기 위해 신입 사원들은 소통을 위한 노력을 해야 한다. 행복한 조직 생활의 출발점은 소통이다. 그리고 그 소통은 남이 아닌 내가 먼저 시도해야 한다. 소통을 위해 어떤 노력이 필요한지 생각해 보자.

첫째, 표준어와 회사 언어를 익혀라.

신세대들은 신조어를 많이 사용한다. 기성세대가 이해하지 못하는 정체불명의 단어들이 날마다 등장하고 있다. 자녀들과 문자를 주고받을 때 'ㅎㅎ', 'ㅋㅋ', '헐~'을 사용하다가 깜짝 놀라곤 한다. 하지만 그 이상은 구사하기 힘들다.

신세대들은 신조어 사용에 불편함이 없을 것이다. 하지만 회사는 다르다. 조직에서는 표준어를 사용해야 한다. 회사에서의 표준어란 보고서 작성이나 회의 때 사용하는 언어, 업무와 관련한 전문 용어라고 할 수 있다. 업무상 자주 쓰는 영문 약자나 축약어도 익혀야 하고, 한자를 정확히 알고 사용해야 한다. 또한 회사에서는 비정형화된 언어 사용은 지양해야 한다.

리더와 선배들의 언어 습관을 유심히 살피고, 보고서를 읽으면서 사회인으로서 품격에 맞는 비즈니스 언어를 사용하라.

둘째, 경청, 되묻기로 확인하라.

패러프레이징paraphrasing이나 백트레킹backtracking을 습관화하라. 상대방이 한 이야기를 간결하게 정리해서 들려주면서 확인하는 것은 조직 생활에서 꼭 필요한 대화술이다. 같은 공간에서 같은 언어로 회의를 해도 우리는 서로 다르게 이해한다. 왜 그럴까? 내 마음대로 듣고 해석하고 이해하고 넘어가기 때문이다.

대개의 경우 회의나 대화를 할 때 노트에 필기하느라 바쁘다. 들으면서 키워드만 메모하는 습관은 중요하지만, 필기하느라 고개를 아래로 향하고 있으면 많은 것을 놓칠 수 있다. 리더나 선배가 하는 말을 귀담아 듣고, 중요한 말을 한 줄로 정리하여 되묻는 것이 최고의 경청이다.

들은 것을 간결하게 정리하여 확인하면 소통이 잘될 뿐만 아니라 다른 이득도 있다. 경청을 제대로 한 신입 사원에 대한 신뢰가 높아진다. 무엇보다도 질문하는 과정에서 잘못 들은 것을 교정할 수도 있다. 그 과정에서 리더로부터 추가적인 아이디어나 해결 방법을 얻을 수 있다.

업무 지시를 받을 때도 마찬가지다. 언제까지, 어떻게 해야 하는지를 꼭 확인해야 한다. 그래야만 실수가 없다. 소통은 노력에 비례한다. 잘 듣고, 질문하고, 대화하면서, 핵심 내용을 확인하는 경청을 하라.

셋째, 질문으로 두드려라.

질문은 어떤 때 하는가? 상대방에게 답을 얻을 수 있다는 확신이 있을 때이다. 후배가 질문을 하면 리더와 선배는 흐뭇하게 생각한다. 자신을 존경하고 신뢰한다는 뜻으로 받아들이기 때문이다. 질문은 매직이다. 답을 찾는 건 기본이고 소통의 물꼬를 트는 활력소다. 내가 CJ에서 차장으로 일할 때 우리 부서에 신입 사원 두 명이 들어왔다. A는 지시를 내리면 귀찮을 정도로 질문을 했다. 확인에 확인을 거듭하며 업무를 진행했다. B는 누구와도 의논하지 않고 혼자 일을 틀어쥐고 있다가 전혀 엉뚱한 결과물을 내놓곤 했다. 어떤 사원이 더 바람직할까?

'월간 실적 분석 보고서'를 작성하라는 지시를 받았다고 하자. 실적을 분석하고 문제점 분석까지 했는데, 대안을 못 찾았을 때 어떻게 해야 할까. 혼자서 끙끙 앓기보다 선배에게 도움을 요청하라. 선배들은 그간의 경험에서 찾은 지혜를 후배에게 전수해 주며 격려를 해준다.

100% 완벽을 기하느라 일주일 허비하는 것보다는 80% 정도에서 지혜를 모아 보는 센스를 발휘하라. 리더들이 챙기기 전에 자청해서 피드백을 받고, 아이디어를 얻는 것이야말로 신세대의 센스 있는 자세이다. 이런 현명한 판단은 조직의 생산성과도 연계된다. 주변의 자원을

잘 활용하는 것이야말로 최상의 경쟁력이다.

넷째, 응답하라.

입사하면 다양한 커뮤니케이션 기회가 온다. 회의에 참석하고, 리더에게 보고하고, 다른 부서에서 온 전화를 받고, 업무 이메일과 메시지를 주고받기도 한다. 이런 일을 어떻게 익히는가. 아날로그 커뮤니케이션은 선배들의 지도편달로 쉽게 소화할 수 있다.

문제는 디지털 커뮤니케이션이다. 리더로부터 이메일이나 메시지가 오면 빠른 시간에 답을 해야 한다. 예전에 신입 여직원의 생일을 맞아 '김나리님, 좋은 계절에 태어났네요. 생일 진심으로 축하합니다'라는 메시지를 보냈다. 메시지를 확인하고도 묵묵부답이었다. 답변을 요구하는 내용은 아니지만, 리더의 축하 메시지에 짧게라도 답신하는 것이 예의다. 짧게 '감사합니다'라고만 답을 줬어도 언짢지 않았을 것이다. 이메일을 받았을 때 참조가 아닌 수신으로 받았다면 잘 읽고 거기에 맞는 답변을 꼭 해야 한다. 부재중 전화나 메모를 전달받은 경우 반드시 전화해서 용건을 확인해야 한다. 무응답은 '무례한 팀원, 매사에 의욕이 없는 사원'으로 찍힐 빌미를 제공한다. 인스턴트 메시지도 마찬가지다. 특히 리더의 메시지에는 반드시 응답해야 한다. 사회생활에서 기본 중의 기본이다. 단, 한밤중이나 주말에 날아오는 메시지는 예외다.

뛰어난 인물이 될 사람은 어릴 적부터 남다르다. 어떤 인재로 성장하고 싶은가? 회사에서 무엇을 이루고 싶은가? 10년 후에 어떤 모습으로 일하고 있을까? 자신의 미래를 그려 보라. 어떤 모습이든 그 시작은 소통에 있다. 남다른 소통력을 지닌 멋진 인물로 성장하라.

나는 어떤 유형이고, 주변 사람들은 어떤 유형일까? 도형 분포도를 그려 보자.

가족과 접촉이 많은 사람들 10명을 떠올려서 해당되는 도형 분면에 이름을 써 보자.

그리고 코칭 질문으로 관계 강화를 위한 전략을 짜 보면 좋겠다.

○	△
□	S

관계 강화를 위한 코칭 질문

1. 당신은 어떤 도형 유형인가요?

2. 도형 분포도를 그려 보니, 어떤 느낌이 드나요?

3. 가장 편하고 말이 잘 통하는 사람은 누군가요?

4. 지금 이 순간 특히 마음에 불편함이 남는 유형은 어떤 도형인가요?

5. 구체적으로 불편한 사람이 있나요?

6. 그 사람과 관계가 개선되면, 당신 삶에는 어떤 변화가 예상되나요?

7. 가족들은 어떤 유형이고, (   )님과 많이 다른 가족은 누군가요?

8. 그 가족은 (   )님에 대해 어떻게 느낄까요?

9. 관계 개선을 위해 노력하고 싶은 대상은 누군가요?

10. 어떤 노력을 해보시겠습니까?

11. 방해 요소는 없나요? 어떻게 극복하시겠습니까?

12. 대화를 나누는 동안 어떤 느낌이 들었나요?

3
높은 성과를 올리는 리더십
어떻게 발휘할 것인가?

열/정/온/도/

1. 비전을 공유하고 이끌어라 *Bridge Leadership*

삼성, 현대, SK, LG 등 굴지의 기업이든 중견 기업이든 생산성 관리에 관심이 높다. 특히 회의를 어떻게 하면 효과적으로, 효율적으로 할 수 있는지에 대한 고민이 많다. 나는 리더들에게 '열심히'라는 부사는 지양하고 '잘'이라는 부사를 애용할 것을 권한다. 리더는 오케스트라 지휘자처럼 전체를 조망하면서 시스템과 프로세스를 만들어 가면서 팀 관리를 해야 한다.

CJ 시절 PMProject Manager으로서의 경험과 퇴임 후 다양한 기업 리더들을 대상으로 한 2,200시간의 코칭 경험을 바탕으로 경영 활동에서 생산성을 높여 보자는 생각에서 (ROIC)^2 대화 프로세스를 개발했다. 이는 영업용 투하 자본 수익률 지표인 ROICReturn On Invested Capitals를 모티브로 한 모델이다.

회사에서 하는 다양한 활동, 즉 대화하는 시간, 회의하는 시간, 면담하는 시간은 모두 투자다. 보통 투자비 수익률을 산정할 때, 투자 금액만 감안하는데, 이 생각부터 바꾸어야 한다. 1시간 안에 결론과 실행 과제까지 명확하게 산출하는 회사와 2~3시간 회의를 해도 결론을 못 내고 반복만 하는 회사는 분명 생산성 측면에서 큰 차이가 있다.

리더는 효율적으로 팀을 관리하면서 성과를 내야 한다. 하루 아침에 이루어지는 결과는 없다. 대범함과 세심함의 조화가 필요하나. 조직의 빅 픽처를 제시하여 각자 업무에 대한 내적 동기를 이끌어 내는 비전 공유의 리더십, 비전 달성을 위한 명확한 전략에서의 선택과 집중, 우선순위를 내재화하는 조직 운영 기술, 더하기가 아닌 곱하기 조직을 만들어 내는 협업과 시너지 문화 창출, 조직 생산성을 배가할 수 있는 (ROIC)[2] 회의 진행 기술, 무한한 잠재 가능성을 이끌어 내어 경영 자원으로 활용하는 코칭 리더십 등을 살펴본다.

리더의 브리지 역할

생텍쥐페리는 "당신이 배를 만들고 싶다면 인부들에게 꼼꼼히 일을 지시하는 것보다 저 넓고 끝없는 바다에 대한 동경심을 키워 주라."고 했다. 성과를 만들어 내는 데 있어서 '팀원들이 그 일을 어떻게 바라보고, 얼마만큼 몰입하는가'는 매우 중요한 점이다.

리더는 팀원들에게 '무엇을 어떻게 하라'고 강조하기보다 회사가 그들에게 '어떤 의미를 주는 곳인지, 자기 인생에 어떤 영향을 줄 수 있는 곳인지, 그래서 어떤 역할과 책임을 다해야 하는지'를 스스로 인식하도록 도와야 한다.

리더는 팀을 이끄는 사람이다. 무엇을 가지고 어떻게 리드할 것인가. 당장의 숫자만 챙기는 리더와 명확한 비전을 제시하며 팀원들이 뜨거운 열정을 뿜어 내게 만드는 리더, 어떤 리더가 되고 싶은가.

대부분의 기업은 창업주의 미션, 달성해야 하는 목표를 구체화한 비전, 비전 달성을 위한 전략을 명확히 하고 있다. 리더십 워크숍을 진행하면서 "여러분이 지금 투자자에게 회사의 미션, 비전, 전략을 정리해서 1분간 소개한다고 가정합시다. 수첩이나 홈페이지를 보지 마시고 작성해 주세요."라고 요청하면 대부분 난감한 표정을 짓는다. 평소 알고 있다고 생각했지만, 막상 작성하려면 잘 떠오르지 않는다. 미션과 비전이 회사 홈페이지에만 기록되어 있으면 안 된다. 리더들은 내 언어로 만들어 언제 어디서나 자유자재로 설명할 수 있어야 한다. 팀원들이 보고를 하거나 업무를 할 때 회사의 철학과 목표가 스며들 수 있도록 부단한 소통을 해야 한다.

중소 식품 가공업으로 시작해서 종합 식품 그룹으로 성장하고 있는 모 그룹의 임원 리더십 과정을 진행하면서 경험한 사례다. 어떤 계열사 임원이든 그룹의 미션, 비전, 전략을 명확하게 알고 있었고, 그것을 자신이 몸담고 있는 계열사와 연계를 했다. 비결을 물었더니 최고 경영자가 계속 강조하고 질문하는 과정에서 임원들 모두 중요성과 의미를 알게 되었고, 그 경험을 다시금 아래 조직에 그대로 접목하고 있다고 했다.

리더의 브리지 역할은 정말 중요하다. 브리지 역할을 잘 수행해야 같은 목표 아래 일사불란하게 움직일 수 있다.

회사와 개인의 비전을 연결하라

40~50대 팀장과 임원들에게 "10년 후, 20년 후 무슨 일을 할 것인가?"라고 물으면 "회사 일에 묻혀서 미래를 생각해 볼 시간이 없다. 갑자기

그런 질문을 받으니 머리가 하얘진다. 현재를 열심히 살 뿐이다."라고 답한다. 치열한 경쟁을 뚫고 그 자리에 올라오기까지 온 힘을 다했고, 현재 업무 때문에 앞날은 생각해 볼 겨를이 없는 것이다. 대리나 과장급들에게도 같은 질문을 던지면 대개 "회사에서의 꿈을 말하는 겁니까? 개인적인 꿈을 말하는 겁니까?"라고 되묻는다.

'10년 후 어디에서 무엇을 하고 있을까?' 진지하게 생각해 보자. 회사에서의 성공도 결국 내 인생의 목표를 찾아가는 과정 가운데 하나다. 인생의 목표가 명확하다는 건 '인생의 나침반'을 갖고 사는 일이다. 깊은 산중에서 방향 감각을 잃었을 때 나침반은 생명줄과 다름없다. 인생의 궁극적 목표가 있다면 선택과 집중을 할 수 있고 우선순위도 정할 수 있다. 중요한 건 '사명과 목표'를 명확히 하는 일이다.

리더는 성과를 만들어 내야 하는 사람이다. 그러기 위해 회사의 미션, 비전, 전략을 팀원과 공유하고 팀원 육성과 관리를 잘해 나가야 한다. 단 팀원들이 자발적으로 참여하고 몰입할 수 있도록 해야 한다.

평소 팀원들과 회사의 미션과 비전, 전략과 전술에 대해서 대화를 자주 하는가? 이는 팀원들이 계속 달릴 수 있도록 동기를 부여하는 활동이다.

회사가 어떤 의미인지, 가슴 뿌듯했던 성공은 무엇인지, 어떤 기여를 하고 싶은지 질문하여 팀들을 끊임없이 자극해야 한다. 회사의 미션이나 비전과 동떨어졌거나, 근시안적인 시각이거나, 개개인이 맡은 것에만 집중하면 단기 성과는 내겠지만 지속 가능한 성과를 만들기는 힘들다.

우리 회사의 미션과 비전은 무엇인지?

몸담고 있는 회사는 어떤 의미인지?

업무를 하면서 그 미션과 비전을 어떻게 연계하고 있는지?

이런 질문을 팀원들에게 해보자.

"회사는 나의 존재 이유다. 우리 가정을 유지시켜 주는 곳이다. 생계 수단이다. 내 꿈을 이룰 수 있는 곳이다. 회사의 비전이나 미션을 정확히 이해하지 못했다. 다시 새겨 보겠다. 앞으로 이 회사를 이끄는 사장이 되고 싶다."

가슴 깊숙이 숨겨 놓았던 이야기를 하나씩 꺼내 놓는 것만으로도 회사와 업무에 대한 관점의 변화를 이끌어 낼 수 있다.

"회사는 당신에게 어떤 의미인가요?"

"인생의 궁극적인 목표는 뭔가요?"

"10년 또는 20년 후 어떤 삶을 살고 있을 것 같은가요?"

"그런 삶을 살아가는데, 지금 이 회사는 어떤 역할을 하나요?"

"10년 후 그 모습을 만들기 위해선, 지금부터 노력해야 할 것은 무엇인가요?"

이런 질문을 했을 때 팀원들이 이런 답변을 하게 된다.

"10년 후를 생각하면 막막하기만 한데, 자금을 마련하려면 회사에서 성과를 내야겠네요."

"회사에서 재무, 기획, 영업 분야를 착실히 익히는 것이 장차 개인 사업을 할 때 큰 도움이 되겠네요."

"인맥을 네트워킹하면 앞으로 내 사업을 할 때 천군만마가 될 것 같아요."

"지금부터 시간을 내서 관련 자격증을 따야겠네요."

리더가 팀원의 인생까지 책임져야 하는가, 하는 질문이 나올 수도 있다. 사실 이런 대화는 회사에 충성도를 높이고 팀에 몰입하게 하는 과정이다. 인생 목표가 명확한 사람들은 현재에 충실하면서 미래를 준비하기 마련이다. 자신의 미래를 디자인할 때 현재의 경험이 얼마나 큰 역할을 하는지 깨닫게 되면 팀원의 업무 충실도는 분명히 높아진다. 회사와 팀원이 함께 성장하려면 팀원 개개인과 회사의 미션을 연결하는 활동이 중요하다는 점을 다시 한 번 강조한다.

KPI에 의미를 더하라

기업들은 매년 KPI를 정한다. KPI란 목표를 성공적으로 달성하기 위해 핵심적으로 관리해야 하는 요소들에 대한 성과 관리 지표를 말한다. 일 년간 어떤 과제로 회사에 기여할 것인지를 계획하고 합의하는 과정이다.

어느 날 팀장이 일방적으로 "당신의 올해 매출 목표는 50억이다."라고 말한다면 누구든 당황스러울 것이다. 시간이 없으니 빨리빨리 진행하자며 의견 조율 없이 마구 달리면 오히려 역효과가 난다. KPI에 대한 팀원들의 불만은 사소한 데서 발생한다.

"KPI 목표 수립 면담을 하긴 하지만, 상당히 형식적이다."

"리더가 할 말만 하고 끝내는 경우가 다반사다."

"그 업무를 왜 해야 하는지, 어떤 의미인지를 알 수 없어서 열정이 생기지 않는다."

"우리 팀 전체 목표는 공유하지 않고 일만 던져 준다. 기분 나쁘다."

벼농사를 잘 지으려면 파릇파릇한 모를 논에 제대로 심어야 한다. 모를 대충 꽂으면 깊게 뿌리내리지 못해 누렇게 말라 버린다.

치열한 논의를 거쳐 팀원들이 자신의 KPI 목표를 확실하게 인지해야 좋은 결과가 나온다. 논의를 할 때 목표 달성을 어떻게 할 것인지, 어떤 지원이 필요한지도 얘기하면 금상첨화다. 귀로 듣고 끝내는 KPI가 아니라 팀원이 스스로 말하면서 의미를 되새김하는 KPI가 진심으로 그들을 움직이게 한다.

확실하게 측정할 수 있는 KPI도 있지만 그렇지 않은 목표도 있다. 예를 들어 영어 능력 향상, 구매 전문 지식 확보, 리더십 역량 강화, 대외 네트워크 강화 등의 목표를 수립했다고 하자. 애매모호한 목표는 나중에 분란의 소지가 있으니 명확하게 다듬어야 한다. SMART Specific구체적, Measurable측정, Action oriented행동 지향적, Realistic현실성, Timely시의적절 관점으로 하나하나 따져 보자.

'영어 능력 향상'을 예로 들자면 '영어 TOEIC 점수를 6월 말까지 현재 700점에서 900점으로 끌어 올린다'로 정하면 분명해진다. 목표는 따로 설명할 필요가 없이 납득될 수 있어야 한다. 명확한 목표는 사람을 움직인다. 구체적일수록 실행에 옮길 가능성이 높아진다.

코칭 리더십 강의를 할 때 실행 목표 정하는 시간을 갖는다. 실천할 세 가지를 적으라고 하면 대개 ①경청, ②질문하기, ③인정과 칭찬이라고 쓴다. 이렇게 정하면 나중에 실행력을 높이는 데 한계가 생긴다. 목표 달성에 대한 측정도 어렵다. SMART 요소를 최대한 적용하여 완전한 문장으로 만들어 보는 정성이 필요하다.

①경청 ⇨ ①회의 시간에 말하는 비중을 40% 미만으로 낮추겠다.
②질문하기 ⇨ ②일주일에 세 사람에게 안부 전화를 하겠다.
③인정과 칭찬 ⇨ ③매일 한 사람씩 인정 언어를 활용하여 카톡을 해보겠다.

공감 경영을 실천하라

2011년 CCOChief Customer Officer를 맡았다. CJ푸드빌에서 운영하는 10여 개 브랜드의 경쟁력을 높이기 위해 고객의 시각에서 어떤 변화를 해야 할지 제안하고 감독하는 자리였다. 고객의 동선을 세심하게 짚으며 매장을 완벽히 파악한 뒤 서비스, 위생 안전, 메뉴 품질 등 다양한 개선점을 제안했다. 자칫 직접 브랜드를 관리하는 부서와 대립각을 세울 수도 있는 업무였다. 그래서일까. 함께 일하는 팀원들은 다소 소극적인 자세로 업무에 임했다. 아쉬운 마음에 그들에게 이런 질문을 해보았다.

"회사의 미션과 비전은 무엇인가? 우리가 지원하는 각 브랜드의 전략은 어떻게 되는가?"

팀원들은 그걸 왜 알아야 하는지 알 수 없다는 표정만 지을 뿐 답이 없었다. 예전 같으면 주도적으로 내가 발표하고 외우게 했을 것이다. 코칭을 조직에 적용하면서 리더십을 발휘한 지 4년여가 지난 시점이었다. 내가 백 번 강조하는 것보다 팀원들이 자발적으로 인식하는 것이 더 효과적이라는 것을 알 때였다. 그래서 '무작위 추첨 방식의 비전 전략 발표 대회'를 하겠다고 공표했다.

추첨을 해서 발표자로 뽑히면 그 팀원은 '그룹, 회사, 각 본부별' 비전과 전략을 발표하고 더불어서 자신의 비전도 밝혀야 한다. 그룹과 회사, 그리고 개인의 비전을 연결해 보는 활동이었다. 처음에는 좀 어려워했지만 횟수를 거듭할수록 눈부신 발전이 있었다. 팀원들은 지원 부서에서 왜 회사 전체의 미션과 비전, 전략을 알아야 하는지 이해하게 되었다. 알고 일할 때와 무턱대고 일할 때의 차이점도 확연하게 느꼈다. 리더의 설명도 필요하지만 팀원들 스스로가 연구하고 발표하면 훨씬 빨리 자각하게 된다.

리더들은 틈틈이 팀원들이 일상의 업무 중에 회사의 미션, 비전, 전략 등을 떠올리도록 하는 게 좋다.

"그룹의 미션과 비전은 무엇인가?"

"회사의 핵심 가치는 무엇인가?"

"이 사업은 우리 그룹의 비전과 어떤 연관이 있는가?"

"우리 팀의 중점 추진 전략을 이해하고 있는가?"

"우리 팀의 핵심 과제는 무엇이고 회사 전략과 연계가 잘 되고 있는가?"

이런 질문으로 팀원들의 마음을 자극하라. 리더의 일방적인 훈시는 더 이상 통하지 않는다. 그들이 느낄 수 있는 기회를 적극적으로 만들어 주자. 공감 경영은 쌍방향이어야 가능하다.

비전을 공유하면 길이 보인다

평균 나이 27세의 청년들이 모인 회사를 재능 기부 차원에서 돕고 있다. 처음 시작하는 기업이 놓칠 수 있는 경영의 기초를 다루면서 시스템과 프로세스를 다지는 과정을 전수하는 중이다. 유통 혁명을 꿈꾸는 그들을 만날 때마다 깜짝깜짝 놀라곤 한다. 신속한 의사 결정과 과감한 투자를 하면서 무섭게 성과를 만들어 내고 있기 때문이다.

2016년 초에 단 두 명으로 시작한 이 회사는 현재 16명이 넘는 회사로 고속 성장했다. 마케팅과 유통을 대행해 주는 제품마다 히트하면서 첫해에 연매출 100억을 달성한 데 이어 2017년에 300억을 향해 달리고 있다. 팀원들은 제품이 하나씩 늘어날 때마다 대표에게 질문을 던진다. "우리가 왜 이 일을 하나? 단순히 매출을 올리려고 하는 것인가? 우리의 미션과 비전은 무엇인가? 회사가 더 크기 전에 우리의 Why를 정해야 하는 것 아닌가?" 새로운 프로젝트를 시작할 때마다 그들은 질문을 통해 소통하고 있다.

다음은 DHJM 스타트업 기업 대표의 글이다.

2017년 3월 25일, 우리 회사에 있어서 역사적인 날이다.
2016년 12월 나는 팀원으로부터 한 질문을 받았다.
"저희 회사는 어떤 것을 하려는 회사인가요?"

"그냥 이렇게 유통하는 회사인가요?"

나는 이에 대해 아무 대답도 하지 못하고 두루뭉술하게 넘어갔다.

회사가 성장하고 있지만, 무언가 허전한 느낌과 붕 떠 있는 듯한 느낌을 받았다. 사람은 많아졌지만 미션과 비전이 정해져 있지 않다 보니 업무가 비효율적으로 돌아갔다. 명확한 방향 없는 업무에 팀원들의 사기가 많이 저하되어 있었다.

우리 회사의 존재 이유와 비전에 대해서 3개월간 고민했다. 사실 미션과 비전을 명확히 하지 않은 채 회사를 시작했다. 목적보다는 지금 있는 프로젝트에 맞추어져 있는 느낌이 들었다. 그래도 나는 대표로서 미션과 비전을 제시하며 회사의 팀원들을 하나로 만들어야만 했다. 3개월간 많은 팀원들과 새벽까지 토론을 했다. 뭔가 잡히는 듯하면서도 문장으로, 단어로 정리가 되지 않았다. 3개월간 많은 고민을 했지만, 모두가 공감하는 결과가 나오지 않아 답답했다. 리더인 나에게 가장 시급한 과제는 팀원들이 공감하는 그 'Why'를 찾아 제시하고 공감을 얻어 한 방향으로 달려가게 하는 것이었다.

그러던 중, 김상임 코치의 도움을 받아 팀원 모두가 모여서 비전 워크숍을 하게 되었다. 미션과 비전이 필요한 이유와 팀원 개개인의 비전을 인식하면서 모두가 긍정 에너지로 넘쳐났다. 그리고 본격적으로 미션과 비전을 세우는 활동에 몰입했다. 다 같이 미래의 뉴스를 만들어 보고 투자 유치 전략도 짜 보면서 모두가 한 마음으로 회사의 미래를 구체화하기 시작했다. 대망의 미션을 정하는 시간, 바로 역사적인 순간이다.

나는 하루 종일 워크숍 내용과 창업자의 설립 동기를 설명하고 오늘은 무슨 일이 있어도 우리의 미션을 정의하자며 펜을 들었다. 다양한 시각으로 워크숍을 한 상태라 그 순간을 놓치고 싶지 않았다. 한 팀원이 'Delivered by DHJM' 어떠냐고 묻자 우리가 유통만 하는 건 아니죠, 라는 반론이 나오고, 다시 누군가 'designed by DHJM'을 이야기했다. 또 누군가는 'Marketing by DHJM'은 어떠냐고 했다. 그때 김코치께서 "그럼 모든 것을 다하고 싶다는 거네요? ALL을 넣어 봅시다."라고 했다.

그래서 완성된 우리 회사의 미션은 'All by DHJM'이다. 가슴 후련하고 근사한 문구가 탄생한 것이다.

이 문장을 듣자마자 나는 3개월간 내가 고민하던 모든 것을 내포하고 있다고 생각했고, 모든 팀원들이 "유레카!"를 외치면서 환호성을 질렀다. 집단지성의 힘일까.

아마 이것을 나 혼자 했더라면 절대 못했을 것이고 공감을 이끌어 내는 데도 힘들었을 것이다. 우리는 이날을 '제2장 새로운 시작'으로 생각하고 있다. 우리의 목표는 우주를 놀라게 하는 괴물 기업이 되는 것이다. 미션을 통해 비전과 전략 전술뿐만 아니라 복지, 인재상 등 회사의 내부 시스템도 빠르게 정리하고 싶다.

나는 확신한다. 이 청춘들이 정말 우리나라 유통 시장의 멋진 미래를 만들어 낼 괴물들이라는 것을. 미션이 완성된 이후로 프로젝트마다 설명할 필요가 없어졌다. Why가 명확해져서 쓸데없는 설전舌戰이 사라지고, 새벽까지 온 열정을 다하고 있다. 성과를 만들어 내는 리더의 최우선 과제는 비전을 공유하고 팀원들과 연결해 주는 것임을 다시 한 번 확인하는 좋은 사례다.

2. 우선순위를 정하고 집중하라 *Choice Leadership*

리더로서 역할과 책임을 다하는 건 쉽지 않은 일이다. 업무는 산더미 같은데 인력은 부족하고, 타들어 가는 리더의 마음을 아랑곳하지 않는 팀원들은 불만만 토로한다. 리더는 팀원들과 열심히 달리고 싶건만 팀원들은 '적정한 업무량'에 대한 요구가 강하다.

팀원들 간의 업무 배분이 잘되었는지 여부를 어떻게 알 수 있을까. 팀원들의 자발적 열정으로 가늠할 수 있다. 팀원들은 납득이 되고, 원하는 업무이고, 중요한 일이면 밤샘도 마다 않고 할 것이다. 성과를 내려면 지혜롭게 팀을 운영해야 한다. 팀원들이 능력을 십분 발휘할 수 있는 분위기를 만들어야 하는 것이다.

전 세계 글로벌 리더 150명을 20년간 탐구한 연구 보고서『멀티플라이어Multiplier』를 쓴 공저자 리즈 와이즈먼과 그렉 멕커운은 '리더들은 팀원의 능력을 최대로 끌어올려 추가 자원 투입 없이도 팀과 조직의 생산성을 배 이상으로 높이는 멀티플라이어가 되어야 한다'고 강조했다. 멀티플라이어가 되기 위해서는 많은 변화를 시도해야 한다. 단순하게 일을 많이 해야 한다는 의미는 아니다. 하나를 하더라도 효과적으로 임팩트 있게 진행하여 성과를 높이는 것이 멀티플라이어의 임무다.

업무 포트폴리오를 만들어라

2014년부터 지금까지 한국장학재단 차세대 리더 육성 멘토링 프로그램의 멘토로 활동하고 있는데, 8명의 대학생들과 매달 한 번씩 만나 그들이 갖고 있는 강점을 활용해 미래를 잘 설계해 나갈 수 있도록 돕는 일이다. 요즘 대학생들은 눈 코 뜰 새 없이 바쁘다. 학교 다니랴, 아르바이트하랴, 영어 공부하랴, 중국어 배우랴, 자격증 따랴, 몸이 열 개라도 모자랄 정도다.

"지금 그렇게 열심히 사는 이유는 뭔가?"

"궁극적으로 이루고 싶은 목표는 뭔가?"

"비전이 뭔가?"

나의 진지한 물음에 그들은 "모르겠어요. 뭔가 준비를 해놓지 않으면 안 될 것 같아서요. 친구들이 하니까 저도 따라 하는 겁니다. 닥치는 대로 스펙을 만들어 놓지 않으면 불안해요."라고 답했다. 정확한 방향도 없이 친구 따라 강남 가는 격이다. 무작정 열심히 달리기만 하는 학생들을 보니 안타까운 마음이 들었다.

리더들 중에도 무조건 열심히 달리기만 하는 이들을 종종 보곤 한다. 혹시나 하는 불안감에 계속 가지를 뻗치는 식으로 리더십을 발휘하는 이들도 있다. 선택과 집중은 조직의 성과와 직결된다. 목표를 달성하려면 우선순위를 정하고, 불필요한 곁가지를 쳐 내야 한다. 내가 맡고 있는 팀이 잘 돌아가고 있는지, 일에 정확하게 집중하고 있는지를 수시로 점검해야 한다.

초이스 리더십을 높이려면 가장 먼저 리더 자신의 일을 분석해야 한다. 내가 하고 있는 업무를 생각나는 대로 적어 보자. 크고 작은 일들이 무척이나 많을 것이다. 그 업무들은 중요도 순으로 한번 정리해 보자. 그리고 다시 시급성을 감안해서 재정리해 보자. 그래도 정리가 되지 않는다면 BCG 매트릭스를 이용해서 객관적으로 분석해 보자.

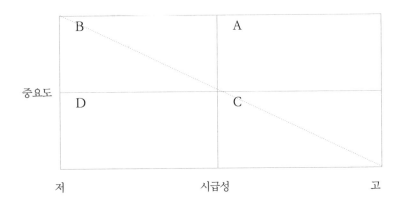

A분면이 최우선적으로 진행해야 하는 업무들이다. 그 뒤를 이어서 집중해야 하는 것이 사선을 중심으로 우상향 분면에 분류된 업무들이다. 아마 머릿속으로는 우선순위, 선택과 집중을 고려하고 있을 것이다. 그러나 일을 하다가 보면 현실과 타협하게 되고, 조직 논리에 휘말려서 선택과 집중보다는 계속해서 펼쳐 놓게 하는 경우가 많다. 일 년에 두세 번은 리더 스스로의 업무 포트폴리오를 분석해 객관성 있는 선택과 집중, 우선순위 전략을 마련해야 한다.

공감대를 높여라

그 다음에 해야 할 것은 팀원들과의 공감대를 높이는 것이다. 리더의 선택과 집중, 우선순위 전략이 명확하다면 팀원들 또한 같은 눈높이로 업무를 하게 된다. 그러나 현실은 다르다. 리더는 리더대로 바쁘고 팀원은 팀원대로 바쁜 경우가 많다. 서로가 시간이 없다는 이유, 빨리 해야 한다는 압박감 등으로 일단 업무를 내리고 받기 바빠서이다.

CJ제일제당에서 신규사업기획 업무를 할 때 부사장님이 좋은 충고를 해주었다.

"열심히 하는 사람이 아닌 일 잘하는 사람이 되라. 성공하는 사람은 일을 잘하면서 성과를 내는 사람이다."

경력이 쌓이고 점차 리더의 위치로 올라가면서 '일 잘하는 사람'의 의미를 깨달았다. 팀이 세운 목표와 직결되는 업무에 집중해서 높은 성과를 만들어 내야 '일 잘하는 사람'이 되는 것이다.

팀원들은 수명 업무를 처리하느라 숲을 바라보기 힘들다. 이때 리더는 전체를 조망하며 조화를 이룰 수 있도록 자리를 마련해 주어야 한다. 팀원들이 어떤 업무를 추진하고 있는지, 부가가치 없는 일에 시간을 뺏기는 건 아닌지 세심히 살펴야 한다.

이렇게 한번 해보자. 팀원 각자가 중요하다고 생각하는 업무 20가지를 적어 오게 한다. 그 업무를 중요도 순으로 우선순위를 매기게 한다. 리더 주관으로 팀원 모두가 둘러앉아 돌아가면서 업무를 중요도와 시급도에 따라 위치를 정한다. 그 다음에 리더를 비롯해서 협업하는 팀원들끼리 조정의 시간을 갖는다. 마지막으로 최종 의사 결정자인 리더가 우선순위 업무를 다시 한 번 강조해서 정리해 준다.

일대일로 진행할 때는 리더가 생각하는 '팀원들의 우선순위 업무 리스트'를 적어 본다. 이어서 팀원들이 작성한 업무 우선순위와 비교해 보면서 다음과 같은 대화를 나눠 보라.

"지금 진행 중인 업무를 적을 때 무엇을 느꼈는가?"

"지금 가장 중요한 업무는 무엇인가?"

"지금 시간을 가장 많이 투입하고 있는 업무는 어떤 것인가?"

"업무를 우선순위를 잘 잡아가고 있다고 보는가?"

"그렇지 않다면 어떤 것을 개선해야 한다고 보는가?"

"A업무를 최우선적으로 진행하는 게 좋다고 생각하는데, 어떤가?"

"시간 투입 대비 부가가치가 낮다고 생각하는 업무는 뭔가?"

리더가 생각하는 중요한 업무, 팀원이 생각하는 중요한 업무를 테이블에 올려놓고 협의하는 과정에서 팀의 전략과 방향을 서로가 이해할 수 있다. 상하간의 견해 차이도 좁힐 수 있다. 뿐만 아니라 리더의 관심도가 팀원들에게 큰 자극이 되면서 의욕을 높일 수 있다.

정기적으로 만나 멘토링 해주는 후배들이 있다. 직장 생활에 대한 불만 사항은 대개 비슷했다.

"내가 하는 일에 큰 의미를 못 느낀다. 안 해도 되는 업무인 것 같은데 상사가 개인적으로 필요해서 시키는 경우가 많다. 나도 중요한 일을 하고 싶은데 항상 허드렛일만 하니까 자존심이 상한다. 이런 일만 계속하다 보니 의욕이 떨어진다."

리더들은 팀원들이 주인 의식을 갖고 열정적으로 일하길 원한다. 그러려면 팀원들의 마음을 움직여야 한다. 사람의 마음을 움직이는 것은 결국 자발성이다. 업무에 대한 선택권을 준다면 어떨까? 수동적인 팀원은 좋은 성과를 낼 수 없다. 새로운 프로젝트를 시작할 때 자원하는 사람에게 일을 부여하면 효과가 배가된다. 수시로 팀원들에게 "지금 꼭 해보고 싶은 일이 뭔가?"라고 질문해 보라. 그러면 팀원들은 기존 업무와 새로운 업무를 다양한 관점에서 바라보게 된다. 리더의 질문 속에서 회사와 팀을 위해, 자신의 계발을 위해 미처 생각하지 못했던 것을 찾아내면서 팀원은 새로운 도전을 하며 활기차게 일할 수 있다.

호주의 소프트웨어 회사 아틀라시안Atlassian은 일 년에 몇 번씩 페덱스 데이fedex day를 운영한다. 엔지니어들에게 24시간 정규 업무가 아닌 하고 싶은 일을 하게 하는 것이다. 자유로운 분위기에서 신제품 개발을 하고 시장 조사를 해서 결과물을 함께 나누는 자리를 갖는다. 그 자리에서 엄청난 성과를 확인하게 된다고 한다. 리더 혼자 끙끙대기보다 팀원들과 함께 풀어 나가면 훨씬 수월하게 일이 풀린다.

수시로 업무 다이어트를 하라

업무에 집중할 수 있는 환경을 만들어 주는 것은 대단히 중요하다. 리더가 팀원들의 입장을 하나하나 이해하기는 힘든 일이다. 인원이 많으면 더 힘들다. 팀원의 입장을 이해하는 것뿐만 아니라 업무 분장에 있어서도 문제가 생길 수 있다. 일상 업무도 있고, 당장 급하게 처리해야 할 일도 있다. 거기에 미래를 위한 준비도 해야 한다. 일이 늘어난다고 해서 인력을 매번 채용할 수도 없는 일이다. 이때 리더의 지혜가 필요하다. 적체된 업무에 숨통을 뚫기 위한 조치가 이어져야 한다.

2006년 CJ푸드빌 경영지원실장으로 발령을 받고 첫 출근하던 날 팀원들은 나를 매우 생경한 눈으로 바라봤다. 10년 전만 해도 여성 경영지원실장은 아주 드문 때였다. 나에게 떨어진 미션은 '열린 조직 문화 만들기'와 '일 잘하는 조직 만들기'였다. 먼저 경영지원실 차원에서 업무 다이어트를 해보기로 했다. 외식업은 사람 사업이라고 할 정도도 인원이 많이 필요한 직종인지라 경영 지원 업무도 양적으로 많을 수밖에 없는 현실이었다. 잔업과 야근, 주말 근무까지 해도 다 소화 못할 정도로 바쁜 모습이었다. 조심스레 토요일에 업무 다이어트 워크숍을 제안했다. 실장부터 신입 사원까지 모두 자신의 업무 리스트를 작성한 다음 중요도를 매기게 했다. 그런 다음 하위 30%에 해당하는 업무를 무조건 중지하라는 지시를 했다. 팀원들은 나에게 조언했다.

"실장님 모든 업무는 보고 라인이 있고, 안 하면 문제가 생길 겁니다. 괜찮을까요?"

"문제가 발생하면 내가 책임질 테니 일단 70%까지만 진행하도록 해요."

실장이 워낙 강력하게 이야기해서인지 팀원들이 따라 주긴 했다. 워크숍 이후 두세 개의 업무는 복원했지만, 대부분은 하지 않아도 되는 업무였다. 관례적으로 그냥 하던 업무니까 열심히 해왔던 것이다.

이런 현상은 코칭을 하면서도 어렵지 않게 볼 수 있다. 완결되는 업무는 없고 미결 업무가 쌓여 가는 경우다. 미결 업무와 보고서 작성을 위한 자료 조사 등으로 팀원들의 업무 가중도가 높아진다. 팀원들에게 여백을 만들어 주어야 한다. 상반기와 하반기에 한 번씩 팀원들과 만나 업무 다이어트 할 것을 제안한다. 업무의 경중을 따지고 눈높이를 맞추어 보는 일은 함께 성과를 만들어 가는 팀십teamship을 강화하는 데도 도움이 된다.

빕스 사업부장 시절에도 외식 현장을 돌면서 점장들에게 중단해야 할 업무가 있으면 기탄없이 얘기해 달라고 요청했다. 이구동성으로 "본사에 보고해야 할 것이 너무 많다. 같은 내용인데 취합 부서에 따라 양식만 다르게 해서 똑같은 내용을 몇 번씩 작성해야 한다. 외식은 현장에 집중해야 하는데 물리적으로 보고서를 작성하는 시간 때문에 우선순위가 바뀌고 있다. 내 업무에 집중하고 싶다."고 했다. 본사에서 스태프 부서에도 보고서를 요구한다는 걸 확인했다. 관련 부서 사람들을 만나 협의해 꼭 필요한 보고서 외에는 보고서 작성 업무를 없애 주었다. 점장들은 자신들의 의견이 수렴되어 보고서 양이 대폭 줄어 마음이 가벼워지고 영업에 집중할 수 있게 되었다며 좋아했다.

팀을 효과적으로 운영하여 더 나은 성과를 내고 싶다면, 팀원들에게 자주 질문을 던져 보라. 일선 현장에서 일하는 팀원들에게 물으면 더 생생한 답변이 나온다.

"지금 업무 중에서 당장 중단하고 싶은 업무는 뭔가? 왜 그렇게 생각하는가?"

"우리 팀에서 안 해도 되는 일이 있다면 어떤 것인가? 왜 그렇게 생각하는가?"

"맡은 일 중에서 정말 하고 싶지 않은 것이 있다면 뭔가?"

그들의 말에 귀를 기울여 보자. 중단을 원할 때는 분명 이유가 있다. 정말 불필요한 일이라면 과감히 폐기하고 부가가치 없는 업무도 깨끗이 청산하라. 버리는 만큼 새로운 것에 도전할 수 있다.

"코치님은 우리 회사의 심폐소생술사입니다"

　많은 직장인이 업무 과부하로 몸살을 앓고 있다. 쌓여 가는 업무를 처리하느라 매일 잔업하고 주말 근무까지 해보지만 일이 줄지 않는다. 밀려드는 업무를 그야말로 '해치우느라' 바쁘다. 이러한 상황에서 일의 의미를 찾고 삶의 행복을 느끼기는 힘들다.

　설립 8년째인 에코맘코리아는 초·중·고생 대상 에코 리더 육성 사업을 하면서 기업과 연합하여 선제적인 환경 지킴이 활동을 하는 곳이다. 2015년 코칭을 시작할 당시 12명의 직원들은 폭주하는 업무로 지친 상태였다. 대표부터 신입 사원까지 모두 모인 자리에서 그룹 코칭을 진행했다. 첫번째 주제는 '어떻게 하면 효율적으로 일할 수 있을까?'였다. "효율적으로 일하는 것이 어떤 의미인가?"를 묻자 "흐름이 좋은 것이다. 중복이 없다. 일하는 데 걸리는 시간이 짧다. 적은 비용으로 높은 효과를 낸다. 일 진행에 구멍이 없다. 스트레스가 없다. 야근이 적다. 업무의 우선순위가 분명하다." 등등 답변이 쏟아졌다. 효율적이라는 단어의 의미를 언급하면서 "아, 우리가 그동안 효율화라는 말만 했지, 그 의미를 정의해 본 적이 없었네요. 뭔가 공감대가 만들어지는 느낌입니다."라고 했다. 12명이 매긴 효율성 점수의 평균은 42점, 목표점의 평균은 78점이었다. "36점 갭을 줄이기 위해 무엇을 해야 하는가?" 하는 질문을 던졌다. 시간도 아낄 겸 팀원들의 진솔한 의견을 수렴하려고 브레인 스토밍 기법이 아닌 포스트잇 기법을 활용했다. 많은 의견 중에서 최우선 과제로 3가지가 신정되었다.

1. 철학, 비전, 미션, 전략과 연계해서 업무를 진행해야 중복이 없다
2. 업무의 선택과 집중, 우선순위를 명확히 해야 한다.
3. 실무진 중심으로 일하되 업무 분장을 제대로 하자.

먼저 1번 과제에 대한 세부 방안을 3가지로 정했다.

1. 과제별로 PMProject Manager 제도를 만들자. 사원도 PM이 될 수 있다.
2. 과제 수행 전 PM이 전체 구상하고, 그동안의 히스토리를 정리하고, 주간회의 시 전체 구성원을 대상으로 발제하고, 전체 보고서 및 프로젝트 진행 아웃라인을 설정한다.
3. PM 중심으로 과제를 수행하여 오너십을 준다.

이러한 과정을 거쳐 실천 과제까지 만들어 내는 데, 채 1시간이 걸리지 않았다. 리더 중심이 아닌 팀원 모두가 회의에 몰입하면서 실질적으로 해야 하는 행동까지 뽑아 낸 것이다.

그룹 코칭을 마무리하면서 소감을 나누는 시간에 대리가 한 말이다.

"우리는 과도한 업무로 넉다운되기 일보 직전이었습니다. 오늘 경영 주치의에게 심폐소생술을 받아 다시 살아난 기분입니다. 90분 만에 5년간의 문제를 한 번에 해결하다니 경이롭습니다."

이것이 그룹 코칭의 힘이고 보람이다.

3. 협업으로 시너지를 내라 *Collabo Leadership*

『좋은 기업을 넘어 위대한 기업으로』의 저자 짐 콜린스는 '리더십 5단계 모델'을 이렇게 소개한다. 1단계는 능력이 뛰어나서 개별 성과에 집중하는 리더이고, 2단계는 협동심을 발휘하면서 조직의 목표를 달성해 나가는 리더, 3단계는 역량 있는 관리자로 목표를 효율적으로 달성해 나가는 리더, 4단계는 유능한 리더로 분명한 비전을 제시하고 성취해 나가는 리더, 5단계는 개인적 겸손과 직업적 의지를 융합하여 지속적으로 큰 성과를 일구는 리더이다.

리더라면 1단계에서 5단계를 유기적으로 오가면서 리더십을 발휘해야 한다. 어느 한 단계를 고집하다 보면 주어진 목표를 달성하기 어려워지기 때문이다. 주어진 자원으로 더 많은 성과를 만들기 위해서는 시너지와 협업의 문화를 만들어 내는 지혜가 필요하다.

팀원에게 공功을 돌려라

오래전부터 잘 알고 지내는 여성 이사가 있다. 글로벌 전문가인 그녀는 박식함과 열정으로 높은 실적을 올렸다. 그런데 매번 임원 승진 심사에서 떨어졌다. 여성이어서 불이익을 당하는 것 같다는 푸념을 하곤 했다. 그런데 어느 날 그녀와 대화하다가 중요한 점을 발견했다. 그녀가 하는 말의 주어는 언제나 '나'였다. 모든 것이 나로 시작해서 나로 끝났다. "내가 영업했다. 내가 성과를 냈다. 내가 수주했다."는 말 다음에는 "나는 불이익을 당하고 있다."로 이어졌다. 대화 가운데 '우리', '우리 팀'이라는 단어는 한 번도 나오지 않았다. 거기에 문제가 있는 것은 아닐까! 그녀를 아끼는 마음에서 말문을 열었다.

"오늘 저랑 이야기하는 가운데 '나'라는 주어를 몇 번이나 사용했는지 아시나요? 모든 대화에서 우리라는 주어는 없고 모두 내가 했다고 말하셨어요. 팀원들과 회의하거나 대화할 때도 혹시 그러시는 건 아닌지, 걱정이 되어 말씀드려 봅니다."

그녀는 깜짝 놀라며 "제가 그랬나요? 정말 몰랐어요. 얼굴이 화끈거리네요. 좋은 지적 감사합니다."라고 말했다. 어렵게 꺼낸 말에 바로 수긍을 해주어 오히려 내가 미안하고 고마웠다.

그녀는 자신의 대화 방법을 고치기 위한 코칭을 받겠다고 했다. 나는 우선 "일상의 대화를 녹음을 해보세요. 나중에 차근히 들어보면서 상대방들이 어떻게 느낄지, 나의 언어 습관에서 고칠 것은 무엇인지를 정리해 보세요."라고 말해 주었다.

얼마 후 그녀가 전화를 걸어 왔다.

"녹음을 듣고 소스라치게 놀랐어요. 제가 제일 싫어하는 행동을 마구 하고 있는 저를 발견했습니다. 중간에 말을 끊고, 남의 말 안 듣고 내 말만 하고, 내 감정을 그대로 실어서 목소리를 높이고, 내 의견과 다르면 상대를 누르는 듯 강하게 말하고……. 저의 평판에 왜 빨간불이 켜졌는지 확실히 알게 됐어요. 나로 인해 상처받은 팀원들도 분명 있을 것 같아요. 기회를 봐서 사과를 해야겠어요."

리더들이 의도를 갖고 성과를 가로채거나 독선적으로 행동하지는 않는다. 자신도 모르는 악습을 인지하지 못하는 데서 문제가 눈덩이처럼 커지는 것이다. 내가 어떤 사람인지, 어떻게 행동하는지, 다른 사람을 어떻게 대하는지 늘 성찰해야 한다. 팀원들이 힘을 합쳐 좋은 성과를 냈는데 리더의 성과로 둔갑된다면 누가 열심히 일하겠는가. 팀원들과 함께 일하고 결과를 함께 나누어야 존경받을 수 있다.

빕스 사업부장 시절 현장에서 고생하는 매니저들을 응원하는 메시지를 많이 보냈다. 현장에서 발굴된 좋은 사례, 점포 투어하면서 접한 미담, 원가 절감이나 매출 확대에 좋은 아이디어를 낸 사례 등을 공유하고 벤치마킹을 통해 성장하길 바라는 마음에서였다.

그때 메일의 주인공은 부러움이 대상이 되곤 했다. 사업부장에게 칭찬도 받고, 가끔은 대표이사님의 격려 메시지도 받은 덕분이다. 외식 현장에서 일하는 팀원이나 아르바이트생들에게 가장 좋은 격려는 '그들을 알아봐 주는 것, 작은 것에도 마음을 담아 칭찬을 해주는 것'이었다. 그들 중 몇몇은 "사업부장님은 성과를 독식하지 않아서 좋습니다. 현장에서 작은 성공도 전사적으로 확산해서 칭찬해 주고 하니, 더 신나게 일하고 싶은 마음이 듭니다."라며 고마워했다.

모두가 참여하는 회의 협업 문화는 정말 중요하다. 불확실한 경영 환경 속에서는 더욱 그러하다. 모든 회의에 참석하느라 리더 혼자 바쁜 건 아닌지, 비생산적인 모임이 많은 건 아닌지 점검해 보라.

대표적인 것이 지난주에 어떤 일을 했고 이번 주에 어떤 일을 추진

할 것인지 공유하는 주간 업무 보고 회의다. 10개 부서 팀장들이 본부장에게 보고하다 보면 한 시간이 후딱 지나간다. 대부분 각 부서별로 업무 진행 상황을 보고하는 자리일 뿐 협업이나 공유는 이루어지지 않는다.

주간 업무 보고가 중요하다면 운영 형식을 바꿔야 한다. 단순 보고가 아닌 협업의 자리로 만들어야 한다. 리더는 단순히 보고 받는 사람에 머물면 안 된다. 회의 주관자는 참석자들이 모두 입을 열게 하고, 하나라도 배우고 가져갈 수 있도록 해야 한다. 일단 이런 질문으로 시도해 보라.

"A팀 보고 내용에 대해 다른 팀장들은 어떻게 생각하는가?"

"B팀장이 A팀장이라면 무엇을 달리 해보겠는가?"

"각 부문의 이해 상충 요소를 제거하기 위해 중점 논의할 것은 뭔가?"

협업으로 시너지를 내고 싶다면 '컬래버레이션 데이'를 운영해 보라. 컬래버레이션collaboration이란 한 개 이상의 단체나 조직이 협력, 합작, 공동 작업하는 것을 의미한다.

최근 기업 간, 산업 간 다양한 컬래버레이션이 유행처럼 번지고 있다. 우리 팀에서 이해 당사자 간 협업이 어느 정도로 이뤄지고 있는가? 세대 간 격차, 불확실한 경영 환경, 복잡한 관리 시스템, 부서 이기주의와 관행 등 협업을 가로막는 요인들이 많다. 제품을 개발하고 판매하려면 연구개발, 마케팅, 영업이 유기적으로 협조해야 한다.

모 화장품 회사의 코칭 사례이다. 부서 간 교류가 잘 되지 않고, 회의할 때나 업무를 진행할 때 갈등이 빚어지고 있는 상황이었다. 그룹 코칭을 하면서 부문 간 협업을 강화하기 위해 "같은 부서의 부서원들은 물론 타 부문의 실무진과도 격의 없는 자리를 마련해서 대화하자."
는 얘기가 나왔다. 그래서 임원이 주관하여 '타 부문과의 컬래버레이션
데이'를 운영하게 되었다. 연구개발 임원이 생산 현장을 찾아가 팀원들
을 격려하고, 지원 부문 임원이 영업 현장 리더들을 만나 대화를 시도
했다. 그러자 부서 간의 벽이 무너지면서 서로 협조하는 분위기를 만드
는 데 기폭제가 되었다.

거창한 준비를 하지 않아도 된다. 커피 한 잔 마시면서 대화해도 되
고, 기존 회의 때 진행해도 좋다. 서로 오해가 풀리고 대화가 깊어지면
업무 진행이 효율적으로 이뤄진다.

리더는 항상 높은 성과를 내야 하는 부담이 있다. 혼자서 큰 짐을 지
고 가려 하지 말자. 같이 일하는 팀원들의 잠자고 있는 숨은 끼를 이끌
어 낼 수 있는 지혜를 발휘해 보자. 다양한 컬래버레이션을 통해 팀 내
시너지 효과가 났다면, 밖으로 눈을 돌려보는 것도 좋다. 대외적인 컬
래버레이션을 적극 탐색하여 더 큰 부가가치를 찾아보는 열정이 필요
하다.

악마의 대변인단을 운영하라

아이패드와 아이폰으로 세상을 바꾼 스티브 잡스의 창의성은 어디
에서 왔을까? 그는 "혁신과 창의성은 특별한 데서 나오는 게 아니라 주
변의 것을 배우고 익히는 데서 나온다."고 강조했다. 그래서 새로운 제
품을 구상할 때 항상 데블스 애드버킷Devil's advocate, 악마의 대변인 팀을
운영했다. 악마의 대변인이란 '의도적으로 반대 입장을 취하면서 선의

의 비판자 역할을 하는 사람'을 뜻한다. 잡스는 프로젝트가 끝난 뒤, 악마의 대변인들이 팀원들에게 질문 공세를 하게 해서, 더 새로운 시각과 견해를 발산하도록 했다. 반론이 오가는 가운데 새로운 아이디어가 떠오르고, 서로의 입장을 이해하면서 긍정적인 변혁을 이루었다.

CJ그룹에서 근무할 때, 나는 프로젝트 매니저PM 역할을 많이 했다. 보고가 끝나거나 상황이 끝난 프로젝트는 그냥 덮었다. '악마의 대변인단'을 운영했다면 더 효율적인 업무 수행을 할 수 있었을 텐데, 하는 아쉬움이 남는다. 목표를 향해 돌진할 때 리더들은 확신의 덫에 빠지기 쉽다. 남의 말을 듣거나, 되돌아보는 여유를 갖기 힘들다.

체계적으로 일하면서 좋은 성과를 내도 결점은 있게 마련이다. 어떤 일을 하든 다각도로 바라보고 여러 사람의 의견을 경청하며 개선점을 찾으면 다음에 더 나은 결과를 얻을 수 있다. 지속적으로 발전하는 팀을 원한다면 악마의 대변인단을 활용해 보라. 분명 효과를 확인할 수 있을 것이다. 단, 목적과 취지를 충분히 설명하고 규칙을 정해야 한다. 팀원들이 활발하게 토론하면서 아이디어를 낼 수 있는 환경을 조성해 주면 기대 이상의 지혜가 모일 것이다. 이런 질문을 계속 던져 보라.

"지금 이 결과물에 우리는 충분히 만족하는가?"

"이 프로젝트를 다시 한다면 무얼 달리 해볼 수 있을까?"

"우리가 일하면서 놓친 것은 무엇일까?"

"최선의 결과인가?"

"더할 것은 무엇이고, 중단할 것은 무엇인가?"

"내가 투자자라면 이 정도로 만족하겠는가?"

악마의 변호인단은 일대일로도 가능하다. 춘천에 있는 외식 브랜드를 정기적으로 코칭한 적이 있다. 1층은 카페, 2층은 레스토랑인데 주말에는 고객이 넘치지만 평일에는 거의 개점 휴업 상태였다. 고민에 고민을 해도 뾰족한 대안이 떠오르지 않는다고 했다. 다양한 각도에서 강력한 질문을 던져 문제의 고리를 하나씩 풀어 나갔다. 마지막에 아주 큰 의사 결정을 한 사례다.

"정말 모든 최선을 다하고 올린 매출일까요?"

"고객들이 여기를 와야 하는 이유가 뭐죠? 5가지만 말씀해 주세요?"

"지금 경영을 하고 있나요? 장사를 하고 있나요?"

"곳곳에 빨간불이 켜지고 있는데 알고 있나요?"

"롤모델인 그분은 당신에게 어떤 이야기를 해주고 싶을까요?"

"아무런 제약이 없다면 무엇을 해보겠습니까?"

"외식 브랜드로 경쟁력 높이기 위해 꼭 해야 할 것은 뭘까요?"

점포 운영과 경영을 함께 하기가 힘들다는 얘기와 함께 셰프로서 주방을 중심으로 챙기다 보니 전체적인 균형감을 유지할 수 없다고 했다. 쏟아지는 질문에 답을 하면서, 당분간 외식 전문 경영인으로서 실력을 쌓는 것이 우선이라는 결론을 내리고 점포 전체 운영권을 일정 기간 전문가에게 양도하는 계약을 체결했다. 지금은 미래 경영인으로 성장하기 위해 학업에 전념하고 있는 그가 이런 말을 했다

"그때 특단의 결론을 내리지 못하고 가족 중심으로 레스토랑을 운영했다면 많은 것을 잃었을 겁니다. 전문가들이 레스토랑을 잘 운영해 브랜드 파워도 올라가는 중이고, 무엇보다 가족 모두가 행복한 삶을 살게 된 것이 다행스럽습니다."

질문은 경영의 혜안을 찾게 해주는 유용한 도구다. 앞으로는 질문을

잘하는 리더가 필요해진다. 불확실성 속에서 미래를 만들어 가야 하기 때문이다. 팀원들과 악마의 변호인단을 어떻게 운영해 볼 것인지 규칙을 만들고 운영해 보자. 일의 효율성을 올려 주게 된다.

주간 업무 보고 문화를 바꾸다

리더십 강의를 듣는 중에 머리를 스치는 것이 있었다. 주간 업무 보고 회의가 허술하게 운영되고 있어 여러 고민을 하던 중이었다. 파트마다 돌아가면서 지난 한 주에 했던 일, 다음 주에 할 일, 그리고 중요한 이슈를 돌아가면서 보고하는 회의다. 한 파트장이 보고할 때, 다른 파트장들은 무덤덤하게 앉아 있는 경우가 다반사다.

솔직히 팀장들이 본부장에게 업무 보고할 때도 마찬가지다. 내가 보고하는 순서까지는 긴장의 끈을 놓지 않지만 우리 팀 보고를 마치면 그때부터 다른 생각이 나를 지배하곤 한다. 다른 팀의 보고 내용을 굳이 들을 필요가 없다고 생각하기 때문이다.

상당히 비효율이라는 생각하고 내가 주관하는 주간 업무 보고회만이라도 바꾸어 보기로 했다. 어떻게 운영하면 좋을까 생각해 봤지만 마땅한 대안이 떠오르지 않았다. 그러던 중 김상임 코치의 강의를 듣고 아이디어를 얻었다. 집단지성을 이끌어 내는 방식으로 주간 업무 보고 회의 진행 스타일을 바꾸기로 했다.

한 파트장이 보고를 끝내면 다른 파트장에게 보고 내용이나 이슈에 대해 어떻게 생각하는지를 질문하는 프로세스를 추가한 것이다.

"A파트이 보고한 내용 중에 가장 인상적인 것은 어떤 것인가?"

"B파트장이 A파트장이라면 지금 불거지고 있는 팀원의 하극상을 어떻게 대처하겠는가?"

"A파트에게 조언을 해준다면 어떻게 하겠는가?"

"A파트장은 지금까지 다른 파트장이 조언한 것에 대해 어떻게 생각하는가?"

첫날 기습적으로 질문했을 때 생각보다 심각하게 경청을 하지 않는다는 것을 알게 되었다. 다들 다른 파트장이 보고한 내용에 대해 인지하지 못했다. 황당한 기분이었지만, 처음 시도한 만큼 일단 마음을 가라앉혔다. 앞으로는 이런 방식으로 주간 업무 회의를 진행할 것이고, 우리가 한 팀으로 일하기 때문에 다른 파트 업무에 대한 공감도 중요하다고 재강조를 했다. 이렇게 몇 주에 걸쳐 주간 업무 보고회를 운영하자 놀라운 변화가 생겼다. 일단 질문에 답하기 위해 모두가 집중하고, 자신 의견을 가감 없이 이야기하고, 서로 협업의 시너지까지 보이기 시작했다. 무엇보다 좋은 것은 경청하면서 서로의 의견을 물으며 주간 업무 보고회를 진행하니 오히려 회의 시간이 짧아지고, 집중도가 높아졌다. 파트장들도 주간 업무 회의가 상당히 부담이 되었는데 서로 대화하고 조언을 들어 기분 좋은 한 주가 시작되는 기분이라고 했다. 작은 변화가 큰 반향을 불러온다는 사실을 확인했다.

4. ROIC 마인드를 내재화하라 *Together Leadership*

대한민국 리더들의 하루 일상을 영상으로 만든다면 새벽부터 밤까지 분주하기 이를 데 없을 것이다. 대부분의 리더는 하루가 어떻게 지나가는지 모를 정도로 정신이 없다고 말한다. 가장 분주하게 하는 것은 다름 아닌 회의다. 회의는 한 번 시작했다 하면 끝날 줄을 모른다. 더 심각한 것은 회의를 매번 하지만 별다른 결실 없이 끝난다는 점이다.

리더들에게 회의를 왜 하느냐고 물어보면 "의사 결정을 하기 위한 것이다. 같이 협의하는 시간이다. 보고하는 시간이다. 문제 해결점을 찾는 시간이다." 등으로 답변한다.

회의는 협의를 통해 확실히 결론을 내리고, 실천을 약속하는 시간이다. 몇 시간을 토의했지만 분명한 결론이 나지 않아 회의會議하러 들어갔다가 회의懷疑를 느낀 경험이 누구나 있을 것이다. 회의가 비생산적으로 흐르는 이유는 뭘까? 시간은 돈이고 모든 활동은 투자이다. 회의 시간 또한 엄청난 투자이니, 당연히 생산성 관리를 해야 하지만 간과하는 경우가 대부분이다.

생산성 높은 회의를 위한 LESS, MORE 10

Less 10

1. 목적이 명확하지 않은 회의, 관례적으로 하는 회의는 과감히 없애자.
2. 시간 낭비, 돈 낭비 요소를 제거하자.
3. 참석자들을 과도하게 소집하지 말자.
4. 리더 혼자 말하지 말자.
5. 토론 없는 일방적인 회의는 아예 하지 말자.
6. 아무 생각 없이 참석하는 사람들은 과감히 제외시켜라.
7. 묵비권을 행사하지 말자.
8. 남의 일 보듯 하지 말라.
9. 스마트폰을 보지 말자.
10. 공연히 말꼬리 잡는 일을 삼가자.

More 10

1. 회의 시작 전에 참석자 모두를 긍정의 무대로 초대하라.
2. 참석자 모두에게 발언권을 주라.
3. 회의 주제를 의문형으로 제시하라.
4. 회의의 성격과 목적에 맞게 선택과 집중을 하라.
5. 사전에 회의 주제, 내용, 자료를 공유하여 공감대를 형성하라.
6. 회의 중간에 첨예한 부문이나 이견을 분명하게 조정하라.

7. 회의에 집중하고, 경청하면서 행간을 읽으라.

8. 회의 종료 시점에 회의 결과를 정리해서 공유하라.

9. 회의 이후에 메일이나 문자로 회의 내용을 공지하고 확인하라.

10. 과제 실행과 성과를 지속적으로 관리하라.

모두가 주인공인 회의를 하라

많은 기업에서 제조 공장이나 연구개발비 등 실제 돈이 투입되는 분야의 지표 관리는 비교적 철저하다. 하지만 일하는 과정상의 생산성 관리는 상대적으로 철두철미하지 않다.

CJ푸드빌 경영지원실장 시절, 지원 부문의 업무 생산성을 올리기 위해 많은 노력을 기울였다. 효과적인 회의 진행하기, 스탠딩 회의로 속도감을 올리기, 회의 시작할 때 회의 원가 공표하기 등을 실시했다.

10명이 모여서 2시간 회의를 할 때 시간당 인건비를 산출하면 회의 비용이 나온다. 회의 참석자의 대다수는 고액 연봉을 받는 임원이나 팀장이다. 대표이사, 임원 4명, 팀장 5명이 모여서 2시간 회의를 한다면 적지 않은 인건비가 들어가는 것이다. 회의에 소요된 시간, 인건비 등을 계산해서 총 금액을 공유하는 것만으로도 원가 마인드를 높일 수 있다.

대화를 하거나 간단한 협의를 하는 경우도 마찬가지다. 업무 관리를 하면서 놓칠 수 있는 시간 투자나 정성적定性的으로 계산할 수 없는 부문에 대한 원가 마인드이다.

현재 진행하고 있는 회의별로 시간, 참석자들의 인건비, 회의 진행 비용 등을 산정하여 투입 자원이 얼마인지 알아보자.

회의 종료 후 회의 만족도나 효과성을 평가하는 시간을 가져보는 것도 좋다.

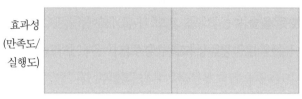

효과성
(만족도/
실행도)

회의에 투입되는 비용(시간 / 인당 인건비 / 인원수 등)

팀 회의 포트폴리오 분석

팀 회의 포트폴리오를 분석했다면, 이제 회의 진행 기술과 프로세스를 알아보자. 리더들이 가장 고민스러워 하는 것이 회의 진행 기술이다. 여러 방법을 구사하지만 결국 리더가 혼자서 북 치고 장구 치기 일쑤이다. 참석자 모두가 주인공이 되는 회의 문화를 만드는 것이 그렇게 어려운 걸까? 답은 '어렵지 않다'이다.

(ROIC)[2] 회의 프로세스로 직접 경험한 사람들은 이렇게 말한다.

"뭔가 회의 진행이 착착 흘러가는 느낌이 든다. 모든 단계마다 회의 참석자들이 한 마디씩 하면서 참여하니까 분위기도 좋다. 깔때기로 회의 결과물을 추출해 내는 기분이 든다. 확실하게 결론이 나서 좋다. 한 시간 만에 공감할 수 있고, 실행하고 싶은 솔루션까지 찾으니 신기하다. 이제 회의 진행이 수월하다. 프로세스의 힘을 확실히 느낄 수 있다. 회의 진행에 자신감이 생긴다. "

(ROIC) ² 대화(회의)프로세스 8단계를 세부적으로 살펴보자.

(ROIC)² 회의 프로세스

회의 주제를 명료하게 정하라
전반부 ROIC를 살피기-회의 분위기 만들기와 주제를 명확히 하는 단계

R-Rapport 친밀감을 형성하라

Rapport는 프랑스어로 '다리 놓기, 연결하기'를 의미한다. 대화하기 전에 상대방과 신뢰 관계를 높이고 긴밀한 상태를 유지하는 것은 매우 중요하다.

회의를 진행하기 전에 친밀감을 높이기 위해 어떤 활동을 하는가? 좋은 회의 결과를 얻고 싶다면 가장 먼저 해야 하는 일은 참석자들의 마음을 열고 자발적 의지를 높이는 것이다. 리더가 기분 좋은 얼굴로 회의를 시작하면 팀원들도 밝아진다. 먹구름이 가득한 얼굴로 회의를 시작하면 모두들 몸을 사린다.

긍정 심리학의 대가인 마틴 셀리그먼은 "긍정적인 기분에서 창의적이고 유연한 사고 작용이 촉진된다."고 강조한다. 대화든 회의든 좋은 결과로 연결하고 싶다면, 그들의 긍정의 문을 노크하는 활동부터 해

보자.

"최근 기분 좋았던 일은 뭔가?"

"주말은 어떻게 보냈나?"

"당신에게 오늘 가장 소중한 건 뭔가?"

"당신을 행복하게 하는 건 뭔가?"

처음에 이런 질문을 하면 팀원들은 당황한 표정을 짓는다. 어색함에 굴복하지 말고, 인내심을 갖고 오프닝 활동을 적극적으로 해보자. 참석자들이 대답을 하면서 자기 안에 숨겨 두었던 긍정의 에너지를 꺼내 몰입한다.

단도직입적으로 회의를 시작하면 일사천리로 진행되는 느낌이 들 것이다. 당장은 시간을 아낀 것처럼 생각되겠지만 피상적인 의견이 오갈 뿐, 마음속의 진성은 사장되고 만다.

O-Object 회의 주제를 확인하라

회의나 면담, 미팅을 할 때는 주제나 목적을 명확히 정해야 한다.

"오늘 무슨 얘기를 나눌 건가요?"

"오늘 회의 목적은 뭔가요?"

"우리가 논의할 주제가 뭔가요?"

"무엇을 결정하기 위한 자리인가요?"

이런 질문에 한 마디씩 답하다 보면 참석자들이 회의 목적을 명확히 알 수 있다. 이 과정이 생략되면 회의가 산만해지고 결론이 나지 않는다.

회의 제목을 정할 때 의문형을 사용하라. '손익 개선 방안'보다 '손익을 어떻게 개선할 수 있을까?'라고 묻는 게 훨씬 효과적이다. '커뮤니케이션 활성화'라는 제목을 정하면 '커뮤니티 활성화, 세대 간 커뮤니케이션 활성화, 상하 간 교류 확대, 전사적 대화의 장 마련' 같은 결론이 나온다. 이런 결론으로는 실행이 힘들다. 또다시 세부 실행 계획을 수립하기 위해 반복적으로 회의를 거듭해야 한다.

회의 주제를 의문형 문장으로 제시하면 주제가 좁혀지면서 구체적인 실행 방안이 나온다. 논의의 초점이 행동에 맞춰지면서 해법을 내놓기 때문이다. 행동 방안을 찾고 싶다면, 의문형 주제를 제시하자.

I-Implication 회의 주제의 의미를 물어라

주제가 광범위하면 대화가 중구난방으로 흘러 결론을 내기 어렵다. '조직 문화 활성화'라는 주제로 회의를 한다면 의미를 따져 보고 생각을 모으는 질문이 필요하다.

"조직 문화 활성화란 건 어떤 의미인가요?"

"여러분이 생각하는 조직 문화란 어떤 겁니까?"

"오늘 회의에서 어떤 결론을 얻고 싶은가요?"

질문에 답을 하다 보면 주제를 생각하게 되고, 의미를 정리하면서 집중하게 된다.

"소통이 잘되는 거요. 신바람 나게 생활하는 거요. 성과를 내는 조직이요. 한 방향으로 가는 거요. 우리 회사의 색깔이요." 등 다양한 답변이 나온다.

그러면 다양한 생각을 공유하고 정리하여 회의의 의미를 명확히 하고 합의하는 것이 중요하다.

실제 그룹 코칭을 할 때, 이 단계에서 성찰의 시간을 갖는다. '팀원 육성을 어떻게 하면 잘할 수 있을까?'라는 주제로 회의를 할 경우, 우선 참석자들에게 '부하 육성의 의미'를 질문한다.

"일 잘하는 인재로 키우는 것이다. 임파워먼트 하는 것이다. 자발성을 키워 주는 것이다. 일에서 성과를 내는 사람으로 육성하는 것이다. 책임감 있게 일하는 인재로 키우는 것이다." 등 여러 의견이 나온다. 부하 육성의 의미를 이야기하고 나면 논의 주제가 이렇게 바뀐다.

"어떻게 하면 주어진 업무에 책임을 다하는 인재로 키울 수 있을까?"

"임파워먼트를 잘할 수 있는 방법은 무엇일까?"

주제가 작으면 작을수록 실천안을 더 구체적으로 생각해 낼 수 있다. 큰 주제로 계속 도돌이표 회의를 할 것인가? 작은 주제를 하나씩 해결하면서 큰 주제를 해결할 것인가? 그 결정은 리더에게 달려 있다.

C-Core Agenda 진짜 주제를 정하라

의견을 듣다 보면 팀원들의 생각이 제각각이라는 걸 확인하게 된다. 중지를 모아 작은 주제나 가장 급한 주제에 집중해야 한다. 주제 좁히는 과정을 생략하면 회의가 계속 겉돌거나 리더 중심으로 모든 게 흘러간다. 진짜 주제를 명확하게 잡아 내서 함께 논의해야 한다. 이런 질문을 해보라.

"오늘 정말 얘기하고 싶은 것은 뭔가요?"

"주제를 좀 더 좁혀 볼까요?"

"오늘 풀어야 할 한 가지를 고른다면?"

주제가 제대로 잡히면 목표도 명확해지고 해법도 찾을 수 있다.

주제를 쪼개서 회의하면 시간이 많이 걸릴까 봐 걱정하는 이들도 있다. 큰 주제로 회의를 반복하면 시간이 훨씬 더 많이 소비된다. 가짜 주제로 비효율인 회의를 계속 하는 것보다 진짜 주제로 실속 있는 회의를 해야 생산성을 높여진다. 작은 주제가 힘이 있다.

솔루션을 찾고 실행력을 높여라

후반부 ROIC를 살피기-구체적인 현상 파악과 문제 해결 방법을 찾는 단계

R-Reality/Result, 현재 상황과 목표 지점을 분명히 하라

주제를 분명히 했다면 현 상황을 인식하고 목표를 정해야 한다. '팀원과 소통을 잘하려면 어떻게 해야 하나?'라는 주제를 정했다면 우선 팀원들과의 소통 수준부터 파악해 보아야 한다.

"당신은 팀원과의 소통 점수가 100점 만점에 몇 점 수준인가요?"

"그 점수가 의미하는 것은 어떤 건가요?"

참석자 모두에게 100점 만점에 몇 점 수준인지를 물어본다. 80점, 70점, 40점, 30점, 20점이 나왔다면 평균은 48점이다. 그 다음으로 현재 소통 수준인 48점은 어떤 상태인지 파악해야 한다. "소통이 안 되고, 업무 협의도 잘 안 되고, 반목이 있고, 일이 반복되고, 피로감도 올라간다. 리더로 체면이 서지 않는다." 등등의 얘기가 나온다.

다음은 "팀원과의 소통을 몇 점 수준까지 올리고 싶은가요?", "그 상태가 되면 어떤 변화가 예상되나요?" 등의 질문으로 목표를 합의해야 한다. 75, 80, 85, 90, 90점으로 평균 84점이 나왔다. 그 상태가 되면 어떤 변화가 예상되는지 느낌을 물어본다. 그런 다음 "현재 팀원과의 소

통 수준은 48점이고 개선 목표는 84점이다. 36점의 갭을 줄이려면 무엇을 해야 할까?"라는 질문을 던져 보라. 이쯤에서 참석자 모두 동참 의지가 높아진다. 목표 달성을 위한 다양한 아이디어를 제시한다. 모두가 공감한 주제인 데다 현재 상황과 목표를 명확하게 인식했기 때문이다.

숫자로 표현하면 현상과 목표가 객관화되면서 명확해진다. 참석자들 간에 소통 수준 차이가 나기 마련이다. 모두의 수준을 물어 평균치를 내야 한다. 공감대가 높아지면서 더 다양한 대안을 찾을 수 있다.

O-Option 대안을 찾아라

현재 수준을 파악하고 목표점을 확인했다면 그 다음에 다양한 대안 찾기 활동을 해보자. 최대한 많은 대안을 찾는 게 중요하다. 처음에 나오는 4~5의 답은 대개 모두가 아는 것들이다.

그 다음부터 더 집중하여 강한 대안을 이끌어 내야 한다. 해법은 반복 질문에 있다. 질문이 상대를 자극하면 생각지도 못했던 대안이 툭툭 튀어나온다. 뒤로 갈수록 임팩트가 큰 아이디어가 나오기 때문에 질문을 10번 이상 이어가 보자.

"목표점까지 가려면 어떤 노력이 필요할까요?"

"목표를 이루기 위해 어떤 행동을 해야 할까요?"

"그리고 또 뭐가 있을까요?"(3~5번 되풀이)

"아무런 제한이 없다면 뭘 해볼 수 있을까요?"

"마지막으로 하나만 더 얘기하면 뭐가 있을까요?"

"지금까지 생각하지 않았던 아이디어가 있다면 어떤 것일까요?"

개방적인 질문으로 팀원들의 아이디어가 분출하도록 자극하라. 모든 참가자가 대안을 내놓도록 회의를 진행해야 한다. 시간을 줄이고 싶다면 포스트잇에 각자 생각하는 대안 3가지를 적고 발표하게 한다. 발표 내용을 분류하여 가장 많은 대안을 최우선 과제로 결정한다. 다양한 의견도 수렴하고 브레인스토밍 기법에 비해 회의 시간도 길지 않다는 장점이 있다.

I-Imagination 상상하게 하라

대안을 찾는 과정에서 예상 밖의 아이디어를 접하면 실행 의지도 올라간다. 84점을 달성했을 때 모습을 그려 보고 변화를 예상해 보는 것도 중요하다.

상상하면 이루어진다는 말이 있듯이 성공 이미지로 그려 보면 실행 의지가 샘솟는다.

"그런 실행을 통해 목표를 이루면 어떤 기분이 들까요?"

"성공을 하면 팀에 어떤 변화가 올까요?"

"변화를 이룬 자신에게 칭찬 한 마디 해주세요."

"최고로 소통이 잘되는 팀으로 선정되어 사내 방송에 나오게 되었습니다. 무슨 말을 하시겠습니까?"

C-Confirm 실행을 약속하라

회의는 회의로 끝나는 경우가 대부분이다. 활발한 의견이 오간 경우도 마찬가지다. 왜 실행으로 옮기는 것이 어려울까. 이런 얘기를 자주 들었다.

"한국어로 회의를 했는데, 각자 이해하는 것이 달라요. 말도 안 되는 일이죠."

"몇 명은 본부장이 승인했다고 하고 몇 명은 반대했다고 하고. 어쩔 수 없이 본부장에게 승인 여부를 확인한 적이 있어요."

"회의 끝난 뒤 다시 처음으로 돌아가는데 회의는 도대체 왜 하는 건지!"

회의를 주관한 사람은 '회의 주제는 뭐였는지, 현재 상황과 목표점이 어디였는지, 다양한 의견 중에 실행에 옮기기로 한 내용은 뭔지, 누가 언제까지 하기로 했는지' 등을 간결하게 요약해서 확인시켜야 한다. 이 과정을 명확히 하지 않으면 열심히 회의한 것이 무용지물이 되고 만다. 마지막에 돌아가면서 오늘 회의의 키워드는 뭐였는지, 실행하기로 한 사안은 무엇인지 한 마디씩 하면 더욱 효과적이다.

똑 부러지는 결론을 도출하는 회의, 모두가 의미 있었다고 인정하는 회의, 인풋 대비 아웃풋이 좋은 회의 문화를 만드는 건 리더의 역할이다. 회의 진행만 잘해도 팀이 역동적으로 움직이게 된다. 많은 과제를 한꺼번에 실행하려고 하면 오히려 아무것도 할 수가 없다. 순서를 정해 차근차근 진행해 보자.

"최우선적으로 실행할 것은 뭔가요?"

"언제부터 할 건가요?"

"과제의 성공을 어떻게 확인할 수 있을까요?"

"내가 도와줄 건 뭔가요?"

"방해 요소는 없나요?"

과제를 서로 확인하고, 약속해야 실행력이 높아진다.

대화나 회의 진행할 때 8단계 핵심 질문이다.

(R) 지난 주말 어떻게 보냈나요?

(O) 오늘 회의 주제가 뭔가요?

(I) 그 (주제어)가 의미하는 것은 뭔가요?

(C) 오늘 정말 논의할 것은 뭔가요?

(R) 현재는 어떤 상태인가요? 어떤 상태로 변화, 발전하고 싶은가요?

　　(현재는 몇 점 수준인가요? 몇 점 수준까지 변화, 발전하고 싶은가요?)

(O) 그 차이를 줄이기 위해 뭘 해야 할까요?(5~10번 이상)

(I) 그 목표를 이루면 어떤 기분이 들까요?

(C) 우선 집중해서 실행할 것은 뭔가요?

　　언제부터 할 건가요?

　　방해 요소는 없나요?

　　오늘 회의에 대한 소감을 말씀해 주세요.

(ROIC)^2 회의 프로세스로 기적을 경험하다

네덜란드 반도체 장비회사인 ASML KOREA 재무이사로 재직 중인 김은하 이사의 사례다.

2016년 봄, '기업 맞춤형 인터널 코칭 육성 과정'을 접하게 되었다. 다른 교육과는 달리 당장 써먹을 수 있는 툴이 많아 흥미진진했다. 특히 (ROIC)^2 회의 기법이 나를 사로잡았다. 회사의 조직 구조가 매트릭스 특성을 띄고 있어서 본사에도 우리와 같은 일을 하는 팀이 있고, 평상시에는 그 팀과 협업을 하면서 업무를 진행해야 한다.

평소 실험 정신이 좀 남다른 편인 나는 바로 팀원들과 회의를 소집하였다. 아직 프로세스를 다 소화하지 못했기 때문에 팀원들에게 사전 양해를 구하고 매뉴얼을 펴놓고 따라 가면서 회의 진행을 했다.

이 회의 기법은 모든 멤버가 각 단계마다 참여해야 한다. 그리고 한 단계 넘어갈 때마다 가지를 쳐 내기tree down 때문에 뚝 떨어지는 결론을 이끌어 낼 수 있는 장점이 있었다. 회의 결과를 정리해서 프로젝트 보드 Project board에 보고 했다. 그 내용만 봐도 직원들이 어떤 마음으로 프로젝트에 임했고, 어떤 열정으로 일했는지를 리얼하게 보고 할 수 있는 매우 유용한 보고서가 탄생했다.

또한 이 보고서를 토대로 프로젝트 종료 후에도 지속적인 덧붙이기 작업(follow up)을 하기에 충분한 자료였다. 주기적으로 실천하고자 했던 내용을 점검하면서 그때의 그 성공 느낌을 살리면서 에너지로 재활용할 수 있다는 점에서 감탄하지 않을 수 없었다.

그 놀라운 경험을 바탕으로 ROIC 회의 기법을 부서의 모든 미팅에 적용하고 있다. 계속해서 같은 프로세스로 회의를 진행하니까, 회의 시작 전 분명한 주제가 한 문장으로 사전에 공지 된다. 또 그 회의 주제를 명료화하는 Implication을 묻는 절차를 모든 팀원들이 적용하게 되면서 회의를 임팩트 있게 진행하게 되었다. 회의 생산성이 매우 높아졌다

워킹맘인 나는 가족들에게도 코칭을 적용 중이다. 한번은 가족 여행을 준비하면서 ROIC 기법으로 아이들과 함께 온 가족이 계획을 세워 보는 회의를 진행했다.

민주적인 회의 방식 때문이었을까? 큰딸은 서기를 자처하면서 신 나서 여행 계획을 세웠다. 큰아이는 중3인만큼 패션에 예민하고 관심이 많았다. 옷차림을 원하는 대로 마음껏 뽐내고 갈 수 있도록 했으면 좋겠다고 했다. 그래서 온 가족이 각자의 콘셉트에 맞는 패션으로 여행을 했으면 좋겠다는 의견을 냈다. 둘째는 초등학교 5학년이지만 메이크업에 관심이 많다. 그래서 메이크업을 과감하게 해보고 싶다는 의견이 있어 엄마 화장품을 모두 사용할 수 있도록 허락하였다. 남편은 맛집을 찾아 맛있는 것을 먹을 수 있었으면 좋겠다고 했다. 입맛이 까다로운 아이들인지라 그 부분은 일단 누군가가 먹고 싶다면 동의해 주고 기쁘게 새로운 입맛에 도전해 보기로 결정했다. 방해가 되고 있는 요소들도 함께 이야기 했고, 엄마 아빠가 중간에 잔소리 하는 것, 아이들이 마음에 안 든다고 해서 자기 고집만 세우는 것 등을 조율하고 결정해야 할 일은 다수결로 정했다.

이렇게 하여 2박 3일의 여행을 다녀왔고 아이들은 지금까지 한 여행 중 제일 만족스러운 여행이었다며, 여행 기록을 비디오 편집까지 하면서 즐거운 시간을 보냈다. 이 여행을 시작으로 우리 집은 짧고 긴 여행을 할 때마다, ROIC 회의 기법으로 각자 의견을 수렴하고 의사 결정을 한다.

지금은 큰아이의 자기주도 학습을 돕기 위해 코칭 기법을 사용 중이다. 큰딸도 이젠 코칭으로 엄마랑 이야기할 때 도움이 된다는 것을 알게 된 듯하다. 가끔 스스로 마음이 힘들 때면 "엄마 코칭 좀 해주세요"라며 스스로 엄마의 코칭을 원하기도 한다.

또 다른 도전은 세상을 코칭으로 꽃피우는 꽃밭 코칭이다. 작년부터 동네 주민이 참여하는 힐링 정원이 있다. 그 정원에 꽃을 가꾸는 취미 생활을 해오던 중 코칭 모임에 갔다가 문득 꽃밭에 코칭 질문들을 접목시켜 많은 사람들이 꽃을 보러 나온 길에 힐링의 순간을 경험하게 해주고 싶은 마음에서 시작했다. 꽃길에서 우연히 만난 질문에서 많은 사람들이 행복과 사랑을 만끽했으면 좋겠다.

일 년 전 교육 받기 전에 리더십을 발휘하면서 힘들었던 순간들이 스쳐 지나간다. 코칭을 만나지 못했다면 과연 어떤 모습으로 지금 팀원과 일을 하고 있을까! 생각하면 아찔해진다. 앞으로 소통이 잘되는 대한민국을 만드는 데 코칭이 많은 역할을 할 수 있기를 기대하며, 김상임 코치의 '코칭으로 세상의 행복을 꽃피운다'라는 비전에 반해서 함께 한 코칭이 어느새 내 삶의 일부가 되어 있음을 느끼며 오늘도 행복한 미소를 머금어 본다.

5. 성과에 곱하기 하라 *Coaching Leadership*

기업 코칭에서 만나는 분들이 가끔 이런 화두를 던지곤 한다.

"사람은 바뀔 수 없다. 코칭으로 사람이 바뀐다면 그건 기적이다. 회사에서 하라니까 응하지만 효과는 미지수다."

그분들의 의견에 충분히 공감한다.

내가 코칭을 처음 접한 시기는 2007년 CJ푸드빌 경영지원실장을 할 때이다. 나 역시 같은 심정이었다. '사내 코치를 키우는 목적으로 시작은 하지만, 과연 이렇게 착한 리더십이 우리 조직에 맞을까!' 내심 걱정을 한 것도 사실이다. 그렇게 내 인생에 찾아온 코칭은 엄청난 변화의 물꼬를 터주었다.

'여장교'라는 나의 별명이 말해 주듯 조금의 여유도 없이 앞만 보고 달려온 '전투력 만 마력의 리더십'에 경종을 울려 주었다. 2008년 빕스라는 거함을 이끌어야 하는 사업부장이 되면서부터 조직에 코칭 리더십을 적극적으로 적용했다. 먼저 코칭 리더십이 무엇인지 어떻게 하는 것인지를 알려야 했기에 350명을 대상으로 10회에 걸쳐 전국 순회를 하며 8시간 코칭 리더십 과정을 운영했다. 외부 강사가 아닌 사업부장인 내가 직접 교육했다. 팀장, 점장, 매니저들 순서로 코칭 개념과 철학, 효과, 프로세스, 스킬 등을 집중적으로 가르쳤다. 외식업은 심신이 피곤하고 긴장되는 업종이다. 초반에는 외식업 성황을 모르는 사업부장이 부임해서 쓸데없는 활동을 한다며 불만의 소리도 컸다. 굴하지 않고 계속해서 코칭 리더십을 발휘해 줄 것을 강조하고 또 강조했다.

코칭은 신 나게 말하게 하는 기술

"코칭이 뭐예요?"

어디를 가든 이 질문을 받는다. 이어서 궁금해 하는 사안이다.

"어떤 힘이 있길래 전혀 경험하지 않은 에너지, 자동차, 조선, 건설, 반도체, 의료 분야의 경영진들을 코칭할 수 있나요?"

코칭은 한 마디로 '말하게 하는 기술'이다. 말하면서 내 안에 묻어 두었던 잠재 가능성도 발견하고, 어떤 목표가 있는지, 무엇을 해야 하는지를 스스로 인지하여 더 나은 삶으로 나아가는 작은 실천을 시작하는 것이다. 여기서 중요한 것은 자각하게 하고 스스로 변화 동기를 찾게 하는 것이다. 대화에서 마침표보다는 물음표가 필요한 리더십 기법이다.

일방적으로 답을 주고, 지식을 전달하고, 심리적 위안을 안기는 건 코칭이 아니다. 『성과 향상을 위한 코칭 리더십』의 저자 존 휘트모어는 "21세기의 리더들은 지시하고 책임지는 명령자가 아니라, 구성원을 성장시키는 코치가 되어야 하고, 각자의 구성원들이 잠재력을 발휘하게끔 하는 오케스트라의 지휘자와 같아야 한다."고 강조했다.

어떻게 해야 오케스트라 지휘자가 될 수 있을까. 그동안 리더십을 발휘해 오면서 축적되어 온 나름의 강점들에 코칭의 옷을 입히면 된다. 이제는 융·복합적 리더십이 필요하다.

산업화 시대에는 리더 혼자 똑똑하면 그만이었다. 예측이 가능한 시대고, 리더의 지시에 따라 실행하면 성과가 나왔다. 리더는 지시하고 충고하고 가르치고 훈련시키는 활동에 주력하면 됐다. 하지만 정보화 시대에 진입하면서 패러다임이 달라졌다. 팀원들과 비전을 공유하고 함께 이끌어 가는 리더십이 필요한 시대가 된 것이다. 퍼실리테이팅 facilitating, 컨설팅consulting, 멘토링mentoring과 같은 도구가 대세를 이루었다.

이제는 한치 앞을 내다볼 수 없는 불확실성의 시대다. 더 이상 리더 혼자 난국을 헤쳐 나갈 수 없게 되었다. 불확실성을 해결하려면 전방위 해법을 찾아야 한다. 팀원을 온전한 인격체이자, 문제 해결 자원을 갖고 있는 창의적인 존재로 바라보면 답이 나온다. 팀원의 잠재 자원을 이끌어 내어 시너지를 창출하면서 집단지성의 장을 펼쳐 나가야 한다. 질문에서 답을 구하고, 사람들의 마음을 얻어야 하는 시대임을 명심하자.

어느 고등학교 교사 사례다. 교사 만족도가 5점 만점에 2.85 수준에서 맴돌았다. 해법을 찾지 못해 애태우던 그는 친구 소개로 코칭을 만나게 되었다. 내가 운영하는 (주)블루밍경영연구소의 인터널 코치 양성 과정을 이수하고 이런 말을 했다.

"코칭 교육을 받고서 왜 학생들이 수업에 집중하지 못하고 지루해했는지 알게 되었어요. 그동안 베테랑 교사라는 자만심에 과거 교육 방식을 고수했어요. 신세대 학생들에게 어떻게 해야 하는지 성찰했고, 변화의 필요성을 느꼈습니다. 학생들에게 적용할 몇 가지 아이디어도 가져길 수 있어서 좋았고, 사신감이 생기네요."

이 교사는 일반적인 교육 방식에서 벗어나, 코칭 기술을 융합하여 수업을 진행했다. 질문하고, 잘 들어주고, 피드백하고, 인정과 칭찬을 하면서 학생들을 존중받아야 하는 인격체로 보면서 변화를 실천했다. 또한 재미있게 참여할 수 있는 도구를 개발해서 수업 방식에 변화를 주었다. 엎드려서 자거나 딴짓 하던 학생들의 눈이 초롱초롱해지면서 교사의 말에 집중하기 시작했다. 그 교사는 계속 작은 변화와 작은 성공을 만들어 교사 만족도가 4.0 수준으로 올라갔고, 다시 담임도 맡게 되었다. 또 학생들이 스스로 교사를 찾아와 마음을 털어놓는 정도까지 발전했다며 아주 신기한 경험을 하고 있다고 했다. 내가 지식을 넣어 주어야 한다는 생각에서 벗어나, 학생들이 진심으로 마음을 열고 수업에 흥미를 느낄 수 있도록 노력을 한 결과이다.

2008년 갑자기 빕스 사업부장 발령을 받았다. 기획과 전략, 지원 업무를 주로 해왔던 나에게 새로운 도전이었다. 정직원이 550명, 아르바이트생까지 합하면 1,500명에 이르는 대규모 조직이었다. 고객 만족도가 떨어지고 매출과 손익에도 적색 경보가 울리는 시점이라 많은 과제를 해결해야 했다.

외식 경험이 없었던 나는 '핵심 밸류 체인'을 직접 경험하기로 했다. 단순히 머리로 익히는 것이 아니라 현장을 뛰기로 한 것이다. 새벽 물류차를 타고 식재를 배송했다. 식재 공장과 R&D 센터, 매장에서는 플로어 서비스도 했다. 주방에서 메뉴도 만들었다.

두루 경험해 봐도 뭔가 부족하다는 생각이 들어 빕스에서 가장 힘든 포지션이 무언지 알아봤다. 퇴식구와 식기 세척 포지션이었다. 그 길로 주말에 빕스 대화점에서 오전 11시부터 밤 10시까지 온종일 접시를 닦았다. 혼자서 거의 4천 개의 접시를 세척했다. 그제야 비로소 외식업이 힘들다는 것과 구성원들이 혼신의 힘을 다해 일한다는 것을 깨닫게 되었다. 이 경험을 통해 몰아붙이기보다 그들을 존중해 주고 신바람 나게 해주어야 한다는 것을 깨달았다. 그래야 그들이 고객들에게 최선을 다할 수 있지 않겠는가. 우선 빕스인들을 하나로 묶는 작업을 하기로 했다.

인트라넷을 통해 550명을 모두 참여시켜 비전과 미션을 수립했다. 과거의 일사불란한 조직 문화에 익숙한 그들에게 쌍방향 다채널 소통을 제안하는 사업부장이 매우 버거웠을 것이다. 모두가 한 방향으로 집중할 조직의 미션, 비전, 전략을 수립했다. 이후부터 끊임없이 코칭 리더십 적용을 강조했다.

코칭은 사용하는 언어부터가 다른 데다 억양까지 부드러워야 해서 이른바 '천사 스타일'로 변신을 해야 했다. 말을 하기보다는 듣고자 했고, 야단치기보다 칭찬과 인정을 더 많이 하려고 노력했다. 잔소리 대신 강력한 질문을 던지는 일, 팀원 스스로 대안을 찾고 실행하도록 돕는 일은 그간의 내가 일하던 방식과 완전히 달랐지만, 이상하게도 코칭에 푹 빠지게 되었다.

고객 응대와 매장 운영을 하느라 몸과 마음이 힘들어 불만에 찬 팀원들에게 "지금 우리 브랜드가 반드시 해야 하는 과제는 뭔가? 점포 운영에서 가장 힘든 것은 뭔가? 당신이 이 점포 사장이라면 뭘 해보겠는가? 이대로 변화 없이 가면 어떤 일이 벌어질까?"라는 질문을 했다. 팀원들은 처음에 어리둥절하다가 차츰 아이디어를 내놓기 시작했다.

현장에 모든 답이 있다. 경영이란 많은 사람들과 많은 밸류 체인이 하모니를 잘 이루어야 지속 가능한 성과를 만들 수 있다. 현장을 어떻게 춤추게 할 것인가? 이런 고민을 하고 있다면 코칭을 접목해 보기 바란다. 팀원들의 이야기를 온몸으로 경청하고, 그들에게서 나온 키워드로 질문하고, 제대로 피드백하라. 그러면 팀원들은 마음을 활짝 열 것이다.

당시 팀원들이 내놓은 아이디어를 바탕으로 패밀리 레스토랑 최초로 돌잔치를 시도해 좋은 반응을 얻었다. SK와이번스와 두산베어스 등과 제휴 마케팅도 시작했다. 점포별로 코마케팅 파트너를 찾아서 프로모션을 진행했다. 시도하는 이벤트마다 큰 성과를 냈던 그때를 생각하면 지금도 가슴이 벅차다. 이 모든 것이 팀원들이 일구어 낸 성과였다.

팀을 최고로 만들고 싶다면 현장으로 달려가 팀원들의 이야기부터 듣자. 그리고 그들을 진심으로 존중하는 마음으로 대하라. 생동감 넘치는 전략과 전술이 쏟아질 것이다. 팀원의 성장은 리더 하기 나름이다. 팀원을 믿고, 잠재성을 자극해 보라. 그리고 지지하고 응원해 주라. 팀원의 성장의 열매는 모두 리더의 성과로 되돌아온다.

뚝심 있는 코칭 리더십

다음은 빕스 사업부장 시절 전체 팀원들에게 수시로 보낸 메시지를 요약한 것이다.

1. 경청을 잘하는 리더는 존경받는다

사람들이 경청을 못하는 이유는 상대가 이야기하는 동안 상대방을 공격할 거리를 생각하고 본인이 개진할 의견을 생각하느라 머리가 복잡하기 때문입니다. 우리는 상대방이 이야기하는 내용을 흘려듣는 경우가 많습니다. 가끔 중요 회의 때 동문서답하는 분들이 있는데 이 분들은 경청 점수가 빵점입니다

'청聽'은 임금님이 이야기할 때 귀를 쫑긋이 세워 듣는 것처럼 '집중하고, 열 개의 눈이 있는 것처럼 응시하고, 상대와 하나의 마음이 되어 들으라'는 의미입니다. 그래야만 진정으로 경청했다고 할 수 있습니다.

말 자체는 7%밖에 전달되지 않는다고 합니다. 상대의 몸짓, 어조, 억양, 제스처 등을 잘 살피고 그 말의 행간을 읽어야 그 말을 진짜 이해할 수 있습니다. 팀원이나 동료들과 업무 협의를 하거나 대화를 할 때 진정한 경청을 실행해 보기 바랍니다.

상대방을 존중하게 되고, 경청하는 만큼 얻는 것이 많아질 것입니다

좋은 경청 방법 중의 하나는 '평상시보다 말하는 비중을 80% 이상 줄여보는 것'입니다. 적게 말하면 많이 들립니다.

2. 질문으로 상대방의 잠재성을 이끌어 낼 수 있습니다

리더들은 팀원들을 도와준다는 명목하에 많은 얘기를 하며 행동을 제한합니다. 그로 인해 팀원들은 위축되고 수동적으로 일하게 됩니다. 팀원들이 능동적이면서 주도적으로 일하게 하려면 답을 주기보다 질문을 던져 보세요. 한 사람의 머리에서 나온 아이디어보다 훨씬 다양한 제안이 쏟아질 겁니다.

팀원들과 대화하는 과정에서 공감대가 형성되고, 팀원들은 자신들의 아이디어를 실행할 때 열성을 다하게 될 것입니다. 팀원들에게 현안에 대한 의견을 받아 보세요. 메뉴 운영과 관리 측면에서 깜짝 놀랄 만한 지혜가 나올 것입니다.

3. 메시징으로 팀원들을 북돋아 주세요

메시징이란 간결한 문장으로 그 사람의 장점을 인정해 주는 것입니다.

(ex, ㅇㅇ님의 음식 솜씨는 정말 훌륭합니다. 앞으로 정말 훌륭한 요리사가 될 것 같아요)

(ex, ㅇㅇ님, 그러한 열정이면, 이 회사에서 훌륭한 사업부장이 되실 겁니다.)

이러한 메시징을 듣는 사람의 내면은 자신감으로 넘칠 것입니다. 리더들은 메세징으로 팀원들의 장점을 칭찬해 주세요. 그러면 팀원들은 장점을 더욱 강화하면서 새로운 면을 개발해 나갈 것입니다. 많은 긍정의 효과가 나타날 것입니다

4. 칭찬은 고래도 춤추게 합니다

우리는 팀원이 95% 잘하고 5% 못하는 경우, 95%를 칭찬하기보다 5%를 강하게 질책합니다. 질책하면 그 사람이 개선될 것이라 생각하지만, 역효과가 더 큽니다

잘한 내용은 칭찬해 주시기 바랍니다. 그러면 팀원의 일하는 자세가 달라지면서 더욱 신바람 나게 일할 것입니다

히딩크가 통역관을 통해 해준 "박지성 선수는 정신력이 훌륭하다."라는

말 한 마디가 박지성에게 큰 힘이 되었습니다. 힘든 상황에서도 그 말을 기억해서 더욱 노력한 결과 세계적인 선수가 되었답니다.

우리도 칭찬을 통해 숨어 있는 인재들을 발굴해서 회사에 기여하도록 합시다. 단, 질책할 사안에 대해서는 질문을 통해 스스로 느끼도록 해 봅시다.

(ex. ∞ 사안에 대해서 최선의 방법은 무엇일까요? 이 점포에서 개선할 점은 무엇일까요?)

우리가 팀원을 코칭하는 일이 쉽지만은 않습니다. 하지만 의식적으로 '경청, 질문, 인정(메시징), 칭찬'을 적용하면 좋은 문화가 쌓일 것입니다. 우리 모두 멋진 코칭을 하는 리더와 파트너로 변신합시다.

이런 노력이 헛되지 않았다. 교육한 지 3개월이 지나면서 작은 변화들이 일기 시작했다. 지금도 감사한 것은 점장들의 실행력이었다. 코칭 리더십 교육을 듣고서 그냥 흘려보내지 않고 현업에 적용을 했다. 그들이 아르바이트생들에게 질문하기 시작했다. 경청이 어렵다고 하면서도 애써 경청을 시도했다. 인정과 칭찬을 시도했다. 피드백 기법을 활용했다. 조직 문화에 초록불이 켜졌다. 아르바이트생들의 진심어린 미소가 살포시 보이기 시작했다.

아르바이트생을 경영주로 모셔라

2008년에 샐러드바 중심으로 운영되던 빕스는 스테이크 판매를 높이기 위해 애를 썼다. 하지만 목표만큼 매출이 오르지 않아 고민이었다. 그런데 수원에 있는 점포의 객客 단가가 눈에 띄게 올라갔다. 점포 방문을 해 점장을 칭찬하고 어떤 활동을 했는지를 물었다. 그의 대답이 매우 감동적이었다.

"사업부장님이 코칭 리더십을 발휘하라고 강조하셔서 저도 점포 매니저나 아르바이트생들에게 질문을 하기 시작했습니다."

영업을 끝내고 밤늦은 시각에 아르바이트생들에게 스테이크를 시식하게 하고 "어떻게 하면 스테이크를 더 많이 팔 수 있을까?"라는 질문을 했다고 한다. 이런 진지한 질문을 받아 본 적이 없는 아르바이트생들은 처음에는 주저하다가, 한 명이 조심스레 의견을 내자 봇물 터지듯 다양한 아이디어가 쏟아졌다. 그들이 내놓은 아이디어는 고객을 직접 대하는 사람만이 알 수 있는 것이었다.

"스테이크를 안 먹어 본 사람은 주문하지 않는다. 그러니 명품 가방

을 든 고객을 중심으로 주문을 권유해 보자."

"연인이 왔을 때, 여성 고객은 샐러드만 주문한다. 이때 남성 고객에게 스테이크를 권유하면 주문할 가능성이 높다."

"4인 가족이 왔을 때, 아버지들은 스테이크를 잘 몰라 주문을 권유하면 당황한다. 자녀들에게 스테이크를 권유하면 부모님들은 대개 시키라고 말한다."

점장은 쏟아지는 아이디어를 듣고 놀랐다고 한다. 그냥 주문받고 서빙 하는 것에 그치는 줄 알았는데 아르바이트생들은 고객의 행동과 마음을 꿰뚫어 보고 있었던 것이다.

이후 '아르바이트생을 경영주로 모셔라'라는 캐치프레이즈를 만들어 전국 빕스에 베스트 사례로 접목했다. 이후에 점포 운영이나 브랜드 성장을 위한 다양한 아이디어가 현장에서 나왔고, 그 소중한 의견들을 경영에 접목해서 성과를 연결시키고자 노력했다.

수동적으로 움직이던 아르바이트생들도 주인 의식을 가지고 더 열심히 달렸다. 현장을 가장 잘 아는 사람에게 질문하라. 그들이 신입 사원이든 아르바이트생이든. 모를 거라는 의심은 버리고, 코칭 철학대로 인간은 무한한 가능성을 지닌 존재라는 생각으로 진심을 다해 질문해 보라. 해답을 얻게 될 것이다.

코칭 리더십을 경영에 접목하다

2015년 초 수도권매립지관리공사에서 연락이 왔다. 연찬회를 그룹 코칭 방식으로 진행해 달라고 했다. 150명이 한자리에 모여 한 해 살림을 연구하는 자리였다. 공기업 특성상 반응이 미미할 것이라는 우려를 하며 5시간 동안 진행했다. 결과는 매우 성공적이었다. 이런 교육은 생애 처음이라며, 참석자들이 환한 얼굴로 반응해 주었다. 그리고 2017년 다시 연락이 왔다. 신입 사원 입문 교육을 코칭 기반으로 디자인해서 진행해 달라고 했다.

총 40시간 과정으로 자기 이해, 다름의 인정, 셀프 리더십과 인생 목표, 미션, 비전 관점에서 회사와 개인 연결하기, 마음을 사로잡는 소통 기술, 회의 기법 등의 콘텐츠를 구성해 운영했다. 5점 만점에 4.8점을 받을 정도로 큰 반향을 일으켰다. 그 신입 사원들의 기세에 놀란 선배 사원들이 "우리에게도 코칭 리더십 과정을 진행해 달라."고 요청해 1급에서 9급까지 전 직원을 대상으로 8시간 코칭 리더십 과정을 운영하기로 했다. 반목이 심했던 조직이 2년 만에 이렇게 급변하게 된 비결은 전문 코치 자격증까지 획득하면서 조직의 소통과 화합을 위해 노력해온 이재현 사장의 노력 덕분이다. 이재현 사장과의 일문일답을 통해 코칭 리더십을 어떻게 경영에 접목했고, 구체적으로 어떤 효과가 있었는지를 정리해 보았다.

코칭은 행운이다. 공직과 민간 기업에 걸쳐진 경계인, 딱딱함에서 유연함을 찾아가는 경계인, 좁은 세계에서 넓은 세계로의 도전을 하는 경계인, 그 가교 역할을 해준 것이 코칭이다. 차원 높은 인간관계, 마음을 이끄는 깊이 있는 소통력을 키워 주었고, 조직이나 개인의 삶에서도 많은 변곡점을 만들어 준 것이 코칭이다.

처음에는 리더가 이야기해 주는 것을 코칭이라고 생각했다. 코칭을 배우면서 시각 전환이 있었다. 일일이 가이드를 주고, 챙기고 하는 스타일이 결코 생산적인 리더십이 아니라는 것을 알게 되었다. 마음을 여는 것이 핵심이고 그를 위해 과거의 소통 스타일에 변혁이 필요했다. 질문을 통해 스스로 생각하게 하고, 지적도 피드백 기법으로 세련되게 하고, 무엇보다도 그들을 바라보는 시각을 바꾸었다. 신기하게도 그런 노력이 조직의 자발성을 올려주었고, 소통과 협업의 문화가 만들어지기 시작했다. 2015년 부임 당시 갈등과 반목으로 공기업 경영 평가에서 만년 꼴찌였던 수도권매립지관리공사가 2년 연속 A등급까지 받게 되었다. 믿고 함께 해준 구성원들의 덕분이고, 앞으로도 코칭이라는 마중물로 인해 우리 공사는 기적과 같은 성공을 더해가는 멋진 조직이 될 것으로 믿는다.

나 스스로가 소통과 나눔, 사람 관계나 조직 운영 측면에서의 리더십이 출중하다고 생각했다. 코칭 임상을 하면서 조직이나 가족들에게 소통이라는 미명 아래 내가 모든 것을 진두지휘하고 있다는 것을 알게되었다. 제대로 적용해야 조직 전체적으로 선순환의 코칭 문화를 만들 수 있다고 생각해서 새로운 도전을 하게 되었다. 회의, 보고, 면담 등 경영 현장에서 진심을 담은 사내 코치로 활동을 하기 위해 자격증에 도전했다. 나에게 새로운 자양분을 역할을 해주고 있다. 또한 구성원들도 이제는 코칭 매력에 빠져들고 있는 모습을 보면서 행복 가득한 우리 공사의 미래를 기대한다.

Q. 앞으로 어떤 리더로 성장하고 싶으신지요?

코칭을 통해서 더 넓고 깊은 나눔과 소통 문화를 만들고 싶다. 내가 몸담고 있는 조직뿐만 아니라, 사회 전반에도 영향을 미치고 싶다. 정치적으로나 사회적으로 소통이 필요한 시점이다. 나와 마찬가지로 몰라서, 또는 잘못 이해하고 못하는 경우가 대부분이다. 대한민국의 소통과 미래에 더 아름다운 우리 사회를 만들고 싶다. 불우한 어린이나 청소년들을 위한 지렛대 역할도 게을리하지 않을 것이다. '코칭으로 함께하는' 가치를 전파하고 싶다.

독사 엄마에서 천사 엄마로!

삼성그룹 공채로 들어가 CJ그룹 상무에 오르기까지 하루를 36시간처럼 살면서 자기계발에 몰두하느라 가정에 소홀했다. 그래도 엄마 역할을 해야 한다는 강한 일념이 있어, 아이들의 미래를 내가 설계하고, 무엇을 어떻게 해야 하는지를 준비해서 아이들에게 강요하곤 했다. 퇴근해서 집에 와도 나는 부장이고 상무였다. 가족을 부하사원 다루듯 했다. 그로 인해 '야밤의 전쟁' 그 주범은 항상 엄마인 나였다.

2007년 코칭이 내 인생에 들어오면서 '내가 얼마나 잘못된 역할을 해는지' 깨달았다. 대오각성을 하고 작은 변화를 시도했다. 내 주도적인 언행을 아이들 중심으로, 배우자 중심으로 각도를 조금씩 틀어 보기로 했다. 그리고 의식적으로 아이들의 말을 경청하면서 어색한 칭찬을 시작했다. 그러자 우리 집안의 먹구름이 조금씩 걷히는 것을 보게 되었다. 눌려 있던 아이들도 자신의 의사를 당당하게 표현하며 원하는 진로를 택하게 되었다. 다음 글은 멘토이신 박창규 코치 요청으로 딸이 쓴 칼럼이다.

독사 엄마에서 천사 엄마로

사람들은 엄마를 저마다의 의미를 담아 생각한다. 누군가에게는 친구 같은 존재, 누군가에게는 무섭고 피하고 싶은 존재, 그리고 누군가에게는 그저 단어 자체만의 의미를 가지기도 한다. 나에게 있어 엄마는 사랑받고 싶지만 무서운 존재였다.

독사는 독샘이 있어, 이빨로 물면 이빨을 통해 독이 분비되어 주입되는 뱀을 통틀어 일컫는 말이다. 누구라도 자신의 엄마를 독사에 비유하는 사람을 보면 하나같이 '너무하다'라고 생각하겠지만 고교 시절까지 엄마는 나에게 말 그대로 독사였다. 한창 감수성이 풍부하고 예민한 사춘기 때 적지 않은 상처를 받았는데, 그때의 엄마는 상당히 신경질적이고 다혈질이었다. 마치 누군가 건드리면 터져 버릴 것처럼.

어렸을 때부터 엄마와 아빠가 맞벌이를 하셔서 많은 시간을 할머니, 할아버지와 함께 보냈다. 같이 하는 시간이 적어짐에 따라 엄마와 나 사이에 왠지 모를 벽이 생긴 것 같았다. 같은 여자로서 공감하는 시간도 적었고, 이야기를 하면서 쌓였던 것들을 털어 내는 시간도 적었다.

사춘기를 거치면서 누군가에게 마음을 털어놓는다는 것이 쉽지 않아 엄마에 대한 오해가 더욱 커졌다. 하루에 엄마와 마주하는 시간은 4~5시간에 불과했다. 엄마에게 위로를 받기 위해 부렸던 투정은 나를 향한 질책으로 이어지고 사소한 말다툼으로 언성이 높아지기 일쑤였다. 예민했던 사춘기 시절의 내 마음은 이빨 자국으로 가득했다.

그런데 언제부턴가 엄마가 나의 이야기를 들어주기 위해 부단히 노력한다는 것을 깨달았다. 항상 속으로만 생각했던 이야기를 엄마한테 이야기하기 위해 나 자신도 용기를 냈고, 엄마도 그런 나의 용기를 더욱 북돋아 주었다. 차츰 이야기 시간이 늘어나면서 삐거덕거렸던 엄마와 내가 변해 가고 있었다. 신경질적이고 다혈질이던 엄마는 어느새 부드럽고 웃음 많은 엄마로 변해 있었다.

대학생이 된 뒤 나는 우리 가족 얘기를 친구들에게 많이 하게 되었다. 친구들이 하나같이 우리 가족을 부러워했다. 내가 태어났을 때부터 나를 아껴 주신 할아버지 할머니, 활동적이면서도 가정적인 부드러운 성격의 아빠, 나를 항상 지지해 주고 친구들 앞에서 내 자랑을 하는 엄마, 무엇이든 결심하면 해내는 오빠.

엄마의 변화가 없었다면 대화 대신 삐걱대며 살았을 것이다. 하루 일과를 빠짐없이 엄마한테 말하고 있을 때, 내가 원하거나 하고 싶은 일을 주저 없이 엄마에게 말할 때면 엄마에게 감사한 마음이 든다. 엄마가 노력해서 우리 가정이 하나가 되었기 때문이다.

한 사람의 노력이 많은 사람들을 바꿀 수 있다는 말을 나는 믿는다. 내가 직접 겪고 있기 때문에. 그리고 이제 내 이야기를 들어주기 위해 끊임없이 노력한 단 하나뿐인 엄마의 이야기를 들어드리고 싶다.

지금도 '독사 엄마에서 천사 엄마로'라는 딸의 칼럼을 읽을 때마다 가슴이 철렁 내려앉는다. 내가 계속 독사 엄마였다면 내 딸이 지금 어떤 삶을 살고 있을까. 생각만 해도 아찔하다.

3년 전부터 한국장학재단 차세대 지도자 멘토링 프로그램에 참여해서 대학생들 대상으로 재능 기부 코칭을 하고 있다. 정도의 차이는 있지만 멘티 대부분이 마음의 상처를 갖고 있었다. 자신이 하고 싶은 것을 마음껏 하기보다는 부모의 권유에 이끌려, 분위기에 휩쓸려 전공을 정하고 방황하는 청춘들을 보곤 한다. 자녀들이 그들의 삶을 살 수 있도록 이제는 부모의 시각이 바뀌어야 한다. 그들이 무엇을 할 때 즐거운지, 정말 원하는 삶이 무엇인지 등을 물어 응원하고 지지해 주면 좋겠다. 부모의 행복이 자녀의 행복이라고 생각하는 고리를 과감히 끊어 버려야 한다.

4

리더의 셀프 리더십

스스로를 이끌며 일과 삶의 균형을 찾다

변/화/온/도/

1. 스스로를 자각하라 *Self-Awareness*

기업의 궁극적 목표는 성과를 내는 것이다. 성과의 주체는 사람이다. 그렇기 때문에 기업은 인재 육성에 최선을 다한다. 특히 리더십 교육에 기울이는 정성은 놀라울 정도다. 한 명의 리더가 미치는 영향이 매우 크기 때문에 물심양면으로 투자를 하는 것이다.

교육 담당자들은 리더십 교육의 효과를 높이기 위해 늘 좋은 강사 찾기에 고심한다. 나에게 리더십 교육을 맡기는 교육 담당자들에게 늘 고마운 마음을 갖고 있다. 그런데 그들과 만나면 의견 조율을 하느라 줄다리기를 할 때도 있다. 일부 담당자들은 나를 만나면 부정적인 얘기부터 꺼낸다.

"그동안 강의도 듣고, 토론도 하고, 책도 보고, 갖은 방법을 다 써 봤지만 우리가 원하는 만큼의 리더십은 강화되지 않더군요. 교육을 받을 때 잠깐 변화를 보이다가 곧 원래 상태로 되돌아가 버리는 겁니다. 이번에는 참여자들이 현업에서 활용할 수 있는 리더십을 확실히 배웠으면 합니다. 그래서 코치님에게 의뢰했습니다."

그렇게 말하면서도 담당자의 얼굴엔 우려가 가득하다. 대부분의 회사가 비슷한 고민에 빠져 있다. 나 역시 현역에 있을 때 사막에서 오아

시스를 찾듯 매번 새로운 교육을 찾아 나서지만 결과는 그다지 만족스럽지 않은 경우가 많았다.

대체 기업에서 원하는 리더십 강화란 어떤 것이고, 탄탄한 리더십은 왜 어려운 걸까. 대한민국의 내로라하는 회사 임원들을 코칭하면서 깨달은 점이 있다. 성과를 내는 리더십도 좋고, 인재를 키우는 리더십도 중요하지만, 무엇보다 중요한 것이 일과 삶의 균형, 즉 자신의 삶에 대해서도 충분히 생각해야 한다는 점이다. 사람을 움직이는 힘은 내적 동기에서 출발한다. 리더 자신의 삶에서 궁극적으로 이루고 싶은 것이 무엇인지, 회사에서 어떤 성과를 내고 싶은지, 분명히 알아야 리더십에 의미가 더해진다.

"왜 회사가 셀프 리더십까지 가르쳐야 하나요"

머리로만 생각하는 리더십, 경험하지 않은 리더십으로는 팀원들의 마음을 움직이기 힘들다. 팀원들에게 '리더십을 발휘하라, 성과를 내라'고 종용하기 전에 리더 자신의 셀프 리더십부터 점검해야 한다. 셀프 리더십이 강한 리더는 굳이 강조하지 않아도 자신의 성공 경험으로 가슴이 뜨겁다.

기업에서 리더십에 관한 강의나 코칭을 요청 받으면 나는 역으로 이런 제안을 한다.

"셀프 리더십을 먼저 다루고 싶습니다. 그러면 리더들에게 동기부여가 되고 몰입도도 더 높아집니다. 어떻게 생각하십니까?"

그러면 "왜 회사가 셀프 리더십까지 가르쳐야 하나요. 회사에서 필요로 하는 리더십에 집중하는 것이 좋겠습니다. 저희가 진행한 리더십 진단에서 부족하다고 평가된 항목 중심으로 과정을 디자인해 주기 바랍니다. 교육의 효과는 결국 사업 성과와 연결되어야 하니까요."라며 거절하는 경우가 대다수다.

『리더십의 이해』의 저자 백기복 교수는 리더들에게 '3-SHIP'이 필요하다고 강조한다. 자기 인식을 통해 나를 이끄는 셀프 리더십Self

Leadership, 추종의 리더십으로 타인을 지지하는 팔로워십Followership, 팀원을 육성해서 셀프 리더십을 발휘할 수 있도록 이끌어 주는 슈퍼 리더십Super Leadership을 말한다.

리더는 셀프 리더십으로 스스로를 발전시키면서, 팔로워로서 역할과 책임을 다하고, 경험을 기반으로 팀원들이 셀프 리더십을 발휘할 수 있도록 이끌어야 한다는 것이다. 그중에서도 가장 중요하지만 놓치고 있는 것이 셀프 리더십이다.

『바보들은 항상 최선을 다했다고 말한다』의 공저자 찰스 C. 만즈 교수는 셀프 리더십의 여섯 가지 요인으로 '자기 관찰, 명확한 목표 설정, 자기 연습, 힌트 전략, 자기 보상, 자기 벌칙'을 강조한 바 있다. 만즈 교수는 셀프 리더십을 '자아 발견과 자기만족을 향한 여행이고, 스스로에게 영향력을 행사하는 방법이며, 행동 통제의 기초이자, 자아 완성의 학습 과정'이라고 풀이했다.

셀프 리더십은 자신을 객관적으로 파악한 뒤 명확한 목표를 세워 원하는 삶을 살도록 스스로를 이끄는 것이다. 리더라면 먼저 자신의 셀프 리더십을 강화하고, 그 경험으로 팀원들도 셀프 리더십을 강화할 수 있도록 지도해야 한다.

회사 입장에서는 리더십 교육만 충실히 하길 원하지만, 일방적인 리더십 교육으로는 팀원들의 가슴을 열기가 쉽지 않다. 진정으로 리더십을 길러 주고 싶다면 셀프 리더십부터 챙겨야 한다. 리더십을 제대로 발휘할 인재를 원한다면 셀프 리더십부터 시작하라. 모든 리더십은 경험에서 출발할 때 강력한 힘을 발휘한다. 셀프 리더십이 강한 리더가 팀원들을 잘 이끌고 갈 수 있다.

갑자기 찾아온 퇴임 명령

스콧 애블린은 실제 코칭했던 사례를 기반으로 엮은 책 『무엇이 임원의 성패를 좌우하는가』에서 '개인의 존재감을 알고, 자신의 존재에 대해서 자신감을 갖는 것이 리더들의 첫 번째 필수적인 요소'라고 강조했다. 나의 존재를 안다는 것, 중요하지만 이런저런 이유로 미루는 건 스스로의 인식과 직면할 용기가 부족하기 때문이 아닐까.

2011년 10월 11일 오전부터 '단체급식사업본부 2012년 경영 전략'을 발표했다. 워낙 이슈가 많은 사업 본부라 배석한 경영진과 스태프들이 질문 공세를 펼쳤다. 모든 사안에 대한 답변을 끝낸 시각이 오전 10시. 그날은 세브란스 병원과 병원식 개발을 위한 협약식을 하기로 한 날이었다. 경영 전략 회의 종료 후 협약식 준비를 하고 있는데 대표이사로부터 호출이 왔다. 당연히 협약식 준비 때문일 것으로 짐작하고 자료를 챙겨 갔다. 서류를 드리자 대표이사가 옆으로 밀면서 말했다.

"그룹에서 퇴임 명령이 났다."

내 귀를 의심했다.

"왜 내게 퇴임 명령이 내려진 건가요?"

질문을 했지만 대표이사도 잘 모르겠다고 했다. 정확한 퇴임 이유를 알고 싶었지만, 그건 나의 욕심이었다.

퇴임 통보를 받은 날, 주변 사람들 앞에서 의연한 척했지만 하늘이 무너져 내리는 것 같았다. 많은 퇴임 임원들이 겪는 과정이다. 임원은 임시직이라는 걸 잘 알지만 평소 회사에 모든 것을 쏟느라 자신의 안위를 걱정할 겨를이 없다. 일이 많기도 하지만 여전히 회사는 나를 필요로할 거라는 착각 속에 살기 때문이다. 그러니 퇴임을 전제로 뭔가를 준비한다는 것은 생각할 수도 없었다.

매일 아침 부산을 떨며 출근했던 내가 갈 곳이 없다는 현실을 받아들이는 데 꽤나 시간이 걸렸다. 25년을 바쁘게 달리던 인생 열차가 갑자기 멈춰 섰으나 어떻게 대처해야 할지 몰랐다. 집에 있자니 속이 뒤집힐 것 같았다. 대개의 퇴직자들이 그렇듯 나도 미친 듯이 산행을 했다. 3개월 동안 산을 오르며 스스로에게 힘을 주려고 해도 잘 되지 않았다. 퇴임 후 갈팡질팡하는 나를 향해 스님이 이런 질문을 던졌다.

"너의 정체성이 무엇인가?"

"너의 존재 가치는 무엇인가?"

"너에게 가장 소중한 것은 무엇인가?"

"너는 지금 어떤 삶을 살고 있는가?"

순간 머리가 새하얗게 되면서 입이 딱 달라붙었다. 하루하루 다람쥐처럼 뛰어다니기만 했지 정작 나 자신을 바라보지 못한 것이다. 그 질문에 찬찬히 답하면서 미래를 새롭게 생각하게 되었다.

자문자답과 성찰

2013년 1월에 태백산 새벽 산행을 떠났다. 새벽 3시 30분 유일사 쪽으로 향했다. 눈이 유난히도 많이 쌓인 밤길, 바람까지 세차게 불어서 앞이 보이지 않았다. 악천후 속에서 인생의 날줄과 씨줄을 엮어 보았다. 나름 잘 살았다는 자부심이 올라왔다. 그러면서도 후회되는 일들

이 머리를 스치고 지나갔다

'왜 부하 직원들을 그렇게 호되게 대했을까?'

'때로 정치도 하고 타협도 해야 했는데 왜 상사들에게 좀 더 유연하게 하지 못했을까.'

'유관 부서 사람들을 왜 그렇게 까칠하게 대했을까?'

'가족들에게는 왜 사랑을 베풀지 못했을까?'

지난날을 하나씩 반추하면서 한 발씩 디뎠다. 걸을 때마다 욕심과 후회가 하나씩 떨어져 나가는 느낌이었다.

"그래서 앞으로 어떻게 살고 싶은 거냐?"

"지금부터 어떤 마음으로 살아야 하나?"

20년 후의 목표를 위해서 지금 난 무엇을 할 것인가?

20년 후의 나

Self Leadership

현재의 나

"10년 후 나는 어떤 삶을 살고 있을까?"

이런 질문을 하면서 칠흑 같은 새벽에 산 정상까지 올라갔다. 육체적으로는 힘들었지만 정신적으로는 한결 가벼워진 느낌이었다. 태백산 정상에서 해오름을 보고 반대편으로 내려오는 길이었다. 갑자기 어디선가 섬광처럼 들려오는 소리가 있었다.

"시끄러운 양은 냄비!"

나의 귀를 의심했다. 사방을 둘러봤지만 아무도 없었다. 너무도 놀랐지만 나를 향한 질책에 가슴이 두근거렸다. 산을 오르면서 계속 자기 성찰을 한 것에 대한 답이었는지도 모른다. 48년 세월을 너무도 잘 요약한 말이어서 가슴이 쿵쿵 울렸다. 앞만 보고 달려온 시간들, 승부욕에 불타서 뭐든지 이기려고 했던 그 욕심, 앞장서지 않으면 불편했던 그 시간들, 조직의 성과를 도출한다는 명목하에 부하 직원들을 과도하게 몰아부친 일들, 퇴임 이후에도 자기 성찰보다는 뭔가를 해야겠다는 일념으로 허겁지겁 뛰어다닌 모습들, 그 모든 것을 정리하니 한마디로 '시끄러운 양은 냄비'였다. 고개가 절로 끄덕여지면서 마음에 새로운 물음과 함께 해답이 계속 떠올랐다.

'무엇을 위해 그랬던 것일까?'

'이젠 달라져야 한다.'

'이제 진심으로 회사와 결별하자. 내 삶에 새로운 변화를 만들자.'

그렇게 생각하자 마음이 평온이 찾아오면서 새삼 CJ그룹에 감사함이 물밀듯이 올라왔다. 그때 또 다른 한 마디가 내 머리를 강타했다.

"무쇠솥 같은 삶!"

다시 한 번 주변을 둘러봤지만 아무도 없었다. 내가 스스로 질문하고 답하면서 나에게 꼭 필요한 말이 떠오른 것이다. 진한 감동이 몰려왔다.

드디어 내 삶의 올바른 좌표가 생긴 것이다. 시끄러운 양은 냄비처럼 요란한 소리를 내며 나름 열심히 달렸으니 이제 듬직한 무쇠솥 같은 진중한 삶을 살아야 한다는 성찰의 시간이었다.

그 순간 춤이라도 덩실덩실 추고 싶은 마음이었다. 삶의 해답을 찾은 기쁨에 추위가 다 달아나는 것 같았다. 그것도 잠시, 과연 내가 해낼 수 있을까 하는 의문이 들었다. 속전속결의 달인이고 '빨리빨리'를 입에 달고 산 25년의 시간을 어떻게 무쇠솥으로 바꾼단 말인가? 지금까지와는 완전히 다른 삶을 살아야 하는데 가능할까? 또다시 마음이 복잡해지려는 순간 "무쇠솥 같은 삶!"이라고 큰 소리로 외쳤다. 시끄러운 양은 냄비처럼 또다시 안달복달 걱정하기보다 진중한 무쇠솥처럼 천천히 생각하기로 했다.

한 발 한 발 산을 내려오면서 마음을 가라앉히자 하나둘씩 혜안이 떠올랐다. 그때 결심한 것이 기업에 또 들어가는 것보다는 내가 '잘하고, 하고 싶고, 신 나는 일'을 찾아서 무쇠솥처럼 살 수 있는 제2의 인생을 디자인하기로 결심했다. 그날 내린 제2의 인생이 코치가 되는 것이었다.

기업 전문 코치의 길을 걷게 된 것은 그날 산행에서 나에게 던진 수많은 질문이 나에게 준 선물이다.

어떤 상황에서든 자신을 믿고 스스로에게 질문을 던져 보자. 그리고 조용히 들어보라. 그 안에 삶에 주옥과 같은 지혜가 숨어 있다.

마음 조각을 맞춰라

원효대사가 깜깜한 동굴에서 목이 말라 바가지에 담긴 물을 마셨는데 아침에 보니 바가지가 아니라 해골이었더라, 많이 회자되는 예화다. 원효대사는 울렁거리고 토할 것 같은 기분을 느끼면서 일체유심조一切唯心造의 깨달음을 얻었다고 한다. 즉, 세상의 모든 것은 내 마음에 달렸다는 뜻이다.

덜 성숙된 워킹맘으로 살았던 시절 머릿속으로 온갖 소설을 썼다. 시댁이든, 남편이든, 아이들이든 마음에 들지 않는 상황이 생기면 내가 유리한 쪽으로 생각하여 히스테리를 부리곤 했다. "워킹맘으로 살기가 얼마나 힘든데 시댁 대소사까지 챙겨야 하나."며 불만을 토로하기도 했다. 혼자 생각하고 혼자 고민하다가 가족에게 폭풍처럼 퍼부은 적도 있다.

회사에서도 마찬가지였다. 25년간 여러 상사를 모셨고 수백 명의 팀원도 거느려 보았다. 있는 그대로 보기보다는 풍문으로 들려오는 평판이나 내가 알고 있는 정보만 가지고 그 사람들을 평가했다. 나의 미숙한 리더십에 얼굴이 화끈거릴 따름이다.

마음 공부를 하면서 ACT수용전념치료, Acceptance & Commitment Therapy를 접하게 되었다. 우리의 마음은 생각, 감정, 갈망으로 구성되어 있다. 하지만 우리는 그 마음을 잘 보지 못한다. 내가 어떤 생각을 하고 있으며, 어떤 감정이 올라오고, 어떤 갈망이 있는지를 인식하지 못한 채 한쪽으로만 치닫는 경우가 많다. 마음을 알아차리기만 해도 스트레스나 내적 갈등을 해결할 수 있는데도 말이다.

요즘 마음을 주제로 한 책, 마음을 치유하는 센터, 마음을 토닥여 주는 방송 프로그램 등이 범람하고 있다. 책을 보고 센터를 찾아가고 방송을 듣는 시간만큼은 위로를 받는 것 같고 답답함도 어느 정도 해소된다. "나만 그런 게 아니네! 다들 그렇구나! 아, 이렇게 하면 되겠네!"라고 애써 힘을 내본다.

그러나 마음은 어느새 제자리로 돌아가 버리고 만다. 답답함과 불안함이 엄습하여 머리가 터질 것처럼 복잡해진다. 뭔가를 하지 않으면 안 될 것 같은 강박이 몰려온다.

"난 내 마음을 잘 모르겠어."

"아무도 내 마음을 몰라줘요."

"난 네 마음 충분히 이해해."

"당신은 내 마음을 하나도 몰라.

"회사에서 마음이 통하는 사람이 전혀 없어요."

일상에서 부지불식간에 마음을 표현하지만 정작 진짜 자신의 마음을 잘 모른다.

리더라면 먼저 내 마음을 알아차려야 한다. 마음을 제대로 알기 위해서는 많은 연습이 필요하다.

직장에 다닐 때 상당한 다혈질로 분노를 참지 못해 실수를 범한 적이 많다. 코칭을 하면서 감정을 주체하지 못하는 사람들을 만나기도 한다. 마음을 제대로 관리하지 못하는 경우다.

마음은 어떻게 관리해야 하는 것일까? 대부분의 사람들은 화가 치밀어 오를 때 화를 그대로 방출한다. 화를 내는 것과 화가 났다고 이야기하는 것은 차원이 다른 리더십이다. 화를 내면 속이 시원할 것 같지만,

막상 화를 내고 돌아서면 후회가 몰려온다. 마음의 삼각끈 묶는 연습을 해야 한다. 화가 치밀어 오를 때, 잠시 멈추고 내 마음을 챙기는 질문을 해보자.

— 지금 기분은 어떤가?

  좀 불안해.

— 그 불안함은 어떤 생각 때문인가?

  어젯밤 아들 녀석을 심하게 야단쳤는데, 너무 몰아부친 것 같다.

  혹시 무슨 다른 생각을 하지 않을까 걱정이 된다.

— 그럼 지금 당장 뭘 해야 하나?

  아들 녀석에게 미안하다고 메시지라도 넣어야겠다.

이 대화는 실제 코칭 과정에서 나온 것이다. 스스로 답을 하면서 신기해했다. "불안한 감정을 읽고 그 원인을 찾아내니까 지금 뭘 해야 할지 정리가 되네요. 갑갑한 것이 사라지고 후련해졌어요."라고 말했다.

어딘가에 가서 누군가의 도움으로 마음을 치유하면 좋겠지만 늘 그렇게 할 수는 없다. 순간순간 스스로 해결할 수 있는 방법을 소개한다.

매일매일 '네 줄 마음 일기'를 써 보자. 자신은 물론 타인의 마음까지도 살피게 된다.

감정 : 황당하고 당황스럽다.

생각 : 김과장이 오늘 아침 갑자기 아프다며 출근하지 않았다. 사장님 보고 자료를 완성하지 않고 결근이라니?(화를 내는 게 우선이 아니다.)

갈망 : 사장님께 실적 보고를 실수 없이 잘하고 싶다.

행동 : 차선임자를 불러, 작성 자료를 같이 확인하면서 보강할 것을 지시한다.

이렇게 마음 일기를 써 보면 내 안에 있는 많은 것들을 발견할 수 있다. 나를 다스리는 데 큰 자원이 쌓이게 되는 셈이다. 내가 어떤 마음인지 즉 감정, 생각, 갈망에 놓여 있는지를 알 수 있다. 스스로 성찰하는 가운데 더 세련미 넘치는 리더로 성장하는 강력한 팁을 발견할 수 있다.

사라 밴 브레스낙은 『혼자 사는 즐거움』이라는 저서에서 복잡한 관계 가운데 다양한 역할을 수행하며 살아가는 현대인들에게 '혼자만의 즐거움'을 찾으라고 강조하면서 '나 자신과 마음을 터놓고 마주하고 내면에서 들려오는 소리를 들을 수 있는 시간을 확보하라'는 조언을 했다. 이 책은 소중한 추억 수집하기, 정지하는 법 배우기, 넋을 잃고 아름다움 바라보기, 거울 앞에서 명상하기, 하루에 하나씩 모험하기, 행운 심기, 성스러운 공간 만들기, 마중물 붓기, 걸으면서 명상하기, 달란트 얻기, 내 그림자 찾기, 실패 껴안기 등 70여 가지 솔루션을 제시하고 있다.

심호흡으로 '진짜 나'를 만나라

나는 강의를 하거나 임원 코칭을 할 때 호흡수를 질문한다. 호흡수를 헤아려 본 사람이 의외로 적다. 나 또한 그랬다. 마음 공부 하면서 심호흡이라는 것을 새롭게 접했고, 당시 호흡이 1분에 22회 정도로 매우 빠르다는 사실을 알게 되었다. 지금 스마트폰을 이용해서 1분간 타이머를 맞추어 보자. 그리고 몇 번의 호흡을 하는지 헤아려 보자. 보통 15~25회 정도 호흡을 한다. 호흡수가 적은 사람은 성격이 차분하고 서둘지 않는다. 반대로 호흡수가 많으면 성격이 급하고, 말도 빠르고 밥도 빨리 먹는다.

컬럼비아대학 정신과 리처드 브라운 교수는 2016년 11월 뉴욕타임스에 기고한 글에서 다음과 같이 말했다.

'의식적으로 호흡을 조절하면 우리 몸의 자율신경계가 뇌에 신호를 보낸다. 이어 몸의 에너지 보존에 관여하는 부교감신경이 활성화된다. 그러면 심장 박동과 소화, 스트레스 호르몬 등 무의식 과정을 통제해 긴장을 풀고 평온한 기분을 유지하게 만든다. 느리고 규칙적인 호흡은 안정감을 느끼게 해주고, 얕고 빠른 호흡은 긴장 상태를 느끼게 한다. 규칙적인 숨쉬기 훈련을 통해 불안과 우울증이 호전된 환자들을 많이 봤다.'

나 또한 심호흡의 전도사 역할을 할 정도로 그 효과를 몸소 경험하고 있다. 먼저 혀를 윗니 안쪽에 대고 코로 공기를 최대한 들이마시면서 횡격막이 내려가게 해야 한다. 그러면 아랫배에 불룩한 느낌이 든다. 잠시 1, 2초간 숨을 멈추었다가 입을 조금 벌리고 '후' 소리를 내며 서서히 공기 내뱉기를 반복한다. 이렇게 하면 1분에 3~5회 정도로 호흡수가 줄고 심호흡을 할 수 있게 된다. 눈을 감고 5분간 심호흡에 집중해 보라. 그러면 성정이 평화로워지고 집중력이 올라간다.

심호흡이 집중력 강화와 스트레스 해소에 효과가 있다는 연구 보고서도 계속 나오고 있다. 업무 시작 전 5분간, 침상에 누워서 잠자기 전에 5분간 심호흡에 집중해 보자. 심호흡을 하면서 숫자를 세야 한다. 그렇지 않으면 심호흡하면서 여러 가지 생각이나 감정에 휘둘린다.

많은 코칭 고객들이 심호흡을 자신의 것으로 내재화하고 있다. 그들은 심호흡의 효과를 "심호흡을 하면서 호흡수가 급격히 줄었고, 하는 동안에 평정심이 올라가는 것을 경험하고 있다. 머리가 복잡하거나, 마음이 급해지거나 화가 올라올 때, 1~2분의 심호흡으로 현명하게 대처하는 힘을 키우게 되었다."고 말한다. 심호흡으로 진아眞我를 만나 보는 경험을 충분히 해보자. 그리고 조직 전체로 확산하는 것도 추천한다. 몰입도를 높일 수 있다.

은유 기법으로 삶을 관조하라

리더들에게 관망보다는 관조하는 연습을 하라고 요청한다. 관망은 내 눈앞에 있는 것을 중심으로 세상을 보는 것이다. 바쁘기 짝이 없는 나를 발견하게 된다. 관조는 저 위에서 나의 삶을 내려다보는 것을 뜻한다.

위에서 바라보면 자신의 주변을 객관적으로 보게 된다. 복잡다단한 삶이 아주 작은 부분으로 축소되면서 주변 환경이나 여건을 한눈에 볼 수 있다. 상황을 판단하는 데 관조가 훨씬 도움이 된다. 여백도 찾을 수 있고, 새로운 시각으로 문제들을 분석해 볼 수 있다. 해결해야 할 문제가 발생했을 때 가장 먼저 어떤 행동을 취하는가? 문제의 핵심부터 파악할 것이다. 즉 왜 그랬는지, 어떻게 해야 하는지.

프리랜서로 활동하면서 가끔 진퇴양난에 놓일 때가 있다. 그럴 때면 나는 내 옆에 있는 그것이 자연이든, 사물이든 그들과 대화한다. 도심 한복판에 있을 때는 청계천을 찾아 흐르는 물에게 말을 걸기도 한다.

"물과 대화를 하다니, 무슨 소리야?" 하고 반문할 수도 있다. 자연과의 대화는 제3자 관점에서 관조하는 습習을 경험할 수 있다.

"물아, 너라면 이 상황을 어떻게 대응할 거니?"

이렇게 물으면 반드시 마음을 울리는 답이 들려온다.

"너는 잘 하고 있어. 세상사를 너무 규격화해서 보지 마. 그냥 흘러가는 대로 즐길 줄도 알아야지. 세상 사람이 다 네 맘 같지 않음도 알았으면 좋겠어. 그냥 즐겨. 이 또한 흘러갈 거야."

2013년 겨울, 월정사를 찾았을 때의 일이다. 월정사 근처에 전나무 숲이 있다. 전나무는 사계절 푸른 침엽수로 키가 크고 추위에 강하다. 상처를 입으면 젖이 나온다고 해서 전나무라는 이름이 붙여졌다고 한다.

내 상처를 치유하고 싶은 마음에 나는 전나무가 되고 전나무는 내가 되어 대화를 해보았다. 입장 바꾸어 심상을 나누는 것이다. 결국 내가 나에게 이야기를 한 셈이지만 그곳에서 많은 성찰이 있었다.

시간이 없다는 것은 핑계다. 회사 다닐 때는 나를 돌아볼 시간이 없다며 애써 나와의 대화를 거부했다. 사실 회사 다닐 때 나를 더 많이 되돌아보고 성찰하는 시간을 가져야 했다. 잘 몰라서 그렇게 하지 못한 것이 후회스럽다.

바쁘게 달리는 리더들이 각자에 맞는 상황에서 스스로를 돌아보고 성찰하는 시간을 가지면 좋겠다. 문제의 해결책은 항상 우리 자신에게 있다.

삶의 변화를 원한다면 스스로의 삶의 관조해 보는 시간을 가져 보자. 복잡한 문제일수록 관조하는 연습을 해야 한다. 위로 쭉 올라가서 내려다보면 시야가 넓어지고 보이지 않던 것도 볼 수 있게 된다.

"저는 대학교 졸업하자마자 삼성그룹에 입사해서 당시 계열사였던 제일제당 기획실에 배치를 받고 25년간 근무했어요. 남녀차별이 심했고, 결혼이나 출산은 꿈도 못 꾸었던 시절에 결혼도 하고 출산도 하고, 승진도 동기 남성들과 거의 같이 했죠. 제 시계는 하루가 36시간이었어요. 정말 치열하게 살았는데, 일은 매우 재미있었지요. 그리고 조직에 진심을 다해 충성을 했습니다. 마치 '충견'과 같은 삶이었지요. 상무로 근무하다 어느 날 퇴임 통보를 받고서 좌절도 했지만, 기업 전문 코치로 잘살고 있어요. 앞으로는 '비상하는 독수리'가 되고 싶습니다. 독수리는 부단히 자신을 갈고 닦으면서도 사람들의 말을 알아듣는 영험한 동물입니다. 저는 코칭으로 세상 사람들이 자신 안에 숨어 있는 자원을 찾아서 더 행복한 삶을 살도록 돕고 지지하는 코치가 되고 싶습니다."

이렇게 소개를 하면 다들 멋지다며 박수를 쳐준다. 리더십 강의를 할 때, 교육생들에게 아주 반응이 좋은 활동이다. 지금 잠시 하던 것을 멈추고 다음 질문에 답을 해보길 권한다.

지금까지 살아온 삶을 간단하게 말하고, 그와 연상되는 동물을 하나 찾아 주세요. 또 지금 이후부터는 어떤 삶을 살고 싶은지 말해 보고 그와 연계되는 동물을 하나 찾아주세요.

그간 코칭에서 나왔던 질문과 답변들이다.

"나는 소처럼 일만하고 살았다. 힘든 줄도 모르고 정말 일만하면서 살았다. 이제는 하늘을 자유롭게 나는 새가 되어 세상 구경도 하고 나를 위해 시간을 할애하고 싶다."

"나는 생쥐처럼 바쁘게만 살았다. 먹이 물어다가 부모와 자식만 챙겼지 정작 나는 전혀 돌보지 않았다. 이제는 여우처럼 내 삶도 챙기며 살고 싶다."

"지금 물오리다. 표면적으로 평온하지만 물 아래서 끊임없이 발차기를 하고 있다. 내적으로 엄청 바쁘고 경황이 없는 물오리의 삶이 만족스럽지 않다. 푸른 초원에서 풀을 뜯고 있는 양으로 살고 싶다."

"먹이가 많아도 만족하지 못하고 계속 뭔가를 물어오는 생쥐가 생각난다. 내가 조직의 수장인데 너무 좀스러운 느낌이다. 아프리카 초원에서 거니는 코끼리가 되어 대범한 리더십을 발휘하고 싶다."

색깔을 대입해서 질문해도 아주 효과적이다.

지금까지 나는 어떤 색깔의 삶을 살았는가? 앞으로는 어떤 색깔의 삶을 살고 싶은가?

"나는 지금까지 활활 타오르는 용광로처럼 살았던 것 같아요. 감정 폭발도 많이 하고 머리가 터질 것 같은 스트레스가 올라올 땐 화를 퍼붓곤 했어요. 색깔은 시뻘건 색깔이에요. 앞으로 차분하고 냉정하면서도 감정에 휘둘리지 않는 격조 있는 리더가 되고 싶네요. 팀원들이 스스럼없이 다가

와서 고민을 털어놓는, 믿음을 주는 리더가 되고 싶어요. 보라색처럼 마음을 나눌 수 있는 리더이고 싶네요."

그 보라색 같은 리더로 살기 위해 앞으로 어떤 변화가 필요한가?

이런 질문을 연이어 던지면 좋은 답변이 나온다. 은유 기법으로 자신의 생각을 표현하다보면 명확한 현재(시뻘건 색)와, 원하는 방향과 목표점(보라색)을 인식했기 때문에 어떤 변화가 필요한지를 구체적으로 찾아내어 실천할 수 있게 된다.

- 나는 누구인가?
- 나의 정체성은 무엇인가?
- 나의 초심은 무엇인가?
- 내가 중시하는 가치관은 어떤 것들이 있는가?
- 내가 원하는 것은 무엇인가?
- 지금 초집중하고 있는 것은 무엇인가?
- 지금보다 10배의 용기가 주어진다면, 꼭 도전해 보고 싶은 것은 무엇인가?
- 30일간의 자유가 주어진다면, 어떻게 보내겠는가?
- 내가 진정으로 이루고 싶은 것은 무엇인가?
- 내 묘비에 어떤 말이 새겨지길 바라는가?
- 어떤 일을 할 때, 긍정의 에너지가 샘솟는가?
- 나는 언제 기쁘거나 행복한가?
- 가장 행복했던 순간은 언제였나?
- 나를 진심으로 도와주고 지지해 주는 사람은 누군가?
- 내가 무심코 하는 말버릇은 어떤 것이 있는가?
- 무엇이 나를 화나게 만드는가?
- 내 삶에 영향을 미친 사람이 있다면 누구인가?
- 어떻게 되었을 때 성공한 삶이었다고 말하겠는가?
- 나의 실행력을 방해하는 것은 어떤 것인가?
- 가족들에게 나는 어떤 존재인가?

2. 자존감을 높여라 *Self-Esteem*

유엔 산하 자문기관에서 발표한 2016년 세계 행복지수를 보니 우리나라는 157개국 가운데 58위였다. 전문가들은 우리나라가 경제 규모에 비해서 행복지수가 낮은 원인을 '소득 분배가 잘되어야 한다, 사회보장제도를 늘려야 한다'는 등 외부로 돌렸다. 소득 분배나 사회보장제도가 잘 되면 과연 행복할까?

"지금 나는 행복한가, 우리 가족은 행복한가, 우리 팀원들은 행복한가, 우리 회사는 행복한가, 우리 사회와 국가는 행복한가."

이 질문에 선뜻 답하기 곤란할 것이다. 행복의 기준은 지극히 주관적이다. 개인마다 가늠하는 잣대가 다르다. 진심으로 행복에 대해 생각해본 적이 있는가. 모두들 행복을 따져 볼 겨를도 없이 바쁘게 살고 있다.

출퇴근할 때 버스나 지하철의 풍경을 한번 살펴보자. 대다수의 사람들이 구부정한 자세로 앉거나 서서 스마트폰에 얼굴을 파묻고 있다. 입꼬리를 축 늘어뜨려 화난 표정이다. 눈동자는 희미하고 초점이 없다. 이동하는 순간만이라도 스스로를 돌아보면 좋으련만, 마음의 여유가 없다. 스마트폰의 노예에서 벗어나 일상에 변화를 줘야 한다. 확성기를 들고 외치고 싶은 마음이 들기도 한다.

"여러분, 하루에 5분만이라도 자신에게 집중해 보세요. 스마트폰과 이별하는 시간을 가지세요. 고개를 들어 세상을 바라보세요. 어깨와 가슴을 펴고 위대한 자신을 느껴 보세요."

피동적인 삶으로는 주도적 행복감을 맛보기 힘들다. 환경적으로 완비되면 행복해질 거라고 생각하겠지만 절대 그렇지 않다. 지금 그 자리에서 행복을 느끼도록 노력해야 한다. 자존감 높이기 활동을 하면 충분히 가능하다.

자존감은 스스로를 사랑하고 존중하는 마음이며, 나를 세워 주는 기둥과 같은 것이다. 자존감self-esteem은 자신의 역량을 믿는 자신감self-confidence이나, 남에게 굽히지 않고 자신의 품위를 스스로 지키는 마음인 자존심self-respect과는 다른 의미다. 높은 자존감은 존중에서 시작된다. 누군가가 나를 존중해 줄 때, 스스로에 대한 긍지가 올라가고 자신감이 생긴다. 자신감이 올라가면 도전할 수 있는 용기가 생긴다. 도전을 통해 성취하는 일을 반복하면 자연스레 자존감이 올라간다.

기업의 고위 리더들은 자존감이 높을 것 같지만, 그렇지 않은 경우가 많다. 나 역시 25년간 회사 생활을 하면서 자존감이 직급과 정비례하지 않는다는 것을 경험했다. 오히려 과장이나 차장 시절에 자존감이 더 높았다. 뭘 몰라서 용감했을 수도 있다. 위로 올라가면 갈수록 눈치가 빨라야 롱런한다는 말이 있다. 눈치를 봐야 하는 순간에도 자존감을 버리면 안 된다. '나는 소중하고 존중받아야 하는 존재이고, 그래서 나는 뭐든지 할 수 있다'는 마음이 강해야 소신 있는 리더로 살아갈 수 있다.

누군가에게 무시당하거나 상처를 입으면 수치심이나 모멸감을 느끼게 된다. 억울한 상황을 고스란히 감내하다 보면 마음이 상처로 얼룩진다. 꾹꾹 참고 눌러 놓으면 상처가 없어진 것처럼 보이지만 착각이다. 상처가 열등감으로 이어져 동료와 비교를 하고, 자신의 처지를 비관적으로 보게 된다.

더 나아가 미래에 대한 불안이 쌓이고, 그 상태가 계속되면 자괴감에 빠진다. 치명적인 상처나 아픔이 있다면 속히 그 사건과 직면해야 한다. 상처를 마음에 꾹꾹 눌러 숨기면 상태가 더 나빠진다. 내 안에 있는 상처와 대면하는 용기를 내보면 어떨까.

프리랜서로 활동하는 분의 사례. 자존감이 매우 낮을 뿐만 아니라, 우울 증세까지 보여 늘 무거운 분위기를 풍겼다. 이야기를 풀어 나가는 중에 예전 직장에서 받은 상처가 불거져 나왔다. 많은 사람 앞에서 상사로부터 인신 공격을 당한 일이 상처로 남아 있었다. 그 상처와 대면하기보다 자꾸 회피하다 보니 자신감이 없어지고, 매사 지레짐작으로 스스로를 폄하하는 언행을 일삼았다. 명상 심리 상담 기법 중 하나인 심호흡을 하면서 그 장면을 눈앞에 가져다놓고 직면하는 활동으로 10년간 자신을 속박해 왔던 아픈 상처에서 해방이 되었다. 이후 많은 변화가 있었다.

리더의 자존감은 그 팀의 중심추와 같은 역할을 한다. 의사 결정력이나 자기 주장성에도 많은 영향을 미친다.

자존감을 관리하라

자존감은 리더십 발휘에 매우 중요한 요소다. 자아 존중감self-esteem 이라고도 한다. 자기 자신을 가치 있고 긍정적인 존재로 인지해야 의사결정을 하거나 소신을 밝힐 때 흔들리지 않는다.

잘난 체하면 안 된다는 사회 분위기 때문인지 대한민국 리더들은 겸손이 지나쳐 자신을 저평가하는 경우가 매우 많다. "제가 뭐 그 정도는 아니고요. 그냥 열심히 일하다 보니 여기까지 온 거죠. 저는 부족함이 많은 사람입니다."라고 말한다. 자신을 낮추는 발언을 하면 자신도 모르는 사이에 부정 에너지가 싹트게 된다. 뇌는 말하는 대로 인식한다. 때문에 가능하면 긍정 언어를 사용해야 한다.

자존감 검사를 해보면 대부분 100점 만점에 55~70점 수준이다. 타인과의 비교, 자신에 대한 부정적 시각, 완벽주의, 사회적 기준, 미래에 대한 걱정 등이 자존감을 깎아 내리는 주요인이다. 상대적으로 스스로를 인정하고 사랑하고 존중하는 마음이 낮은 것이다.

진단하기 전에 자존감이 높을 거라고 자신했던 리더들은 낮은 자존감 점수에 당황한다.

"완전 충격입니다. 내 삶에 나는 없고 타인 중심으로 살고 있는 내가 가엾어 보입니다. 내가 왜 이렇게 사는 거죠? 자존감을 올리려면 어떻게 해야 하나요?"

회사를 탓하며 자존감에 대해 회의적인 반응을 보이는 이들도 있다.

"우리 팀에서 자존감 운운하다가는 찍혀요."

"나를 돌아볼 시간도 없고 자존감이라는 단어를 생각해 본 적도 없는데 이런 검사해 봐야 뭔 소용이 있나요."

"스스로 존재감을 느낄 시간도 없이 회사형 인간으로 살고 있습니다."

"자존감 얘기는 많이 들었지만, 나 자신을 대입해서 생각해 본 적이 없어요."

"자존감을 높이라고 하는데 어떻게 해야 그 자존감을 올릴 수 있는지 모르겠네요."

"자존감이 올라가면 뭐가 달라집니까?"

현 상태를 분명하게 알아야 변화의 가속도가 붙게 된다. 어렴풋이 자존감이 높겠지 생각하기보다는 명확하게 진단해서 자존감 관리를 하길 바란다.

'나는 스스로를 정말 사랑하고 충분히 존중하는가?'

이 질문을 수시로 자신에게 던져 보라. 그리고 스스로를 인정하고 사랑하고 존중하는 마음을 키우자. 자존감의 중요성을 알고 자신의 자존감 관리를 하는 리더만이 팀원들이나 가족들에게 자존감을 강조해 줄 수 있다.

2008년 사업부장 시절 현장 순시 때의 일이다. 클레임을 제기하는 고객을 응대하는 매니저들을 보고 의아한 생각이 들었다. 고객이 말도 안 되는 클레임을 거는데도 매니저는 무조건 사과부터 했다. 분명히 잘못이 없는 상황인 데도 억지 부리는 고객을 상품권으로 무마하려고 했다. 매니저에게 시시비비를 확실히 가리고 고객에게 할 말은 해야 한다고 충고했더니 "사업부장님, 그러면 고객이 클레임을 더 키웁니다. 일단 현장에서 마무리하는 게 최선입니다. 그래야 2차 클레임으로 발전되지 않습니다."라고 답했다.

　잘못도 없이 고객에게 부당한 대우를 당하면 매니저나 아르바이트 생들의 자존감은 그야말로 땅바닥에 떨어질 수밖에 없다. 그런 불리한 위치를 아는 블랙 컨슈머들이 그걸 더 악용하게 되는 것이다.

　나는 서비스 교육 담당자에게 서비스 응대 매뉴얼을 수정하도록 했다.

　"진심이 필요한 것이지 순간 모면이 클레임 처리 기술은 아니다. 아르바이트생들의 자존감도 지켜주어야 한다. 억지 부리는 고객이 있으면 사실을 확인하고 바로잡아야 한다. 입막음식의 클레임 처리는 지양하고 악성 고객 클레임 처리 방법을 찾아보자. 잘 듣고 공감하면서 소신 있는 서비스를 할 수 있도록 해라."

사실 어려운 주문이었을 것이다. 그 이후 발생하는 클레임의 데이터 베이스를 구축했다. 사실 규명을 정확히 하고, 클레임 고객에게는 조분조분 대화로 풀어 가는 노력을 했다. 클레임 사례와 해결 방법을 공유하면서 좀 더 세련된 서비스를 펼치게 되었다.

조직 문화나 분위기는 리더에게 달려 있다. 같이 일하는 팀원들이 무기력해 보이고, 자신감 없는 태도로 일관한다면, 그건 분명 우리 조직의 단상일 수도 있다는 경각심을 지녀야 한다. 팀원들을 제대로 육성하고 성과 창출에 몰입하게 하고 싶다면, 리더 자신의 자존감 관리와 함께 그들의 자존감 관리에도 정성을 들여야 한다.

스스로를 인정하고 칭찬하라

영업에서 잔뼈가 굵은 한 임원의 사례다. 회사에서 인정받아 임원까지 된 분인데도 스스로에 대해서 지나친 겸손을 보이는 분이었다. 자존감을 진단해 보니 60점 수준에 불과했다. 본인도 놀란 듯 당황하는 기색이 역력했다. 영업 성과를 올리기 위한 주제로 그룹 코칭을 계속했지만, 이렇다 할 행동 변화까지는 이끌어 내지 못한 상태였다. 역시 낮은 자존감 때문이라 생각하며 코칭 주제를 변경해 보자고 제안했다.

"상무님, 회사에서 왜 큰돈을 들여서 코칭을 진행할까요? 시간과 돈을 투자해서 임원 코칭을 했는데 이렇다 할 개선이 보이지 않는다면, 서로에게 에너지가 떨어지는 무의미한 활동 아닐까요. 코칭 받으실 때, 용기를 내서 변화해 보세요. 어떻게 생각하시는지요?"

내 말에 그 상무가 동의를 하여 자존감 올리기 작전에 돌입했다. 먼저, '내가 잘난 이유 10가지'를 써 보자고 제의했다. 상당히 난감해하면서 내세울 만한 게 없다고 했다. 때로는 고객 성장을 위한 충격 요법을 사용하기도 하는 나는 "임원의 자존감이 그 조직의 자존감입니다. 이 기회에 변화하지 않는다면 본부 전체에도 좋지 않은 영향을 미칠 거라 생각합니다." 나의 진심이 전달되었는지 다음 날 그 임원은 카톡으로 10가지 칭찬 글을 보내 왔다.

그 다음 미션은 '거울 속의 나를 정면으로 바라보기'였다. 리더의 얼굴 표정이 그날의 기상대이다. 또한 지금의 내 얼굴 표정이 미래의 내 모습을 투영한다.

"지금 상무님 얼굴 표정이 맑음인지 흐림인지 말씀해 주세요?"

그러면 다들 머쓱한 표정을 짓는다.

아침마다 '나'라는 브랜드를 제대로 포장하는 활동이 필요하다. 일어나서 세수를 하고 화장을 할 때 3분만 투자하면 된다. 거울 속에 있는 나를 자세하게 살펴보라. 내 눈동자는 충분히 총명하고 얼굴 표정은 평안한가. 입을 다물었을 때와 입 꼬리를 살짝 올렸을 때 표정을 비교하라. 팀원들을 만났을 때 어떤 미소를 지을지 미리 연습하고 출근하면 그날 하루 팀원들이 행복해진다. 미소를 띤 활기차고 호감 가는 표정을 만들어 보라. 거울 속의 내 얼굴을 분명히 응시하는 행동만으로도 나 자신을 온전히 볼 수 있고, 자존감의 상태까지도 점검할 수 있다.

여기까지 했다면 그 다음은 자신을 칭찬한 10가지 사항을 최대한 큰 소리로 10번 이상 읽는 것이다. 그 상무는 성실히 미션을 수행했고, 그 이후에 스스로도 변화에 성공했다면 좋아했다. 그 활동으로 가장 크게 변한 것은 말하는 자세와 목소리이다. 작은 목소리로 말해 잘 안 들렸는데 힘차게 또박또박 말하게 되었고, 상대의 눈을 응시하고, 바른 자세로 상대를 제압하는 카리스마까지 뿜게 되었다.

전체 과정을 마무리할 때 그 상무가 전한 말이다.

"2016년 나의 톱뉴스는 코치님을 만나 수십 년 동안 내 안에서 갈등으로 자리 잡고 있던 자신감 부족을 극복하게 된 것입니다."

자신의 성공은 누구도 만들어 주지 않는다. 내가 나를 믿는 만큼 도전할 수 있다. 지금까지 나 자신에게 구체적인 응원을 하지 않았다면 지금부터도 늦지 않았다. 스스로에게 인정과 칭찬을 하면서 자존감을 올리는 활동을 해보자.

예시, 내가 잘난 이유 10가지

1. 나는 반복 구매가 많은 전문 기업 코치다.

2. 나는 책임감이 강한 사람이다.

3. 나는 정의롭고 정직하다.

4. 나는 나를 응원해 주는 가족이 있다.

5. 나는 피드백에 대한 수용성이 높다.

6. 나는 명확한 미션과 비전이 있다.

7. 나는 열정과 도전 정신이 있다.

8. 나는 마케팅과 영업을 잘한다.

9. 나와 뜻을 같이하는 코치들이 많다.

10. 나는 일과 삶의 균형점을 만들고 있다.

자기 성공을 예언하라

프랑스의 자기 암시 요법自己暗示療法의 창시자 에밀 쿠에는 "어떤 일이 일어날지 알 수 없을 때는 늘 즐겁고 감사한 일만 일어난다고 생각하라! 의지보다 상상력이 우선한다."라는 말을 했다. 그는 약사 시절에 환자가 아무런 약효도 없는 약을 복용하고 완치되었다는 말을 듣고 '상상력은 어떤 생각이나 의식보다 강하며, 상상력을 가미한 반복적인 암시는 몸과 마음까지도 변화시킨다'는 것을 깨달았다. 그 깨달음을 바탕으로 창시한 것이 '자기 암시'이다.

론다 번의 『시크릿』을 읽은 후 '끌어당김의 법칙'에 매료되었다. 내가 간절하게 원하면 이룰 수 있다는 것, 긍정적인 생각과 간절한 마음이 만나면 뭐든지 이룰 수 있다는 비밀을 알게 해준 책이다.

빕스 사업부장으로 부임할 당시인 2008년에 이 책을 읽었다. 당시 나는 브랜드 매니저로서 사면초가 상황이었다. 19년간 CJ제일제당에서 기획, 전략, 관리, 신규 사업 검토 등과 같은 지원 업무만 줄곧 맡아온 내가 2년간 CJ푸드빌 경영지원실장을 한 뒤 CJ푸드빌의 간판 브랜드인 빕스 사업부장으로 발령받았다. 역량을 인정받았다기보다 대안 부재로 울며 겨자 먹기 식으로 맡은 보직이었다. 그렇지만, 꿈에 그리던 브랜드 매니저 자리여서 가슴이 뛰었다. 브랜드 전체를 맡아 매출, 손익 관리, 마케팅, 인력 관리 등 브랜드를 책임지는 역할이었다.

영업을 하면서 돈을 만들어 내는 업무를 해보고 싶었던 터라 회사의 결정에 감사하며 새로운 각오를 다졌다. 내 경력이면 잘할 수 있을 거라는 자만심에 차서 첫 출근을 했다. 그러나 현실은 전혀 달랐다. 뚝뚝 떨어지는 고객 만족도 지수, 매일 터지는 사건 사고, 불안한 인력 관리, 경영 계획 미달로 인한 경영진의 질책이 쏟아졌다. 우아한 기획 전략 업무만 하던 내가 처음으로 브랜드 총괄을 하려니 삐거덕거리는 것은 당연지사였다. 누구하나 따뜻한 말 한 마디 건네지 않았다.

550명이나 되는 사업부 직원들은 의심어린 눈초리로 나를 바라봤다. 도망가고 싶은 순간도 있었다. 사표를 던지고 싶은 마음도 생기곤 했다. 다시 용기를 내다가도 '뭔 영광을 바라고 이러나!' 하는 생각에 마음이 주저앉았다. 그럴 때 『시크릿』이 나에게 큰 용기를 주었다. 사표를 써서 가방에 넣고 다니던 나에게 '내가 원하는 것을 내가 끌어 잡아당기는 힘'이란 말에 큰 힘을 얻었다.

2007년 코칭을 공부하면서 알게 된 자성예언自成豫言도 나에게 힘이 되었다. 자성예언은 '자기가 바라는 것을 예언하면, 실제 현실에서 충족되는 방향으로 이루어지는 현상'을 뜻하는 말로 '자기 충족 예언'이라고도 한다. 머턴이 처음으로 사용한 자성예언은 피그말리온 효과 pygmalion effect, 플라시보 효과placebo effect와도 그 맥을 같이 한다.

'도망가지 말자. 극복하자. 이 상황을 극복하지 못하면 앞으로 다른 난관도 이겨내지 못해 계속 패배자가 될 것이다'는 말로 나를 다독였다. 아침마다 자동차 시동을 걸고 룸미러를 보면서 큰소리로 외쳤다.

"김상임! 그동안 잘 해왔잖아. 너는 빕스를 살릴 수 있어. 너는 책임감이 강한 사람이야, 너는 전략도 잘 짜잖니, 빕스는 빠른 시일 내에 턴어라운드 하게 될 거야, 너를 보는 550명의 구성원이 있잖니. 힘내라, 너는 할 수 있다. 파이팅!"

이렇게 외치고 출근하면 자신감이 충만해지는 것을 느꼈다. 그 자신 감으로 어려운 시간을 견뎌 왔고 그 덕분에 좋은 성과도 만들어졌다. 팀원들은 힘든 상황 속에서도 자신감 넘치는 사업부장을 보면서 용기를 얻었다고 말했다. 나를 응원하고 지지하는 메시지로 뇌를 자극한 것이 큰 효과를 발휘했다.

실적이 좋지 않은 브랜드의 리더는 입 다물고 '죽여 줍쇼' 하는 것이 일반적이지만, 차 안에서 외친 자성예언 덕분인지 소신 있게 어려운 국면을 잘 극복할 수 있었다. 팀원들도 힘을 모아 도전에 도전을 해서 좋은 성과를 만들어 주었다.

내가 원하는 것이 있다면 스스로에게 각인될 정도로 외쳐 보자. 끌어당김의 법칙으로 원하는 것을 분명 이루게 될 것이다.

바른 자세가 자존감을 높인다

그룹 코칭으로 만난 D중공업 A부장의 사례다. 맨 처음 만났을 때, 눈을 마주치는 것조차도 버서워했던 분이다. 말할 때 입안에서 웅얼웅얼거려 정확히 알아들을 수가 없었다. 자세도 꾸부정하고 얼굴에는 수심이 가득 차 있었다. 대기업에서 승승장구하는 부장의 모습이 아니었다. 먼저 자세 교정을 권유했다. 허리를 세우고, 눈에 힘을 넣고 상대방을 제압할 것 같은 기세로 바라보라고 했다. 그리고 산에 올라가 소리를 크게 지르면서 마음속의 쌓인 앙금을 다 털어 버리라고 요청했다.

그 다음 자신이 이루고 싶은 것이나 변화해야 할 행동을 5개 이상 완전한 문장체로 써 보게 했다.

'큰 소리로 얘기한다. 목청껏 소리 지른다. 또박또박 힘주어 말한다. 잘할 수 있다고 외친다. 스스로를 믿는다.'

5가지 행동 양식을 정하고 실행할 것을 약속했다.

몇 개월이 지난 후 A부장으로부터 메시지가 왔다.

'코치님과 약속한 것을 계속 했습니다. 산에 올라가면서도 하고, 공원을 걸으면서도 계속 했더니 신기하게도 제가 변했습니다. 자신감 있는 모습으로 변했고, 회사 생활도 유쾌하게 하고 있습니다. 감사합니다.'

내가 한 일은 코치로서 자극한 게 전부다. 변화를 의지를 갖고 스스로 실행한 A부장의 열정에 박수를 치고 싶다. 누구나 이런 변화를 만들어 낼 수 있다. 자신을 믿고 실천해 보는 용기가 중요하다.

하버드대 사회심리학 교수인 커디 박사는 '우리 몸의 비언어적 행동이 마음을 변화시키고, 마음은 행동을 변화시키고, 행동은 습관을 바꾸고, 습관은 성격을 바꾸고, 성격은 운명을 바꿀 수 있다', ' 신체적 언어가 자신의 모습을 결정한다 Your body language may shape who you are'고 강조했다. 그녀는 '실패나 자신감을 잃었을 때 똑바로 서는 자세나 두 팔을 힘껏 벌려 힘을 주는 자세만으로도 뇌 안의 스트레스에 반응하는 호르몬인 코르티졸의 수치를 내릴 수 있기 때문에 비언어적 행동 즉 팔을 벌리는 행동만으로도 우리 내면에 긍정성이 올라오게 할 수 있다'고 덧붙였다.

자세만 바꾸어도 자존감을 올릴 수 있다는 뜻이다. 자존감은 올바른 자세에서 출발한다. 우리 몸의 에너지 출발선은 남녀 공히 생식기 쪽이다. 따라서 일단 바르게 앉는 것이 중요하다. 다리를 꼬고 앉거나, 삐딱하게 앉으면 에너지 출발부터가 불안해진다. 양발을 11자로 해서 바닥에 붙이고, 엉치부터 경추까지 척추를 최대한 1자로 만든다고 생각하고 꼿꼿이 편다. 아랫배에 힘을 주고 가슴을 활짝 편 뒤 정면을 바라보라. 눈에서 레이저 광선이 나올 정도로 힘을 주어 앞을 주시한다. 허리를 꼿꼿이 세우는 순간 위대한 자신을 느끼게 될 것이다.

흐트러진 자세

자존감 높은 자세

내 안의 긍정성을 찾아 삶의 자원으로 활용하라. 자신에게 집중하여 스스로를 세우는 작업이야말로 삶의 에너지원이 된다. 그 에너지를 기반으로 작은 성공을 이루면 더 큰 성공으로 이어진다. 그래서 리더들의 자존감이 무엇보다도 중요하다.

비워야 채워지고 낮춰야 높아진다

2013년 11월에 삼성 SERICEO에서 리더십에 대한 인터넷 강의를 해달라는 요청을 받았다. 퇴임한 지 2년밖에 안 된 사회 초년생이 인터넷 강의라니, 만만치 않은 도전이었다. 실무진과 의논을 하여 강의 제목은 '팀장의 품격'으로 정했다.

원고 작성도 그렇고 촬영은 더더욱 부담이었다. 첫 촬영을 하기 전에 불안증에 불면증까지 겪었다. 원고도 마음에 안 들고, 복장은 어떻게 해야 할지, 촬영할 때 어떤 포즈를 취해야 할지 모든 것이 막막했다. 촬영까지 15일 정도 남았을 때, 평소 친하게 지내는 두 여성에게 구원 요청을 했다. 소설가 이근미 씨와 방송 작가로 활동하는 신혜원 씨가 그들이다. 이근미 작가는 "김상무, 내용은 아주 좋은데 기업 용어가 너무 많아. 구어체로 부드럽게 바꿔 봐요."라고 조언해 주었다. 그러고 보니 원고에 한자가 수두룩했다. 원고를 읽으면 왜 갑갑했는지 이유가 한눈에 들어왔다. 한자를 없애면서 원고를 수정했는데, 꽤나 힘든 작업이었다.

원고를 고친 후 신혜원 작가 앞에서 시연을 했다. 기업에서 발표하듯 원고를 읽어 내려가자 "언니, 상무님처럼 강의를 하시네요. 인터넷 강의를 그렇게 하면 얼마 가지 않아서 종영될 거예요. 왜 그렇게 어깨 힘이 들어가요. 뭔가 쫓기는 사람처럼 여유도 전혀 없고, 촬영할 때는 그 무대의 주인공이 '나'라고 생각하고 나래를 펼쳐야 해요. 자세에서 분위기를 압도하는 힘이 느껴져야 하고 말에서는 거역할 수 없는 깊이가 느껴져야 해요. 지금은 낙제입니다."

혹독한 훈련과 교정 활동이 일주일간 이어졌다. 똑바로 서는 것부터 시작하여 얼굴 근육 사용하는 법, 입 벌리는 연습, 손짓 등등. 그런데 전환점이 된 것은 '미친 여자 콘셉트'였다. 미친 여자처럼 분장하고 진짜 미친 사람처럼 강의를 해보라고 했다.

"아무리 그래도 그렇지, 이건 아니지. 나는 못하오."

그때만 해도 나를 완전히 내려놓지 못한 것이다. 몇 번의 권유로 '그래 한번 해보자' 하는 생각이 들었다. 시연을 하는 내내 얼굴이 화끈거려 어찌 할 바를 몰랐다.

다섯 번 이상 반복하면서 드디어 깨달음이 올라왔다. 잘해야 한다는 강박과 다른 사람들과 비교해서 우위를 점해야 한다는 생각, 강의 전문가가 아니라는 못미더워하는 마음 등이 내 속에 꽉 차 있었던 것이다. 평소 자신감이 넘쳐흘렀던 내가 퇴임하면서 받은 상처로 인해 내면이 닫혀 있었음도 깨달았다.

첫 촬영 날 아침, '자연스럽게 하면 된다. 내 경험을 가지고 풀어 가는 건데 뭐가 걱정이냐. 콘셉트가 맞지 않아 그만두게 되더라도 뭐 큰일이냐 하는 마음으로 임했다. 다행히 촬영을 성공적으로 마쳤다. PD는 첫 촬영인데 어떻게 NG를 이렇게 안 낼 수 있냐며 나를 으쓱하게 해주었다. 내려놓으니까 뭔가 내 손안에 들어온다는 것을 깨달았다. 그때부터 지금까지 50강 넘게 진행한 '롱런하는 강사'가 되었고, 거의 모든 콘텐츠가 주간, 월간 베스트 자리를 차지했다.

오프라인 강의할 때도 마찬가지다. 대부분 프로필만 보면서 "상무 출신이니 얼마나 가르치려 하겠어."라고 예단하는 경우가 많다. 코미디언 수준은 아니지만, 강의나 워크숍을 하면서 예상을 깨는 몇 마디 때문에 강의장이 웃음 바다가 되곤 한다. 상무라는 견장을 떼고 참석자들과 눈높이를 맞춰 진심으로 다가간 덕분이다.

몇 년간 프리랜서로 살면서 '내가 높아지려고 하면 내리려는 사람이 많고, 내가 낮추면 반대로 나를 올려주는 사람이 많다. 내가 채우려고 욕심을 내면 도망가는 것들이 많은데, 자꾸 덜어 내는 연습을 하니 어느 샌가 많은 게 채워진다'는 것을 깨달았다.

1. 서 있을 때, 앉아 있을 때, 자세를 바르게 하자.

2. 다리를 꼬거나 삐딱하게 앉지 말자.

3. 어깨와 가슴을 활짝 펴자.

4. 얼굴에는 긍정의 미소를, 눈에는 광선이 나올 정도로 힘을 주자.

5. 지하철이나 버스 이동시, 스마트폰과 이별하고 내면을 바라보자.

6. 말을 할 때는 입을 크게 벌리고 발음을 정확하게 하자.

7. 어떤 경우든 자신을 의심하지 말고 믿어 보자.

8. 타인과 비교하지 말고, 성공의 잣대를 외부에서 찾지 말자.

9. 변화를 즐기자.

10. 스스로 인정하고 칭찬하는 활동을 하자.

3. 자신을 브랜딩하라 *Self-Branding*

페이스북, 구글, 삼성, 현대자동차, SK텔레콤 등은 설명이 필요 없는 브랜드이다. 인지도가 높기 때문이다. 사람도 마찬가지다. 브랜드력이 있는 사람들은 굳이 설명이 필요 없다. 기업에 근무할 때는 회사 명함이 개인 브랜드 가치를 높여 주는 도구였다. 하지만 회사를 나오는 순간 그 브랜드력은 물거품처럼 사라진다. 대단한 기업의 높은 위치에 있던 사람도 퇴임하면 일반인 중의 한 명일 뿐이다.

CJ를 떠나 사회에 첫발을 디뎠을 때가 생각난다.

"나는 삼성그룹 공채 출신이고, CJ제일제당에서 25년간 일하면서 기획 전략 업무를 했고, 계열사 경영지원실장과 빕스 사업부장도 했고, 지금은 비즈니스 코칭을 해요. 코칭이 뭐냐면요."

누군가를 만나면 숨이 가쁘게 나를 소개했다. 설명이 많다는 것은 브랜드력이 약하다는 반증이기도 하다

베이비부머 세대들의 정년퇴임이 본격화되는 시점이 2020년이라고 한다. 산업화 시대에 많은 것을 이룬 그들에게는 조직이라는 울타리가 안식처와 같은 것이다. 100세 시대를 살아가는 기성세대들에게는 인생 후반기를 위한 자기 브랜딩이 매우 중요한 과제다.

브랜드 조각을 찾아라

2013년 11월말 CJ 자문위원 역할이 종료되었다. 모든 울타리가 사라진 나는 개인 브랜딩을 위해 크고 작은 노력을 했다. 브랜딩을 할 때, 가장 중요한 것은 내가 가지고 있는 자원 분석이었다. CJ그룹의 경험이 내 경력의 전부였다. 크게 보면 별 것 없는 것 같았지만, 하나하나 분절해 가며 찾아보았다.

기업 코칭에서 인정받는 중요한 자원은 기업에서의 경험과 지식이다. 특히 폭넓은 가치 사슬valau chain 경험은 좀처럼 갖기 힘든 소중한 자산이다. 그 자산을 바탕으로 '김상임'의 브랜드 조각을 꼼꼼하게 모았다.

'대기업 신입으로 들어가 임원까지 했다. 워킹맘으로서 승진과 가족, 두 마리 토끼를 다 잡았다. 기획, 경영 전략, 경영 관리, 신규 사업 기획, 구조조정, 기업 인수, 포트폴리오 구축 업무, 경영지원실장, 브랜드 매니저, 고객만족실장, 단체급식본부장 등 다양한 업무를 경험했다. 사내에서 200시간 이상의 강의를 했다. 재임 중에 코칭 교육을 많이 받았고 팀원들을 대상으로 코칭 교육 및 실습을 100시간 이상 했다. 무엇보다도 코칭 리더십을 조직에 직접 적용해 보면서 다양한 사례를 경험했다. 인적 네트워크가 매우 좋다.'

퇴임 이후 식품, 외식, 단체급식 관련 회사로부터 영입 제안을 몇 차례 받은 적이 있다. 심각하게 고민한 적도 있지만 25년간 직장 생활을 했으니 프리랜서의 꿈을 구체화하는 게 낫겠다고 결정했다. 새로운 분야는 다름 아닌 코칭이었다. 어떤 코치로 브랜딩을 할 것인가? 정체성을 분명히 하고 싶었다.

『1만 시간의 재발견』을 쓴 안데르스 에릭슨은 정체성identity을 '자신 내부에서 일관된 동일성을 유지하는 것과 다른 사람과의 어떤 본질적인 특성을 지속적으로 공유하는 것 모두를 의미한다'고 정의한 바 있다. 정체성이란 내가 어떤 사람인가를 확실하게 인식하는 것을 말한다. 내 이름 석 자 앞에 딱 어울리는 수식어를 찾아야 했다. 슈퍼 커넥터로서 세상을 연결하는 사람, 그 연결의 도구는 코칭 리더십, 그리고 궁극적으로 이루고 싶은 것은 '코칭으로 세상의 행복을 꽃피운다'라는 미션까지 완성했다. 그리고 비전은 '기업에서 사내 코치 활동을 할 전문 코치 100명을 양성한다'로 잡았다.

그 비전 달성을 위한 전략의 일환으로 (주)블루밍경영연구소를 설립했다. 코칭으로 세상을 꽃을 피운다는 뜻이 담겨진 회사다. 그리고 4가지 전략을 수립했다. 첫째, PCCProfessional Certificated Coach 즉 국제 전문 코치가 된다. 둘째, 전문 코치 양성 프로그램을 개발·운영한다. 셋째, 코칭 재능 기부 활동을 한다. 이 세 가지 전략은 현재 완수했다. 마지막 전략 하나인 코칭 관련 베스트셀러 작가가 되기 위해 맹진하고 있다. 많은 사람들이 "그렇게 짧은 시간에 PCC가 되다니! 코칭 프로그램을 어떻게 개발했고, 어떻게 운영하는 거죠?"라고 묻는다. 아마도 이 원동력은 '내가 궁극적으로 이루고 싶은 미션과 달성하고자 했던 비전이 명확해서'라고 말하고 싶다. 지금도 계속 브랜드력을 확장해 나가고 있는 상황이다. 많은 리더들에게 나의 트랙을 벤치마킹하라고 전하고 싶다.

기업에서 경험을 많이 쌓은 리더들 가운데 퇴임 후 소프트 랜딩을 못하고 우왕좌왕하는 이들이 있다. 자신의 강점이나 경험은 뒤로 한 채,

엉뚱한 프랜차이즈업에 뛰어들거나 무모한 투자를 하는 경우 대부분 실패한다. 자신이 조직 생활에서 경험한 것들이 최고의 자산임을 잊지 말자. 그 자원 조각들의 의미를 생각하면서 소중하게 관리하자. 그 관리하는 방법으로 이력서 쓰기를 추천한다.

이력서로 나를 자극하라

한국장학재단에서 진행하는 지도자급 멘토링 프로그램에 참여하면서 대학생들의 스펙을 보고 깜짝 놀란 적이 많다. 어학 연수는 기본이고, 배낭 여행, 1인 기업 프로젝트 진행 등 이력이 무척 화려하다. 과도한 스펙을 쌓는 학생들과 대화하다 보면 걱정될 때가 많다. 입사하면 단조로운 생활을 하게 될 텐데 과연 그 과정을 이겨 낼 수 있을까 하는 생각 때문이다. 엄청난 경쟁을 뚫고 기업에 입사하면 그때부터 전쟁 상황에 놓인다. 조직에 적응해야 하고, 업무를 배워야 하고, 사람 관계도 신경 써야 한다. 자신을 돌아보거나 단련시킬 여유를 갖기 힘들어지고, 그 시간이 길어지면 지치게 된다.

대리에서 과장, 과장에서 부장으로 승진하면 성취감 대신 '나는 뭔가, 나는 누구인가'하는 질문 속을 헤매다 자칫 섣부른 결정을 내리는 경우도 생긴다. 일에 파묻혀 사느라 에너지와 지식이 고갈되면서 자신의 존재감마저 놓치고 살지도 모른다. 나를 객관적으로 바라볼 수 있는 장치가 필요하다.

1996년 과장 시절, 힘들어 하는 나를 보고 선배가 이런 조언을 해주었다.

"매년 이력서를 써 봐라. 써 보면 자신의 값어치도 객관화되고, 자기계발의 필요성도 느끼게 될 거야. 해마다 마음가짐을 새롭게 할 수 있고, 스스로에게 긴장감도 주면서 의미 있는 회사 생활을 할 수 있을 거야."

그 말을 들을 때 큰 울림이 있었다. 곧바로 이력서를 써 보았다. 입사 때와 비교해 보니 많은 발전이 있었다. 성취감에 자신감이 솟았다. 그로부터 매년 1월이면 이력서를 작성했다. 어떤 해는 깨알처럼 촘촘히, 어떤 해는 가뭄에 콩 나듯 듬성듬성, 이력서가 채워졌다. 이력서를 쓰고 나면 경쟁력 있는 인재가 되기 위해 뭘 공부해야 하는지, 더 성장하는 리더가 되려면 뭘 추가해야 하는지가 눈에 확 들어왔다. 이력서는 부족한 역량을 채우는 공부를 재촉하는 바로미터가 되어 주었다.

'이력서 쓰기라니 구식이야', 라며 시시하게 생각할지도 모르겠다. 회사 잘 다니고 있는데 웬 이력서? 라고 할 수도 있다. 누구에게 보이기위한 이력서가 아니다. 셀프 리더십의 첫 출발선인 자기 관찰용이라고 생각하라. 매년 더 좋은 이력서를 쓰기 위해 노력하다 보면 자기 성장은 저절로 이루어진다. 이력서 쓰기가 동기부여를 확실하게 해주었다. 다양한 공부를 하면서 적성에 맞는 한 분야를 계속 파다 보면 자신의 브랜드 파워가 형성된다. 이력서 쓰기는 자신을 이끌어 가는 이정표라는 것을 명심하라.

이력서를 쓰면서 제대로 효과를 보면 자연스레 팀원들에게 이력서 쓰기를 권하게 될 것이다. 리더의 산 경험을 전수하면 팀원 육성은 저절로 이루어진다. 매년 이력서를 쓰면서 성장하는 리더가 되라. 그리고 팀원에게도 강한 동기부여를 하라.

2008년 빕스 사업부장 시절, 점장과 영업팀장들에게 이력서를 써서 제출하라고 말했다. 어떤 경험을 했고 어느 정도의 역량을 갖추고 있는지 확인하여 팀원들의 현 주소를 객관적으로 살펴보고 싶었다. 이력서를 받아 보니 연매출 20~80억 규모의 점포 총책임자들의 업무 경험이 너무 단출했다. 점장은 중소기업 CEO 수준의 경영 관리 역량이 있어야 한다고 생각하는 나와 시각 차이가 컸다. 본사에서 내려오는 지침에 따라 단순하게 움직이는 그들을 '리틀 CEO'로 육성하는 프로젝트를 시작했다.

"만약 이 회사가 아니면 여러분을 어느 회사에서 채용해 줄 것인가?"

"헤드헌터는 여러분의 몸값을 얼마로 평가하겠는가?"

"스스로 경쟁력 있는 외식 전문가라고 생각하는가?"

"어떤 사람으로 성장하고 싶은가?"

이런 질문을 던지며 자신의 현주소를 자각하도록 했다. 사업부장이 시키니까 어쩔 수 없이 따라오기는 했지만 잡음도 많았고 뒷말도 많았다.

"외식업을 모르는 사업부장이 와서 별걸 다 챙긴다. 바빠 죽겠는데 무슨 역량 개발이냐. 이미 알 건 다 안다. 우리는 쉬고 싶다!"

여기저기서 볼멘소리들이 들려왔다. 아랑곳 하지 않고 강행했다. 사내 전문가들로 구성된 강사진들을 활용해서 커리큘럼을 구성했다. 경영 전략, 재무 관리, 마케팅, 프로모션 기획, 경영 실적 보고 방법 등 다양한 주제로 교육을 진행했다.

하나하나 과정을 끝낼 때마다 이력서에 추가하라고 지시했다. 처음에는 반발했던 점장들이 이력서를 한 줄 한 줄 채워 나가는 데에서 작은 기쁨을 느끼기 시작했다. 교육 과정이 하나씩 끝날 때마다 점장들이 쑥쑥 성장하는 것을 느꼈다. 그들을 보고 깨달은 것은 저마다의 잠재성이 무궁무진하다는 사실이었다.

점장들의 이력서를 화려하게 장식한 것은 영어 OPIc 등급이었다. OPIc는 미국 LTI사 주관의 컴퓨터 활용 실무 회화 능력 테스트이다. '듣기'와 '읽기'를 주로 평가하는 토플이나 토익과 달리 '말하기'에 초점이 맞춰져 있다. 영어 등급은 승진 조건인데도 영어 등급을 보유한 팀원은 거의 전무한 상태였다. 영어로 점포 운영 현황 브리핑하기, 매일 한마디 영어 회화 하기, OPIc 등급을 따기 위한 필살기 등을 공유하면서 도전 활동이 이어졌다. 노력 끝에 내가 맡은 사업부 점장들은 100% OPIc 등급을 획득하는 쾌거를 이루었다. 자신의 브랜드 가치가 높아가는 것을 실감하며 좋아하던 점장들의 모습에서 보람을 느꼈다.

리틀 CEO로서의 역할을 강조하면서 사업부 경영회의 시간에 '전월 경영 실적과 당월 중점 추진 전략' 발표 시간도 가졌다. 그동안 영업팀장이 주도해서 발표하던 것을 매월 점장들이 돌아가면서 발표하게 했다. 처음에는 많이 힘들어 했지만, 차츰 그 자리를 통해서 상호 성장하고, 벤치마킹하고 하면서 시너지가 올라갔다. 점장들은 어느덧 멋진 리틀 CEO로 성장해 있었다.

"우리는 열심히 일해 최고의 경영자가 되었다."

점장들 스스로가 자신들을 '리틀 CEO'라고 말할 때 뿌듯하기 그지없었다.

리더들은 팀원들의 무한한 잠재성에 주목해야 한다. 어떻게 하면 그들의 역량을 일깨울 것인지, 늘 연구해야 한다. 목표 없이 표류하는 팀원들을 그냥 내버려 두는 일은 리더의 책임을 방기하는 일이다. 팀원들의 성장이 곧 리더 자신의 자원이 된다는 점을 잊지 말자.

인생 이모작 파종을 하라

하버드대학교에서 1953년 졸업생들의 삶을 추적하여 연구한 결과를 발표한 적이 있다. 졸업생을 대상으로 "지금 당신은 어떤 꿈을 꾸는가?"라는 질문에 '나는 명확한 꿈이 있다. 꿈을 이렇게 적어서 갖고 다니며 자극을 받는다', '마음속에 명확한 꿈은 있다, 기록한 것은 없다', '가끔 바뀌기는 하는데 막연하나마 꿈이 있다', '먹고살기 바쁜데 무슨 꿈이냐' 이렇게 4가지 종류의 대답이 나왔다고 한다. 20년 후, 이들을 다시 추적 조사를 했을 때 첫 번째 명확한 꿈을 작성해서 가지고 있던 사람들은 부호로, 마음속에 꿈을 지닌 사람들은 중산층으로, 막연한 꿈을 가지고 있는 사람들은 일반 서민으로, 아무 생각 없이 산다고 답한 사람들은 빈민으로 살고 있었다고 한다. 지금 나는 어디에 속하는지 생각해 보자.

성공은 어느 날 갑자기 일확천금처럼 다가오지 않는다. 준비하고, 실행하고, 실패 경험도 해야 진정한 성공 열매를 딸 수 있다. 그러기 위해서는 내가 어떤 열매를 딸 것인지가 분명해야 한다. 지금부터 열심히 하자. 무엇을 위해서 열심히 할 것인지가 명확해야 한다. 그래야 삶에서 무수하게 다가오는 곁가지들을 쳐 버리고 집중된 삶을 살 수 있기 때문이다.

베이비부머는 1980년대와 1990년대 우리 사회 고도 성장을 이끈 주역들이다. 1987년 민주화 운동, 1997년 외환 위기, 2008년 금융 위기 등을 모두 겪었다. 자신보다 가족이나 조직을 먼저 생각하며 살아온 이들이 요즘 인생 이모작이라는 과제 앞에 섰다. 100세 시대, 50대면

한창 일할 수 있는 나이지만 현실은 그렇지 않다. 어느 날 퇴임 통보를 받고 아무런 준비 없이 사회로 밀려 나오면 순식간에 허탈함과 좌절을 느끼게 된다.

어떤 상황에서도 중심을 잡고 살아가고 싶다면, 현직에서 잘 나갈 때, 인생 이모작을 위한 씨앗을 준비해야 한다. 그렇다고 회사 업무를 소홀히하라는 이야기는 아니다. 앞으로 무엇을 할 수 있을지, 진정 하고 싶은 일은 무엇인지, 그것만 미리 알아도 큰 힘이 된다.

코칭을 할 때 임원들에게 자주 던지는 질문이다.

"퇴임하면 무엇을 할 건가요?"

"인생 이모작 준비는 하고 계신가요?"

그러면 대개 어이없다는 표정을 짓는다.

"아니 회사에 몸담고 있는 임원이 이모작을 준비하다니 그건 말도 안 되죠. 회사일로도 바쁜데 개인적인 일을 생각한다는 건 모럴 해저드 아닌가요?"

과연 그럴까? 불확실한 미래가 걱정과 불안을 초래한다. 인생 목표를 명확히 하고, 미래를 조금씩 준비하면, 회사일도 더 열심히 하게 된다. 회사는 매우 중요하지만 영원히 다닐 수는 없다.

일부 리더들은 셀프 리더십과 미래 목표의 중요성을 공감하며 "그러고 보니 나의 꿈을 잊고 살았네요. 인생 목표를 달성하려면 이 회사에 좀 더 근무하면서 역량을 강화해야겠네요. 100% 일 중심에서 일과 삶의 균형점을 찾아야겠네요."라고 말한다.

'나는 10년 후 지금 이 시간에 무엇을 하고 있을까?'

우선 이 질문에 답하며 미래를 상상을 하는 것부터 시작하라. 10년 후 그 꿈을 위해 지금 무엇을 해야 할 것인지 구체적으로 정리해 보자.

린다 그래튼은 그의 저서 『일의 미래』에서 편종형 곡선 경력 개발을 강조한다. 하나의 직업에 집착하기보다 두세 개의 직업을 준비하여 변화하는 세상과 호흡을 같이해야 한다는 것이다. 현역에 있을 때 미래를 생각해 본 사람과 그렇지 않은 사람의 인생 이모작은 천양지차다. 조직이라는 우산 속에 있을 때, 내가 가지고 있는 잠재된 자원을 찾아 브랜드 조각들을 정성스레 모아야 한다. 그러면서 자신의 무형자산의 부가가치를 어떻게 만들어 갈 것인지 지혜를 모아야 한다.

영화 배우에서 보이스 코치로 거듭나다

나에게 '내 마음 밭을 갈아 준 농부'라는 별명을 붙여 준 사람이 있다. 조연 배우로 활동하면서 보이스 전문 코치로서 인생 이모작을 경작 중인 이진선 코치의 글이다.

열심히 살았습니다. 그냥 열심히 살았습니다. 그러다 일이 잘못되면, 삶이 힘이 들면 또 제가 부족한 줄 알고 다시 열심히 했습니다. 코칭을 만나기 전까지는 그렇게 안개 속을 미친 듯이 달렸습니다.

유난히 추웠던 12월의 어느 날 저녁, 아내가 그날 직장에서 있었던 일을 얘기하기 시작했어요. 그날 외부 강사 특강을 들었는데 영감을 울리는 뭔가가 느껴졌다고 했습니다. 한참을 얘기 하던 아내가 제게 말했습니다.

"당신도 그 특강을 들어보면 굉장히 좋을 거 같아."

"찾아보니까 이틀 동안 하는 인터널 코치 육성 과정이라는 게 있더라고"

"교육비가 조금 비싸긴 하지만, 그건 생활비에서 지원해 줄게."

저는 그 말을 듣고 버럭 화를 냈습니다.

"무슨 말도 안 되는 소리야. 내년에 아기도 태어나고 이래저래 지출이 많을 텐데 무슨 교육을 받으라는 거야."

그때까지는 몰랐죠. 그 불같은 짧은 대화가 내 인생을 불태울지……

흠, 흠, 연신 헛기침만 하면서 참으로 어색했습니다. 기업의 리더들, 거대 식품 회사의 공장장들, 대기업의 인사 교육팀장까지. 대단한 사람들과 같이 교육을 받는 내내, 저에게는 간질거리고 불편한 자리였습니다. 서로 명함을 주고받는데 전 명함이 없어서 더 힘들었죠. 저는 배우입니다. 연극을 오래했고 지금은 방송일과 영화일도 열심히 하고 있지만 딱 보면 누구나 아는 그런 배우는 아니거든요. 배우는 얼굴이 명함인데 말이죠.

그렇게 이틀간 어색한 동거가 시작됐습니다. 그런데 이게 정말 신기합니다. 모든 교육의 기본은 새로운 정보의 전달과 주입인데 코칭은 달랐습니다. 상호 코칭 실습을 통해서 처음으로 저 스스로에게 질문을 던졌습니다.

"진선아, 너의 안에는 무엇이 들어 있니?"

그날 밤 저는 매우 슬픈 느낌이었습니다. 하지만 이상하게 머리는 맑았습니다.

이틀간의 '인터널 코치 육성 과정'을 마치고 며칠 후에 코치님으로부터 연락이 왔습니다. 아내가 보내 준 이천 쌀을 잘 먹겠다며, 저녁 식사를 같이 하자고 하셨습니다.

네, 그 코치님은 바로 지금 읽고 계신 이 책의 저자 김상임 코치입니다. 저희 부부는 광화문의 어느 레스토랑에서 코치님과 많은 대화를 나눴습니다. 아, 그때 저는 몰랐죠. 그날 식사에서 나눴던 대화에도 코칭이 듬뿍

발라져 있었다는 것을. 와플 위에 올려진 하얀 무스처럼. 식사가 끝나갈 무렵 코치께서 말씀하셨습니다.

"제가 볼 때는 가지고 있는 끼를 제대로 발산하고 있지 못한 것 같아요. 생각에만 잠겨 있지 말고, 공부만 하지 말고 자기 안의 꽁꽁 묶어 둔 끼를 작품으로 만드세요. 요즘 많은 리더들이 목소리로 고민을 하고 있어요. 연극과 영화를 오랫동안 했으니까 목소리 훈련을 하셨을 테니, 보이스 전문 코치에 도전해 보시면 어떨까요?"

제 마음 속에 작은 씨앗을 던져 넣으셨어요.

그날 밤 왜 그리도 마음이 설레던지. 달리기가 아닌 새로운 도전은 오랜만이었거든요. 보이스 특강 초안을 만들어 보내 드렸더니, 특강 자료에 코칭 기법을 얹어 교육생들을 매료시키는 방법을 피드백 해주시면서 내 마음의 밭을 정성스레 경작할 수 있게 도와주었습니다.

드디어 첫 번째 프로 무대 데뷔, 우리나라 최고의 회계사들을 모시고 2시간 보이스 특강을 진행했죠. 그날 만삭인 아내는 병원으로 향하고 저는 첫 특강 무대에 올랐죠. 제발 이날만은 피해서 나오라고 기도했는데 아들도 아빠의 첫 보이스 코칭을 축하해 주기 위해 같은 날 나오고 싶었나 봅니다.

떨리는 마음으로 시작했습니다. 김코치는 일정을 조정하면서까지 달려와 뒤에서 지켜보며 용기를 불어넣어 주셨습니다. 그렇게 저는 내 안에 잠자고 있던 보석을 꺼내서 또 다른 출발을 하게 되었습니다.

지금은 '이진선의 보이스 코칭 프로그램'을 운영하고 있고, 기업체 CEO와 임원들 대상으로 일대일 보이스 코칭까지 하게 되었습니다. 불과 5개월만의 기적입니다. 배우가 모든 것이라 생각했던 내가 제법 몸값 나가는 보이스 코치로 변신을 하게 된 겁니다.

스마트 시대인 지금 많은 정보가 쏟아지고 새로운 정보를 주입당하고 있습니다. 하지만 나를 변화시켜 줄 정답은 어디에 있을까요? 모든 답은 우리 안에 있다는 것을 깨달았습니다. 그 답을 꺼낼 수 있는 열쇠를 찾으신다면, 코칭을 만나 보시기 바랍니다.

이 글을 통해 '강력한 마음 농부 김상임 코치'께 고마운 마음을 전합니다.

4. 인생 빅 픽처를 그려라 *Self-Visioning*

나는 직장에 다닐 때 팀원들에게 유난스레 꿈을 강조했다.

"꿈이 명확해야 한다. 무엇이 나를 밝혀 줄 것인지 분명히 알아야 한다. 꿈이 있는 사람은 눈빛이 다르다. 그 눈빛은 뜨거운 열정 속에서 나오며, 눈이 빛나는 사람은 삶의 태도가 다르고 걸음걸이도 씩씩하다. 마지못해 사는 사람에게는 긍정 에너지가 생기지 않는다. 목표점을 설정하고 하루하루 맹진하며 자신을 단련시켜야 한다."

나 스스로도 회사에 다니는 동안 끊임없이 공부했다. 승진은 기쁨도 주었지만 더 많은 역량을 키워야 한다는 부담도 주었다. 일본어 전공인 나는 경영, 재무, 전략, 기획, 마케팅 등을 공부한 바가 없어 조바심이 났다. 주경야독하며 인터넷 강의를 섭렵했다.

열심히 한 덕에 핵심 인재로 발탁되었고, 공식적으로 다양한 교육 기회를 얻었다. KAIST에서 MBA 과정을 수료했고 한국코칭센터의 CEO 코칭 과정The Coaching Clinic for CEO Program과 CEPThe Core Essential Fast Track Program 과정을 마치고 CJ푸드빌 사내 코치로 활동했다. 2009년에 스티븐 코비 박사의 『성공하는 사람들의 7가지 습관』을 집중적으로 다루는 '7 Habits 과정'을 이수하면서 시야를 한층 더 넓혔다.

임원 시절에는 CJ인재원에서 신임부장 대상으로 '변화 추진 리더십' 사내 강사로 활동하며 내가 배운 것을 후배들에게 가르쳤다. 세상 시계는 24시간이지만 내 시계는 항상 36시간이었다. 목표가 명확했던 나에게 시간 관리는 매우 중요한 과제였다. 시간을 쪼개 쓰고 효과적으로 활용하는 비법도 자연스레 터득하게 되었다. 새벽 5시에 일어나 영어 학원과 중국어 학원을 다니고 골프 연습을 했다. 일이 많을 때는 밥 먹듯 밤샘을 했다. 미친 듯이 달린 25년은 즐겁고 의미 있는 시간이었다.

회사에서 교육 기회가 있을 때마다 마다하지 않고 이수하고, 배운 것을 사내에서 가르친 경험이 내게 제2의 인생을 열어 주었다. 선생님이 되고 싶어 신입 사원 시절 사내에서 일본어를 가르쳤던 나는 지금 기업인을 가르치고 있다. 50대에 새롭게 그린 인생 지도가 매우 만족스럽다. 원대한 꿈을 꾸고 일찌감치 꿈을 위한 노력을 하라. 그래야 꿈을 이루기 위해서 노력하는 과정 속에서 브랜드가 생기고 실력도 올라간다.

가슴이 쿵쾅대는 인생 목표를 정하라. 강력하게 나를 이끄는 목표가 있으면 삶의 군더더기를 확 줄일 수 있다. 목표가 명확하면 길이 생기고 난관도 극복하게 된다. 궁극적으로 이루고 싶은 인생 목표를 한 줄로 써 보라. 인생의 목표를 구체적으로 생각하고 적어 보는 것만으로도 가슴 설렘을 느끼게 될 것이다.

2016년 연말, 기업 및 공공기관 리더들을 대상으로 '내 인생의 북극성을 찾아서'라는 워크숍을 8시간 과정으로 진행했다. 기업 활동에서와 마찬가지로 개인의 비전을 세우고 전략 과제를 도출하는 시간이었다. 자신이 가지고 있는 강점이나 성공 경험에 대한 대화를 나누고 인생의 청사진을 정리해 보는 비전 보드를 만들었다. 뜨거운 반응이 나왔다.

"비전 보드는 만들고 나니 내가 무얼 놓치고 있었는지 보인다."

"앞으로 무얼 선택하고 어디에 더 집중해야 할지 알게 되었다."

"왜 기분이 우울했는지 깨달았다."

"방향 설정을 하고 나니 회사에서 뭘 해야 할지 찾았다."

"회사가 주는 의미가 달라졌다. 셀프 리더십으로 비전을 세우니 회사가 더 고맙다."

"회사가 주는 게 많으니 잘리지 않도록 열심히 하면서 회사에 기여하고 내 길도 찾겠다."

이런 이야기들이 쏟아졌다. 환하게 웃으며 설렌다고 말하던 모습들이 기억에 남는다.

독자들에게 5가지 관점으로 인생 청사진을 그려 볼 수 있도록 코칭을 시작한다. 읽으면서 답을 적어 보고 맨 마지막에 비전 보드를 작성해 보자. 내 인생의 청사진이 완성될 것이다.

내 인생의 Why를 분명히 하자

기업마다 창업주가 생각하는 미션이라는 것이 있다. 미션은 궁극적으로 이루고자 하는 사명이다. 존재 이유, 사업을 하는 근원적인 목적이 포함되어 있는 경우가 많다. 그렇다면 개인의 삶에서 미션은 어떤 의미일까? 마찬가지다. 내가 살아 있는 이유이기도 하고 살아가는 이유이기도 하다. 그런데 이 미션을 챙겨 볼 여유가 없다. 모든 삶의 방향을 지금 내가 종사하고 있는 생업 활동에 맞추기 때문이다. "나는 누구인가? 니는 무엇을 위해 존재하는가? 나는 왜 사는가?"와 같은 질문은 철학자들만의 질문이 아니다. 우리 모두는 위대한 존재이고 그 존재감을 확인할 때 꿈틀대는 동기를 찾게 된다. 그렇다면 나의 존재 이유를 어떻게 찾을 수 있을까? 먼저 자신의 가치를 명확히 해보는 것이 중요하다.

http://www.viacharacter.org . 이 사이트에 들어가서 무료로 진단해 볼 수 있다. 나는 2014년 국민대학교 경영대학원에서 리더십과 코칭 MBA 과정을 하면서 이 진단을 접해 볼 기회가 있었다. 나는 평소 '정직하고, 전략적이며, 책임감이 강한 사람'임을 자처했다. 하지만 행동 가치Values in Action 결과를 보고 깜짝 놀랐다. 나의 행동 가치 중 가장 강하게 발휘되는 것은 '사랑'이었다. 행동하는 데 있어 '사랑하고 사랑받는 능력', '정직, 진실성, 진솔성', '열정' 등이 가장 많이 발휘된다는 결과가 나왔다. 반면 자기통제와 자기조절, 용서와 자비, 겸손과 겸양은 보강해야 하는 것으로 나왔다. 이 점을 보강하기 위해 노력했다.

가족, 도전, 소신, 인정, 즐거움, 결의, 독창성, 신뢰, 자신감, 지혜, 겸손, 명예, 신앙, 자율, 진실성, 경제력, 모험, 열린 마음, 잠재력 개발, 책임감, 공헌, 배려, 예의, 전문성, 초연, 관용, 봉사, 용기, 절도, 충직, 근면, 변화, 용서, 정돈, 친절, 기뻐함, 사랑, 우정, 정의로움, 탁월함, 기지, 사려 깊은, 유연성, 정직, 평온함, 끈기, 성실함, 이상 품기, 존중, 헌신, 나눔, 성장, 이해, 주인 의식, 화합, 노력, 성취, 인내, 중용

가치Value 목록

다음 질문을 활용해서 나의 미션을 정리해 보자.

1. VIA 진단 결과에서 1~5번의 행동 가치는 뭔가요?

2. 가치 목록 중에서 평소에 중시하는 '가치value'는 어떤 것인가요? (5가지)

3. 1, 2번 결과를 기반으로 내가 앞으로 가져가고 싶은 핵심 가치 5가지는 무엇입니까?

4. 그 가치를 내 삶에 어떻게 녹여 내고 싶으신가요?

5. 나의 존재 이유를 기술해 보시기 바랍니다.

　예) "행복한 영향력으로 나와 타인의 성장을 돕는다."

　"창의, 즐거움, 호기심으로 리더들에 영감을 주는 코치가 된다."

　"진실성, 열정, 심미안으로 청소년들의 희망을 주는 메신저가 된다."

　"사랑과 봉사로 이 사회에 기여하는 삶을 산다."

나의 현주소, SWOT를 분석하라

강의장에서 생동감 넘치는 리더들 만나기가 쉽지 않다. 대부분 '귀찮게 또 무슨 교육이냐'는 표정으로 앉아 있다. 리더들이 풀 죽어 있으면 팀원들에게 기를 불어넣을 수 없다.

리더들은 '나'를 배제한 채 앞만 보고 달린다. 스스로를 돌보지 않으면서도 "나는 회사에 충성한다."고 자랑스레 말하는 리더들도 있다. 일에 함몰되어 고속 승진할 때는 세상이 전부 자기 것인 양 의기양양하다. 어느 날 갑자기 퇴임을 하면 "회사를 위해 이 한 몸 바쳤는데 어떻게 이럴 수가 있는가."라며 울분에 사로잡힌다. 분하고 원통한 마음을 추스르지 못해 화병火病이 나는 사람도 있다.

평소 스스로를 살피고 일과 삶의 균형을 생각해 온 리더라면 충격이 덜할 것이다. 이제부터라도 늦지 않았다. 내가 지금 어떤 상태인지, 요즘 관심사는 뭔지, 내 삶에서 정말 중요한 것이 뭔지, 앞으로 무엇을 하고 싶은지, 퇴임 후 어떤 이모작을 할 것인지 다각도로 생각해 봐야 한다. 나를 객관적으로 바라보며 스스로를 성찰하다 보면 흙속에 파묻혀 있는 또 다른 파릇한 새싹을 발견할 것이다. 그러면서 변화의 시동이 걸리기 시작한다.

나의 현주소를 알아보는 질문이다. SWOT를 분석할 때, SW는 내가 가지고 있는 강점과 약점을 살펴보는 것이다. OT는 주변 환경을 고려해서 나에게 다가오는 기회와 위협을 살펴보는 것이다. 기업에서도 전략을 수립할 때 가장 먼저 살펴보는 것이 SWOT이다.

지금까지 잘 살아온 나의 삶을, 그리고 앞으로 살고 싶은 모습을, 사물에 비유해서 소개한다면 어떻게 하겠는가?

지금까지 내 인생의 20대 뉴스는 어떤 것들인가?

나의 강점strength 3가지는 무엇인가?

나의 약점weakness 3가지는 무엇인가?

나에게 주어진 기회opportunity는 어떤 것이 있을까?(3가지)

나에게 주어진 위협threat은 어떤 것이 있을까?(3가지)

강점과 기회 요인을 활용해서 도전해 보고 싶은 것은 무엇인가?

약점과 위협 요인은 어떻게 극복할 것인가?

회사에 소속되어 있을 때, 나의 가치는 얼마인가? (연봉+복리후생 합산)

회사를 떠났을 때, 과연 나는 얼마짜리 브랜드일까?

나만이 가지고 있는 핵심 경쟁력은 무엇인가?(3가지)

미래를 상상하고 디자인하라

"10년 후 당신은 어디에서 무엇을 하고 있을까요?"

이 질문에 바로 답할 수 있다면 당신은 인생의 목표가 명확한 사람이다. 회사마다 미션과 비전이 있고, 그 비전을 달성하기 위한 전략과 전술이 있다. 우리의 삶은 어떤가. 인생 목표가 정해지면 우선순위가 명확해지고 선택과 집중을 할 수 있다. 그렇지 않은 경우 우왕좌왕하는 삶을 살 수밖에 없다.

팀원, 후배, 자녀들에게 가슴 설레는 미래를 설계하도록 자극하는 것은 리더의 몫이다. 가슴 설레는 미래가 분명히 있는 리더만이 이런 자극제가 될 수 있다. 앞만 보고 달리느라, 명령에 따르느라 자신을 미처 돌보지 못하는 이들을 도와주고 지지하라. 리더는 단순히 일만 시키고 결과물만 점검하는 사람이 아니다. 그들의 꿈과 미래를 물어 가슴 설레게 하는 것이 진정으로 팀원을 셀프 리더로 인도하는 관문이다.

나의 어렸을 때 꿈은 교사였다. 대학교 졸업하고 얼떨결에 삼성그룹에 입사하는 바람에 그 꿈을 접었다. 그러면서도 '언젠가 선생님이 될 날이 올 거야'라는 기대를 갖고 있었다. 제일제당 기획실로 발령받고 보니 사내에서 여러 강좌를 진행하고 있었다. 대학에서 교육학과 일본어를 전공했고, 음성학적으로 일본어를 가르칠 수 있었던 나는 교육팀 선배를 졸라 일본어 사내 강사가 되었다. 신입 사원의 당돌한 요청에 교육 담당자는 당황해하면서도 "그래 한번 해봐라." 하며 강좌를 열어 준 것이다. 신입에다 여사원이 사내 강사로 뛴다는 건 상상도 못할 시절이었다. 1987년 입사 당시만 해도 일본이 매우 중요한 벤치마킹 대상이었기 때문에 일본어 수요가 많았다. 꽤 오랫동안 기초 아침반, 기초 저녁반 사내 일본어 강사를 했다. 이후에도 그룹 사내 강사로 리더십을 강의하는 등 틈틈이 강단에 섰고, 2007년에는 코칭 교육 퍼실리테이터facilitator로 활동했다. 틈만 있으면 사내에서 강의를 하거나 액션 러닝 진행을 하면서 은연중에 '선생님의 꿈'을 향한 크고 작은 경험을 더했다.

누군가를 가르치기 위해서는 많은 준비와 공부가 필요하다. 나는 사내 강사나 코칭 퍼실리테이터를 하면서 부단히 콘텐츠를 모았고, 강의 스킬도 연마했다. 그룹 내 프로그램도 많이 들었고 주말에는 외부 전문 기관의 강의도 들으러 다녔다. 이런 모든 노력이 자연스럽게 이모작의 토대가 되었고, 퇴임하자마자 바로 기업 전문 코치와 리더십 강사로 나설 수 있었다. 선생님이 되고 싶었던 꿈이 삶의 가치 사슬을 형성해 주었다.

회사에서 쌓은 경험을 사회에서 바로 활용할 수 있을 것으로 생각하는 사람이 많지만 그건 오산이다. 사회 각 분야에는 이미 전문성을 갖고 활동하는 이들이 수두룩하기 때문이다.

내 경우는 강도 높은 회사 업무를 진행하면서 따로 틈틈이 강의를 했던 것이 도움이 되었다. 회사에 다닐 때 코칭 교육을 받고서 팀원들에게 수없이 전파 교육을 했고, 면담이나 회의 등을 코칭 방식으로 하고자 부단히 노력했다. 사업 운영에도 직접 적용하고 하면서 성공 사례도 경험하게 되었다. 나는 차근차근 퇴직을 준비한 게 아니라 계획에도 없이 갑작스럽게 회사를 그만두게 되었다. 만약에 선생님이 되고 싶다는 소박한 꿈이 내 안에 없었다면 사회에 나와서 연착륙하는 데 많은 어려움이 있었을 것이다.

나는 리더들에게 내 안에서 꿈틀대고 있는 진정으로 하고 싶은 나의 꿈을 자꾸 물어보고 확인할 것을 요청한다. 그것을 확인하는 것만으로도 회사 생활이나 개인의 삶에 많은 자극제가 된다. 지금 내 삶의 우선순위는 무엇인지, 회사나 가족은 또 어떤 의미인지 등이 정리되면 더 의미 있는 삶을 살 수 있다. 무엇을 보강해야 하는지 어떤 역량을 강화해야 하는지도 명확해진다. 확고한 목표 의식과 빈틈없는 준비로 미래를 대비하라.

내 인생의 북극성을 찾아주는 질문들

1. 내 삶에서 가장 의미 있는 성공 경험은 무엇인가?

2. 그때 그 성공을 만들어 준 핵심 경쟁력은 무엇이었을까?(3가지 이상)

3. 지금 내 삶에서 가장 중요한 것 한 가지는 무엇인가?

4. 나는 이 세상에 어떤 족적을 남기고 싶은가?

5. 아무런 제약이 없다면 가장 먼저 어떤 것에 도전해 보겠는가?

6. 10년 후, 내가 꼭 이루고 싶은 목표는 무엇인가?(가능하면 숫자를 활용함)

7. 그 목표를 이루는 데 지금 몸담고 있는 회사는 어떤 의미인가?

8. 목표를 이룬 모습을 상상하면 어떤 기분이 드는가?

9. 그 목표를 위해 지금부터 준비할 것은 무엇일까?(10가지 이상 기술)

10. 최우선적으로 무엇을 시도할 수 있는가?(우선순위 3가지)

11. 실행력을 높이기 위해 어떤 장치가 필요할까?

12. 나에게 용기를 줄 수 있는 응원 메시지를 만들어 보라.

인생 북극성을 찾는 활동을 할 때, 가장 크게 성찰하는 것은 회사에 대한 의미부여다. "10년 또는 20년 후 당신의 꿈을 이루는데, 회사는 어떤 역할을 할까?"

처음 이 질문을 받는 리더들은 선뜻 대답을 못한다. 생각해 본 적이 없기 때문이다. 하지만 잠시 시간이 흐르면 스스로 강력한 답변을 쏟아 내곤 한다.

"10년 후 나의 모습을 그려 보니, 기대도 되지만 불안한 마음도 올라온다. 단단히 준비해야겠다."

"100세 시대에 인생 이모작 준비가 필요한데, 체계적으로 미래를 그려 보아 좋았다."

"개인 사업을 할 계획인데, 자금 마련도 그렇지만 회사 업무 경험이 나중에 도움이 크게 될 것 같다."

"지금부터 회사에 관련된 사람뿐만 아니라 미래에 하고 싶은 일에 관련된 사람들과도 교류해야겠다."

내 인생의 청사진을 분명히 하는 것, 후배나 팀원들에게 미래 목표를 물어봐 주는 것은 고도의 리더십을 장착한 리더들만이 할 수 있는 활동이다. 근무 잘하는 사람에게 괜히 바람을 넣으면 회사일에 소홀해지는 게 아닐까, 라는 생각은 기우다. 궁극적으로 이루고 싶은 목표와 꿈을 명확히 할수록 삶의 의미를 재조명하면서 몰입하게 된다. 미래를 상상하면 지금 하는 일이 얼마나 중요한지 깨닫게 된다. 리더 자신에게 더불어 팀원들에게 인생 목표를 물어보는 것만으로도 설렘이 있는 일상을 즐기게 할 수 있다.

인생의 전략과 전술을 구분하라

"미래 그 목표를 이루기 위해서 지금부터 해야 할 것인 무엇인가?"

우리는 보통 질문을 하면 한두 개의 답을 하고 만족하는 경우가 많다. 2,200시간의 기업 코칭을 하면서 내린 결론은 정말 인간은 모두가 무한한 잠재성을 지니고 있다는 점이다. 질문을 하면 계속 답을 한다. 초반에는 항상 생각했던 것을 이야기한다. 후반부로 갈수록 상상도 하지 못했던 강력한 솔루션들이 샘물처럼 솟아난다. 이것이 핵심이다.

미래 그 목표를 달성하기 위해서 무엇을 해야 할까? 지금부터 자문자답을 해보자.

"또 뭐가 있을까?", "또 뭐가 있을까?" 10개 이상의 솔루션이 나올 때까지 질문해 보자.

그리고 10개 이상의 솔루션이 나왔다면 이제부터 그것을 분류하고 세분화하는 작업을 해야 한다.

전략 관점으로 정리를 해야 한다. 자격증을 딴다는 전략이 아닌 전술이다. 해당 분야의 전문가가 된다가 전략이다. 그 전문가가 되기 위해 필요한 자격증을 따는 것이 전술이다. 종종 전략과 전술을 혼재하는 경우가 많다. 그러면 실행력을 높일 수가 없다. 내가 끌어 낸 솔루션들을 정리해서 전략 3~4가지를 만든다. 그리고 그 전략에 맞는 전술들을 세세하게 정리해 보는 것이다. 그리고 그 과제들을 올해 당장 할 것은 무엇인지, 3년 내 또는 5년 이후에 할 것은 무엇인지를 정리해 보는 것이다. 이런 질문을 활용해 보자.

10년 후 그런 삶을 살기 위한 솔루션을 이야기했는데, 충분한가?

추가적으로 더 해야 할 것이 있다면 무엇일까?

그런 목표를 달성하는 데 필요한 전략은 무엇인가?(3~4가지 관점)

그 전략별로 어떤 전술이 필요한가?

그 전술로 정리된 내용을 시계열적으로 정리하면 어떤가?

올해 당장 해야 할 과제는 무엇인가?

3년 안에 달성해야 하는 과제는 무엇인가?

장기적인 관점으로 도전해야 하는 과제는 무엇인가?

힌트 전략으로 성공 경험을 만들라

새해가 되면 창대한 목표를 세운다. 작심삼일, 차일피일 하다가 연말에 후회 막급인 경우가 많다. 실행을 방해하는 타당한 이유가 태산이다. 나 또한 그렇다. 코칭을 하는 사람으로서 실행력이 떨어지는 경우를 자주 접하곤 한다. 시간 관리를 잘해야지 약속하지만 안 되는 경우가 다반사다. 빨간불이 심하게 켜질 때는 뽐모도로 시간 관리를 한다. 이 시계는 이탈리아의 프란체스코 시릴로라는 사람이 25분 집중해서 일하고 5분간 휴식하는 시간 관리법을 소개하면서 더 알려지게 된 시계다. 실제 책을 읽거나 업무를 할 때, 25분간 타이머를 설정한 후, 인터넷도 스마트폰도 보지 않고, 전화도 받지 않는 것을 원칙으로 한다. 놀라울 정도로 집중력이 올라가면서 생산성이 배가된다.

원고 작성이나 강의안 개발을 위해 컴퓨터 앞에 앉으면 나도 모르게 휴대전화 메시지를 확인하고, 인터넷 서핑을 하고, 페이스북을 둘러 보거나, 톡톡 울리는 카톡에 답하고 있다. 그러다 보면 30분이면 할 수 있는 일을 3시간씩 붙잡고 있게 된다.

미션과 비전을 세우고, 전략과 전술을 정리했다면 그다음에는 실행력을 높이는 장치가 필요하다. 이런 질문으로 실행력을 높일 수 있는 에너지를 모아 보는 것도 좋다.

1. 그동안 구체적인 목표를 향해 몰입했던 시절이 있다면 언제였는가?

2. 그렇게 몰입할 수 있게 한 것은 무엇인가?

3. 나의 실행력은 100점 만점에 몇 점 수준인가?

4. 앞으로 몇 점 수준까지 올리고 싶은가?

5. 실행력이 높아지면 내 삶에는 어떤 변화가 올까?

6. 내가 목표로 한 것을 이루면 어떤 선물을 주고 싶은가?

7. 반대로 스스로와의 약속을 지키지 못할 때 어떤 벌칙을 줄 것인가?

8. 변화 실천을 방해하는 요소는 무엇인가?

9. 방해 요소를 어떻게 해결할 것인가?

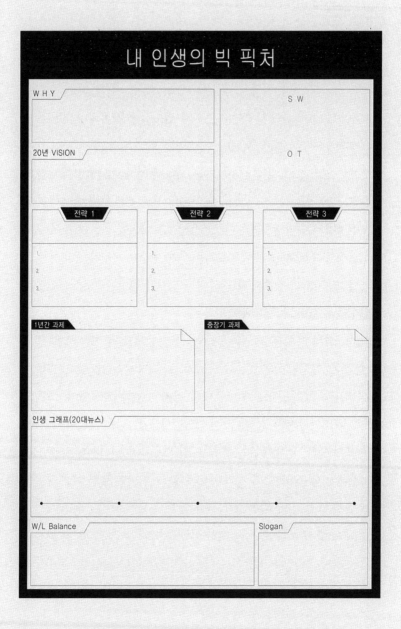

내 인생의 빅 픽처

WHY

20년 VISION

S W

O T

전략 1

1.
2.
3.

전략 2

1.
2.
3.

전략 3

1.
2.
3.

1년간 과제

중장기 과제

인생 그래프(20대뉴스)

W/L Balance

Slogan

아시아 100대 코치를 꿈꾼다

2016년 말 '내 인생의 북극성을 찾아서' 워크샵에 참석해서 비전 보드를 완성한 민병우 코치의 사례다. 대기업과 외국 기업, 중소 기업 등에서 다양한 경험을 한 그는 코칭이라는 시장에 매력을 느끼면서 과감히 회사를 그만두었다. 아직은 퇴직할 나이가 아니지만 인생 이모작을 일찌감치 경작하기 위해서였다. 회사의 전략과 마찬가지로 자기 삶의 청사진을 명확히 한 비전 보드가 불확실성과 불안을 제거하는 계기가 되었다. 미래 목표가 분명한 만큼 선택과 집중을 했고 어떤 유혹에도 흔들리지 않는 삶의 좌표를 세웠다.

민병우 코치가 뽑은 자신을 움직이게 하는 핵심 가치는 '창의, 즐거움, 호기심, 학구열'이었다, 그는 이 키워드가 녹아 있는 Why, 즉 미션으로 '세상 리더들에게 영감을 주는 삶을 살겠다'로 정했다. 그리고 SWOT 분석을 통해서 강점으로는 '정리, 학구열, 높은 자존감, 유창한 영어, 해외 유학, 국내외 기업 경험'을 꼽았고, 약점으로는 '미루는 습관, 놀고 싶은 마음, 국제 코치 자격 미보유' 등을 꼽았다. 또한 기회 요인으로는 '코칭 업계 성장, 해외 코칭 시장 기회'를 선정하였고, 위협 요인으로는 '체력 및 건강 관리, 오랜 조직 생활로 인한 심신의 지침'을 떠올렸다. 그 과정을 거친 후, 정말하고 싶은 것이 무엇인지, 비전이 무엇인지를 묻는 질문에 대해서 숙고 끝에 '아시아를 주름잡는 100대 코치가 되겠다(연매출 5억 원)'라는 비전을 정했다. 비전을 정하고선 무서울 정도로 해야 할 일들을 정리해 나갔다.

그 목표 달성을 위한 솔루션을 탐색하면서 아주 많은 과제를 도출해 냈는데, 그것들을 그룹핑하여 다음과 같은 3개의 핵심 전략을 수립했다.

첫째, 2018년까지 국제 전문 코치가 된다.

둘째, 해외 코치들과 교류한다.

셋째, 코치로서 탄탄한 역량을 쌓는다.

그리고 그는 각 전략마다 세부적인 전술을 세 가지씩 수립했다.

덧붙여 민병우 코치는 올해 달성할 과제 다섯 가지를 도출했다.

코칭 실습 500시간 달성하기, 해외 코칭 카페 가입과 활동하기, 임원 코칭에 도전하기, 책 쓰기 준비 등이었고 중장기 과제로는 MCC 도전하기, 해외 1촌 코치 20명 만들기, 책 쓰기, 프로그램 개발하기 등을 정했다. 아울러 비전 보드에 있는 20대 인생 그래프를 그리고 일과 삶의 균형을 확보하기 위해 클래식카, 해수어, 골프, 요리로 예술적 감성을 풍부하게 채우겠다는 각오도 다졌다.

매일매일 비전보드를 보며 스스로 동기부여를 하며 코칭과 강의로 새로운 도전을 하고 있는 민병우 코치의 멋진 미래가 기대된다.